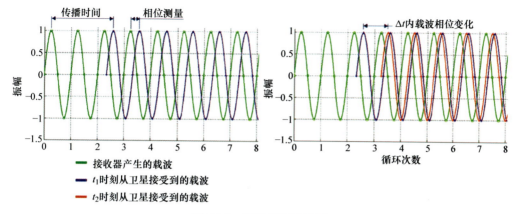

图 2-22 载波相位测量图

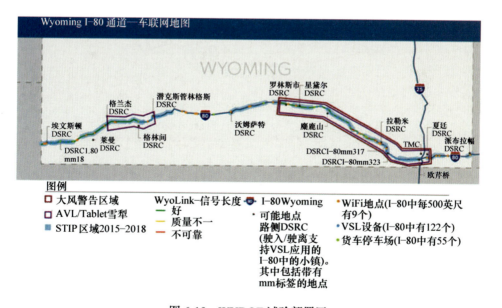

图 6-10 WYDOT 试验部署区

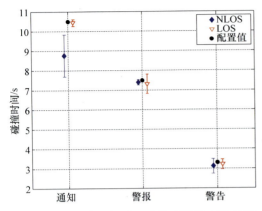 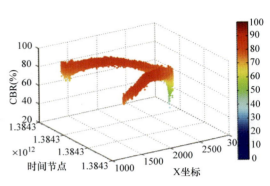

图 7-12　V2P 应用性能：比较配置的标称时序值和测试期间实现的时序值

图 9-20　所有移动节点的现场 CBR

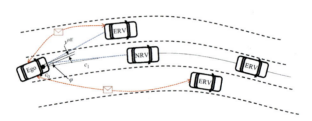

图 10-1　三车道道路的基本情景

注：蓝色虚线代表雷达信号，红色虚线代表 DSRC 链路；
　　黑色虚线表示车道标记，黑色实线表示自主车辆车道的中心。

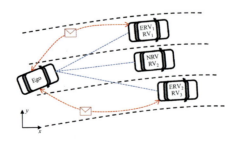

图 10-4　说明示例

智能交通先进技术译丛

智能交通系统中的网联车辆

Connected Vehicles
Intelligent Transportation Systems

[美] 拉多万·缪西奇（Radovan Miucic）编著

梁军 陈龙 译

机械工业出版社

本书从智能交通系统中网联车辆的基本概念入手,系统梳理了网联车辆涉及的主要关键技术,深度解析了安全通信协议,详细介绍了V2X技术特点。全书共分为10个章节,主要包括定位、人机交互、V2X通信的安全证书管理系统、V2X各系统功能和实施条件、5.9GHz频段共享、高效高保真的DSRC仿真,以及车联网在自动驾驶中的应用。

本书可作为交通运输工程、车辆工程、计算机等相关专业本科高年级生和研究生的教材,也可作为自动驾驶相关领域技术研究人员的参考用书。

First published in English under the title
Connected Vehicles: Intelligent Transportation Systems
edited by Radovan Miucic
Copyright © Springer Nature Switzerland AG, 2019
This edition has been translated and published under licence from
Springer Nature Switzerland AG.
北京市版权局著作权合同登记 图字:01-2020-3019号。

图书在版编目(CIP)数据

智能交通系统中的网联车辆/(美)拉多万·缪西奇(Radovan Miucic)编著;梁军,陈龙译.—北京:机械工业出版社,2021.4
（智能交通先进技术译丛）
书名原文：Connected Vehicles: Intelligent Transportation Systems
ISBN 978-7-111-67708-6

Ⅰ.①智… Ⅱ.①拉… ②梁… ③陈… Ⅲ.①汽车-智能通信网 Ⅳ.①U463.67

中国版本图书馆CIP数据核字（2021）第041698号

机械工业出版社（北京市百万庄大街22号 邮政编码100037）
策划编辑：李 军 责任编辑：李 军 王 婕
责任校对：李 杉 封面设计：鞠 杨
责任印制：郜 敏
北京圣夫亚美印刷有限公司印刷
2021年6月第1版第1次印刷
169mm×239mm·14.25印张·3插页·293千字
0 001—1 900册
标准书号：ISBN 978-7-111-67708-6
定价：99.00元

电话服务 网络服务
客服电话：010-88361066 机 工 官 网：www.cmpbook.com
　　　　　010-88379833 机 工 官 博：weibo.com/cmp1952
　　　　　010-68326294 金 书 网：www.golden-book.com
封底无防伪标均为盗版 机工教育服务网：www.cmpedu.com

译 者 序

随着智能交通系统的发展，网联车辆在全球范围内引起了广泛关注。持续出台的利好政策和大量的资金投入，推动了交通、汽车、通信、计算机、人工智能等领域深度交叉融合。传统人工驾驶车辆与网联车辆（含自动驾驶车辆）的混行，将成为未来一段时间内我国道路交通的新常态。《中国制造2025》指出，高度自动驾驶（HA级）智能网联汽车市场占有率将在2025年达到10%~20%。目前，我国在复杂道路交通环境感知方面的研究已具备较高的水平，但在车辆如何网联上还处于艰难探索时期。

早在1999年，美国联邦通信委员会（FCC）就给智能交通系统（ITS）分配了5.850~5.925GHz频段。从2004年开始，电气与电子工程师协会（IEEE）开始基于802.11系列协议开发车用无线通信系统，实际上就是基于我们所熟知的Wi-Fi直连技术。随后，国际自动机工程师学会（SAE）发明了词汇——专用短程通信技术（Dedicated Short Range Communications，DSRC）来命名这项基于802.11的车载无线通信技术，这也就是V2X的第一个技术路线的起源。大约在2016年前后，美国基于DSRC的V2X协议栈基本制定完毕，并有丰田、通用公司先后量产支持DSRC的汽车。但由于V2X需要有众多支持V2X的汽车及路侧单元互相通信才能形成规模效应，这首批支持DSRC的汽车并没有"用武之地"。从那以后，美国的V2X就从快速发展期进入了"寂静期"。第三代合作伙伴计划（3GPP）在2017年发布的第14版本（Release 14）的长期演进（LTE）技术明确支持V2X，这就意味着V2X迎来了第二条技术路线。基于LTE蜂窝技术的V2X被称为C-V2X，即Cellular V2X。由于当前的C-V2X技术是基于LTE的，因此又被称为LTE-V2X。而3GPP的第16版本（Release 16）支持基于5G技术的V2X，因此被称为5G-V2X或者NR-V2X。

我国从一开始就明确选择采用C-V2X的技术路线。2018年，工业和信息化部发布"公开征求对《车联网（智能网联汽车）直连通信使用5905~5925MHz频段的管理规定（征求意见稿）》的意见"，将5905~5925MHz的20MHz频段划分给C-V2X。从那时开始，我国的V2X产业正式走入快车道，各项标准制定有序开展。参与我国V2X标准制定的组织有中国通信标准化协会（CCSA）、中国汽车工程协会（CSAE）、中国智能交通产业联盟（C-ITS）、中国汽车技术研究中心（CATARC）等。截至2020年初，通过几年的努力，我国第一阶段的V2X标准体系已经基本形成，可以支撑我国首批V2X的产业化落地。总体上讲，我国已经发布的V2X标准体系有强大的政策支持且没有DSRC带来的历史包袱，跟美国比已经后来居上。相信在未来几年，随着我国新基建的大潮，遵循最新V2X标准的汽车和路侧设备将相继问世，推进我国向智慧交通、智慧城市迈出坚实的一步。而美国反倒对于技术路线产生了摇摆：既不愿放弃发展了十几年的 DSRC 技术，又想同时抓住 C-V2X 技术。2020 年 2 月，FCC 修改了 5.9GHz 的分配，也将 5905~5925MHz 的频段划分给了 C-V2X，因此美国目前同时存在两条技术路线，至于最终如何选择还要看各种利益相关方的博弈。

目前，智能网联与自动驾驶示范区在我国遍地开花，标准制定和研究项目也在如火如荼地开展，在政、产、学、研、用各方的共同努力下，我国的 V2X 标准取得了长足的进展。在 2020 年初，由中华人民共和国发展和改革委员会、中华人民共和国工业和信息化部、中华人民共和国自然资源部等 11 个部委联合盖章签发的《智能汽车创新发展战略》再次将 C-V2X 提高到了我国的战略层面。可以说，我国用 3 年时间走完了美国 20 年的历程。显然，这是在我们充分参考并吸收了美国等发达国家已经制定的标准与实践经验教训的基础上实现的。

针对目前国内缺少相关的专业书籍，以及基于学习与借鉴的考虑，译者团队与机械工业出版社合作决定翻译《智能交通系统中的网联车辆》这本英文著作。该书介绍了智能交通系统的概念和技术，描述了被称为专用短程通信技术（DSRC）的最新安全通信协议。即使 V2X 的底层物理层协议在未来发生变化，例如 V2X 从 DSRC 变为基于蜂窝的连接，本书的原则仍然适用。本书介绍的智能交通系统的基本概念包括全球定位系统等主题，车辆对车辆（V2V）、车辆对行人（V2P）和车辆对基础设施（V2I）通信，人机交互，安全和隐私；在基本概念之后介绍了实际测试试验结果（如 V2P 章节）和用于评估结果的性能指标描述；还描述了系统各个部分在开发中使用的方程和数学。本书调查了当前和以前的关于智能交通系统领域趋势研究的出版物，涵盖了美国 DSRC 现有的最新标准，涉及内容包括从 SAE J2735 中定义的应用层一直到 IEEE 802.11 中定义的物理层。作者详细讨论了扩展当前标准以适应车辆通信的未来需求（如未来自主车辆的需求）所需的内容，并在相应章节附有程序和代码示例，例如，在描述远程车辆目标分类功能之后，提供了相应的代码描述。

本书共 10 章，由江苏大学汽车与交通工程学院梁军教授、陈龙教授翻译，全书由梁军统稿。盘朝奉、熊晓夏、葛慧敏、曹淑超等多位老师和赵宇橙、王文飒、钱晨阳、马志怡、王珊珊、赵磊等多位研究生参与了整理校对工作，在此对他们付出的大量艰辛并富有成效的劳动表示衷心的感谢。此外，还要特别感谢国家重点研发计划（2018YFB1600500）、江苏省高校重大项目（18KJA580002）和江苏大学高等教育教改研究课题（2019JGYB005）的大力支持。

限于译者的理论水平和实践经验，书中内容难免存在不妥、疏漏，亦或谬误之处，恳请广大读者提出宝贵意见和建议，以便我们不断修改完善。

译　者

目 录

译者序

第1章 简介 ··· 1
  1.1 介绍 ·· 1
  1.2 章节列表 ··· 3
    1.2.1 定位 ··· 3
    1.2.2 人机交互 ··· 4
    1.2.3 一种用于 V2X 通信的安全证书管理系统 ························· 4
    1.2.4 V2V 车辆安全通信 ·· 5
    1.2.5 车辆与基础设施通信 ··· 6
    1.2.6 车辆与行人的安全系统 ··· 6
    1.2.7 5.9GHz 频段共享 ·· 6
    1.2.8 高效高保真的 DSRC 仿真 ······································· 7
    1.2.9 车联网在自动驾驶中的应用 ····································· 7

第2章 定位 ··· 8
  2.1 简介 ·· 8
    2.1.1 动机 ··· 8
    2.1.2 智能交通系统定位的要求 ······································· 8
  2.2 GNSS 原则 ··· 9
    2.2.1 什么是 GPS ·· 9
    2.2.2 三边测量和三角测量的定义 ····································· 9
    2.2.3 GPS 定位的基本操作 ··· 10
    2.2.4 GPS 的体系结构 ··· 11
    2.2.5 其他 GNSS ·· 14
    2.2.6 定位系统的性能 ··· 15
    2.2.7 更多资源 ··· 15
  2.3 应用于车辆的基本 GNSS 定位 ··· 15
    2.3.1 汽车结构中的定位装置 ··· 16

2.3.2　通信协议的定位规定 ……………………………………………… 16
　　2.3.3　在车联网中定位数据流 …………………………………………… 17
2.4　GNSS 性能和高精度方法 …………………………………………………… 20
　　2.4.1　概念 ………………………………………………………………… 20
　　2.4.2　误差 ………………………………………………………………… 31
　　2.4.3　通过高精度方法进行误差校正 …………………………………… 33
　　2.4.4　更多资源 …………………………………………………………… 35
2.5　多传感器融合的稳定和精确定位 …………………………………………… 35
　　2.5.1　概念 ………………………………………………………………… 35
　　2.5.2　传感器 ……………………………………………………………… 36
　　2.5.3　算法 ………………………………………………………………… 38
2.6　结论 …………………………………………………………………………… 45
2.7　参考文献 ……………………………………………………………………… 45

第 3 章　人机交互 …………………………………………………………… 47

3.1　简介 …………………………………………………………………………… 47
3.2　什么是 HMI？为什么它很重要？ …………………………………………… 47
3.3　高级驾驶辅助系统的人机交互 ……………………………………………… 49
3.4　与 HMI 相关的生理和认知因素 ……………………………………………… 51
　　3.4.1　人类感官 …………………………………………………………… 51
　　3.4.2　人类本能和后天反应 ……………………………………………… 54
　　3.4.3　认知工作 …………………………………………………………… 54
　　3.4.4　多模态 HMI 和空间匹配 ………………………………………… 55
3.5　网联车辆和 HMI ……………………………………………………………… 56
　　3.5.1　安全应用例证：交叉口移动辅助 ………………………………… 56
　　3.5.2　减少警告数量 ……………………………………………………… 59
　　3.5.3　验证警告的有效性 ………………………………………………… 60
3.6　结论 …………………………………………………………………………… 62
3.7　参考文献 ……………………………………………………………………… 63

第 4 章　V2X 通信的安全证书管理系统 ……………………………… 67

4.1　介绍 …………………………………………………………………………… 67
4.2　V2X 通信安全系统的要求 …………………………………………………… 67
4.3　安全证书管理系统的概念 …………………………………………………… 68
　　4.3.1　概述 ………………………………………………………………… 69
　　4.3.2　组件 ………………………………………………………………… 70
　　4.3.3　组织分离 …………………………………………………………… 72

  4.3.4　SCMS 用例 ………………………………………………………………… 73
4.4　关于 SCMS 概念替代方案的讨论 ……………………………………………… 83
  4.4.1　对称密钥管理 …………………………………………………………… 83
  4.4.2　PKI 解决方案 ……………………………………………………………… 83
  4.4.3　组签名 ……………………………………………………………………… 84
  4.4.4　基于车辆的安全系统 ……………………………………………………… 86
4.5　结论 ………………………………………………………………………………… 90
4.6　致谢 ………………………………………………………………………………… 90
4.7　参考文献 …………………………………………………………………………… 90

第 5 章　V2V 安全通信 …………………………………………………………… 92

5.1　V2V 概述 …………………………………………………………………………… 92
5.2　NHTSA 的 V2V NPRM …………………………………………………………… 93
  5.2.1　传输要求 …………………………………………………………………… 93
  5.2.2　V2V 基本安全信息 ………………………………………………………… 94
  5.2.3　V2V 通信中的安全和隐私 ………………………………………………… 96
5.3　DSRC 协议栈和底层标准 ………………………………………………………… 97
5.4　系统架构 …………………………………………………………………………… 98
5.5　V2V 安全应用的程序流程和所需组件 …………………………………………… 99
  5.5.1　路径记录 …………………………………………………………………… 100
  5.5.2　宿主车辆路径预测（HVPP）……………………………………………… 101
  5.5.3　目标分类（TC）…………………………………………………………… 102
5.6　V2V 安全应用 ……………………………………………………………………… 111
  5.6.1　前方碰撞警告（FCW）…………………………………………………… 111
  5.6.2　电子紧急制动灯（EEBL）………………………………………………… 112
  5.6.3　交叉口移动辅助（IMA）………………………………………………… 113
  5.6.4　禁止通行警告（DNPW）………………………………………………… 116
  5.6.5　盲点警告（BSW）/变道警告（LCW）…………………………………… 118
  5.6.6　左转辅助（LTA）………………………………………………………… 121
  5.6.7　控制损失警告（CLW）…………………………………………………… 123
5.7　参考文献 …………………………………………………………………………… 125

第 6 章　V2I 安全通信 …………………………………………………………… 126

6.1　V2I 概述 …………………………………………………………………………… 126
6.2　V2I 消息 …………………………………………………………………………… 127
  6.2.1　地图数据（MAP）………………………………………………………… 127
  6.2.2　信号相位和时间（SPaT）………………………………………………… 128

  6.2.3 旅行者信息消息（TIM） 130
  6.2.4 基本信息/基础设施信息（BIM） 132
 6.3 用例和应用程序概念 133
  6.3.1 红灯预警（RLVW） 133
  6.3.2 弯道速度预警（CSW） 134
  6.3.3 限速施工区域预警（RSZW） 135
  6.3.4 停止标志差距辅助（SSGA） 136
  6.3.5 信号交叉路口的行人（PCW） 136
  6.3.6 现场天气影响警告（SWIW） 136
  6.3.7 超大型车辆警告（OVW） 137
  6.3.8 铁路道口违规警告（RCVW） 137
 6.4 美国的V2I部署活动 137
  6.4.1 安全试点模型部署（SPMD） 137
  6.4.2 网联车辆试点计划 138
 6.5 参考文献 142

第7章 V2P 安全通信 144

 7.1 V2P概述 144
 7.2 动机 144
 7.3 DSRC和基于视觉的V2P的比较 146
 7.4 V2P系统架构 147
  7.4.1 车辆系统设计 148
  7.4.2 智能手机系统设计 149
  7.4.3 V2P消息传递 150
  7.4.4 车辆中的V2P算法 151
  7.4.5 车辆警告策略 152
 7.5 测试设施 153
  7.5.1 通信性能 154
  7.5.2 应用程序性能 157
 7.6 未来工作 158
  7.6.1 提高定位精度 158
  7.6.2 虚警抑制 158
  7.6.3 频段和信道拥堵：潜在的碰撞警告选项 159
 7.7 结论 160
 7.8 参考文献 160

第8章 5.9GHz 频段共享 …… 162

- 8.1 概述 …… 162
- 8.2 用于无线局域网（WLAN）的抗干扰技术 …… 163
  - 8.2.1 无干扰信道评估 …… 164
  - 8.2.2 动态频率选择 …… 164
- 8.3 5.9GHz 频段共享方案 …… 164
- 8.4 干扰类型 …… 166
  - 8.4.1 同频干扰 …… 166
  - 8.4.2 交叉频道干扰 …… 166
- 8.5 为 ITS 频段设计的抗干扰方法 …… 167
  - 8.5.1 检测和避免（DAA） …… 168
  - 8.5.2 重新频道化 …… 169
- 8.6 结论 …… 172
- 8.7 参考文献 …… 172

第9章 高效高保真的 DSRC 仿真 …… 174

- 9.1 概述 …… 174
  - 9.1.1 无线信道 …… 175
  - 9.1.2 节点模型 …… 176
  - 9.1.3 流动性和环境模型 …… 177
- 9.2 节点模型 …… 177
  - 9.2.1 帧结构 …… 178
  - 9.2.2 接收器帧处理模型 …… 179
  - 9.2.3 帧捕获特征 …… 183
- 9.3 频道模型 …… 187
  - 9.3.1 大规模路径损耗模型 …… 188
  - 9.3.2 衰落模型 …… 189
  - 9.3.3 频道模型链 …… 190
- 9.4 接收器帧过程模型验证 …… 190
  - 9.4.1 帧捕获实现的验证 …… 190
  - 9.4.2 总体接收器模型验证 …… 192
- 9.5 结论 …… 194
- 9.6 参考文献 …… 195

第10章 车联网在自动驾驶中的应用 …… 197

- 10.1 系统模型 …… 197

10.1.1　传感器设置 …………………………………………………………… 197
10.1.2　状态向量表示方法 ……………………………………………………… 199
10.1.3　向量表示法 ……………………………………………………………… 201
10.1.4　坐标系 …………………………………………………………………… 202
10.2　协同定位和映射融合算法 …………………………………………………… 203
10.2.1　协同定位子系统 ………………………………………………………… 203
10.2.2　协同映射子系统 ………………………………………………………… 207
10.3　试验设置 ……………………………………………………………………… 209
10.3.1　测试车辆、设备和数据收集 …………………………………………… 209
10.3.2　测试路线和参考道路几何结构 ………………………………………… 210
10.3.3　道路真值估算 …………………………………………………………… 210
10.4　性能评价和结果 ……………………………………………………………… 212
10.4.1　性能指数和参数 ………………………………………………………… 212
10.4.2　结论 ……………………………………………………………………… 213
10.5　参考文献 ……………………………………………………………………… 218

第 1 章
简　介

1.1　介绍

　　下一代汽车安全技术以互联互通为核心，车联网技术使自动驾驶的实现成为可能。车联网包括车辆与车辆（Vehicle to Vehicle，V2V）、车辆与基础设施（Vehicle to Infrastructure，V2I）和车辆与行人（Vehicle to Pedestrian，V2P）的通信，其核心问题是"到底哪种技术能够为自动驾驶带来突破"。一方面，电气与电子工程师协会（IEEE）定义了专用短程通信技术（Dedicated Short Range Communications，DSRC），而且自 20 世纪 90 年代末以来，汽车行业、学术界和政府就一直在对 DSRC 技术进行评估。另一方面，手机移动通信行业对车联网研究也具有极大兴趣。然而，新一代 5G 蜂窝技术并没有完全通过协同车辆的安全性测试，与此同时，虽然 DSRC 是在相对较旧的物理层协议上发展起来的，但其已经成功通过安全性测试，并且众多研究者已经证明了该技术在范围和延迟方面能够满足绝大多数协作安全应用程序的要求。由此可见，DSRC 确实可以提供更好的通信性能和系统升级的途径。其实无论哪种技术盛行，通信的高可用性和低延迟都必须满足标准，V2X 通信技术都需要适应车辆快速移动的特点。这是因为各种交通情况下的车辆都要求 V2X 通信具有低延迟性，即端到端延迟大概在 100ms 左右。另外，V2X 通信还必须具有高可用性。换句话说，V2X 不会与 Wi–Fi 和蜂窝网络争夺通信资源。

　　DSRC 技术是在 Wi–Fi 基础上发展起来的。20 世纪 90 年代末，当 DSRC 的研究还处于起步阶段时，最好的无线通信技术是 Wi–Fi。研究人员利用 Wi–Fi 芯片组来进行 V2X 通信的开发。直到最近，DSRC 技术的专用芯片组才趋于成熟。IEEE 工作组在 802.11 标准中引入了 DSRC 物理层的修改作为 802.11p 标准的修正，该修正已经完全集成到 2012 版的 802.11 标准中。修正的目的是减少日常运营成本，限制频带干扰，并为在多条路径上高速行驶的车辆提供通信支持。IEEE 定义了较低层次的 DSRC，国际自动机工程师学会（SAE）的文件定义了应用程序层；IEEE 802.11 标准详细描述了物理层和较低的媒体访问控制（MAC）层；而 IEEE 1609.4 标准定义了较高的 MAC 层；IEEE 802.4 标准定义了逻辑连接控制（LLC）层；IEEE 1609.3 标准定义了网络和传输层。IEEE 1609.2 标准定义了安全性；最后，SAE J2735 和 J2945 详细描述了应用层。1999 年，联邦通信委员会（FCC）为 V2X 通信分配了 75MHz 的通信频率。在那时，V2X 的主要作用是改善交通安全环境，其他获得批准的用途包括减少交通拥堵、空气污染和燃料消耗等。未来，V2X 通信不光可以满足自动驾驶汽车的通信要求，还可以为更高级别的自动驾驶奠定坚实的基础。

  V2X 是一组通信协议、试验和试点部署的总称，且 V2X 通信能够解决当前和未来出行者的交通需求。其中重要的一点是，V2X 是一种直接通信。例如，V2V 通信是车辆间直接交换信息，不需要手机基础设施或 Wi-Fi 热点等媒介；利用 DSRC 技术的 V2V 不需要路侧设备来保障车辆间的通信。另一种通信模式是 V2I，即车辆与路侧基础设施之间的信息交换。例如，一个路侧单元（RSU）可以连接到十字路口的信号控制器，并向其发送交叉口图（MAP）消息和交通信号状态消息，这称为信号相位和定时（SPaT）消息。还有一种是 V2P 通信，即车辆和行人之间的信息交换，例如，支持 DSRC 的智能手机可以作为行人的通信设备。V2X 在车辆上的实现由几个标准组件组成，包括定位装置、计算平台、人机交互和 DSRC 收发器，这些组件的集合通常称为车载设备（OBE）。完全实现的 OBE V2X 系统可以连接到内部车辆总线，而车体组件无法访问内部车辆总线。

  V2V 通信传输的最重要的数据信息是基本安全信息（Basic Safety Message，BSM），即车辆的关键信息。一辆装有 DSRC 的车辆会向附近的车辆广播基本安全信息（BSM），如位置和车辆动态。BSM 的元素包括纬度、经度、海拔、速度、航向、制动状态、加速度、尺寸、路径历史和路径预测。一旦车辆收到远程车辆广播的 BSM，车载系统就会计算发生碰撞的概率，必要时向驾驶员发出警告。

  V2V 协同安全应用致力于解决避免碰撞和交通场景感知的情况。例如，一个典型的 V2V 应用是电子紧急制动警示系统（EEBL）。EEBL 能够在前车紧急制动时提前通知驾驶员，即使在驾驶员能见度有限的情况下（例如，一辆大货车挡住了驾驶员的视线，大雾或大雨情况影响驾驶员视线），EEBL 也会发出警告。另一个 V2V 的例子是前方碰撞预警系统（FCW）。FCW 向自身车辆的驾驶员发出警告，预防可能发生的前端碰撞。例如，在同一车道同向行驶缓慢的车辆就是 FCW 警告的备选对象，FCW 有利于减少追尾碰撞事故的发生。当远程车辆处于盲点时，盲点警告系统（BSW）就会向驾驶员发出警告。当车辆在十字路口左转不安全时，左转辅助系统（LTA）就会向驾驶员发出警告。例如，一辆远程车辆从对向驶近相邻车道时，交叉口移动辅助系统（IMA）就会向驾驶员发出警告，防止发生侧面碰撞。与己方行驶方向相垂直的远程车辆是 IMA 警告的备选对象，当处于十字路口时，控制缺失警告系统（CLW）就会发出警告，以防与失去驾驶员控制的远程车辆发生碰撞。CLW 可以降低交通事故伤亡率，减少财产损失。

  与 BSM 一样，行人安全信息系统（PSM）通过智能手机传输数据。PSM 是由重要的行人数据组成，包括纬度、经度、海拔、速度、航向和尺寸等。PSM 的信息与 BSM 相似，但比 BSM 的信息少。V2P 协同安全应用的目的是提高驾驶员的安全意识，保护交通中弱势群体如行人和骑自行车的人。V2P 避碰应用程序的工作方式与 V2V 类似，其工作原理是警告驾驶员前方有行人。

V2I 应用程序具有局部性，如协同交叉口避碰系统（CICAS）。该系统可以在驾驶员即将闯红灯时向其发出交通违规警告。坑洞探测也是 V2I 协同应用的一个实例，主要利用车辆与路侧设备之间的协同通信收集共享位置信息和突发事件的信息（包括驾驶员为了避开坑洞而采取的一系列驾驶动作和剧烈变化的车辆垂直加速度），通过路侧设备分析这些为避开坑洞车辆的驾驶数据，然后通过发送聚合数据，告知后方来车此处有坑洞。

V2X 技术最鲜明的特征就是能够实时检测影响交通安全和交通运行效率的潜在威胁。许多安全应用如 FCW、BSW 和行人碰撞预警，都是利用摄像头和雷达实现的。然而，摄像头和雷达无法在视线不好的条件下检测车辆和行人，如十字路口或视线盲区。而 V2X 技术的优点就是能够在视线不好的情况下检测威胁，有望提高车辆的感知能力。传统的视觉传感器（如摄像头或雷达）是先获取如相对位置、速度、方向等车辆信息，从而预测车辆的行驶状态；而 V2X 是利用所有传感器获取信息，具有实时性强、检测效率高、判断准确性高等优点。

1.2 章节列表

本书章节安排如下：第 2 章"定位"阐述了本地化服务原则是实现 V2X 技术的关键推动力；第 3 章"人机交互"说明了人机交互界面在协同安全应用中的作用；第 4 章"V2X 通信的安全证书管理系统"概述了 V2X 通信安全证书管理系统（SCMS）；第 5～7 章分别从 V2V 车辆安全通信、车辆与基础设施通信和协同车辆与行人安全系统的角度阐明了 V2V、V2I 和 V2P 的功能和实施条件；第 8 章"5.9GHz 频段共享"提出了为实现智能交通系统（ITS）与消费者电子产业 5.9GHz 频段共享的建议；第 9 章"高效高保真的 DSRC 仿真"阐述了 DSRC 通信网络在仿真实验中的作用；最后，在第 10 章"车联网在自动驾驶中的应用"中探讨了车联网在自动驾驶中的应用，展望了未来 V2X 技术的用途。

1.2.1 定位

在智能交通系统中，车联网具有安全和便捷的优点，其信息源来自网联车、其他智能交通参与者和路侧设备的共享交通数据。一组基本的共享信息包括定位（地点）和速度，因为智能交通系统智能网联终端能够探测其他交通参与者的位置以及预测其行驶轨迹的能力，从而能够向驾驶员提供危险信息或提前接管车辆进行避险。基于卫星的定位系统，包括全球定位系统（GPS）和其他类似的全球导航卫星系统（GNSS），可以提供对于智能交通系统应用相对精确的位置和速度信息。但是天气条件不好时,卫星定位系统的性能就会受到影响。通过传感器融合集成其他与地理位置相关的数据,如来自惯性、测距和视觉传感器的数据以及来自地图的数据,可以提高在不同环境下的定位鲁棒性。应用差分 GPS(DGPS)、实时运动学(RTK)和精确点定位(PPP)等基于卫星的先进定位算法可以提高全球定位精度,从而进一步扩大 ITS 应用的范围。为将 DSRC 拓展到智能交通系统的应用当中,DSRC 标准为基础位置数据和本地高精度地图数据的共享提供了强有力的支持。GNSS 计划的改进和扩展以及定位辅助传感器性能与成本比率的增长趋势,预示着未来定位的精度、完整性和可用性会大幅度提高。当前的定位解决方案的定位性能将根据其成本进行评估。目前,汽车发展水平和 ITS 适用的定位系统能够实现车道级的定位精度,但条件依赖性较高,更先进的定位系统有望提高车道内定位的精度。

1.2.2 人机交互

第 3 章的主要目的是描述什么是人机交互(HMI),为什么 HMI 对于汽车尤为重要,以及配备人机交互界面的车辆如何从中受益。人们使用的每一个设备,包括汽车,都应该提供能够实现成功交互的手段。HMI 的概念是:设计一个界面使人们能够与机器进行直观、简单和及时的交互。根据任务的性质,某些方面可能比其他方面具有更高的优先级。然而,这三个要求在汽车上都是极其重要的,因为驾驶是一项复杂活动,会给驾驶员带来身体和认知上的额外负担。在这种情况下,HMI 有必要在不影响驾驶员完成驾驶任务的前提下,向驾驶员提供足够的信息。HMI 提供给驾驶员的信息大致可以分为两类,即娱乐信息和安全信息。娱乐信息主要是车辆的便利功能,如导航、音乐、温度控制和电话等。而在第 3 章主要关注与安全相关的 HMI 应用,因为这是车联网发挥作用最大的领域。V2X 通信实现了一个目前任何车载传感器(如雷达、激光雷达、摄像头等)都无法实现的全新功能,使得设计全新的与安全相关 HMI 应用和高级驾驶辅助系统(ADAS)成为可能。在任何情况下,相应的 HMI 都应该告知驾驶员当前交通状况,使驾驶员采取适当的行动(如躲避障碍物或提前制动)。此功能可以通过影响人们的基本感官(视觉、听觉、触觉、嗅觉和味觉及其组合)来实现。第 3 章将介绍一些具有代表性的与安全相关的应用,并分析如何使用不同的模式来创建一个满足用户使用要求的人机交互;最后,将简要探讨 HMI 和车联网在自动驾驶领域的融合发展。

1.2.3 一种用于 V2X 通信的安全证书管理系统

V2X 通信系统需要用户能够信任系统呈现的信息。为此,每个接收方必须能够识别接收到的消息是否来自可靠的信息源,并且甄别信息在传输过程中是否被篡改。一旦两个车辆接收到彼此的车辆信息,就需要建立这种信任关系。与此同时,因为有某些用户比较关心隐私,所以他们不太可能接受这个系统持续跟踪设备。第

4 章提出的安全证书管理系统（SCMS）的设计目标是在合理且可能的情况下，最大限度地为用户提供安全性和私密性服务。SCMS 是为 V2V 和 V2I 通信而设计的，并由碰撞避免协作关系（CAMP）根据与美国交通部（US DOT）的合作协议开发。SCMS 基于公共密钥基础设施（PKI）原理，向参与通信的车辆和基础设施节点授权数字证书，实现车辆和基础设施节点之间的可靠通信。对基于 V2X 通信的安全性和移动性应用而言，SCMS 是必不可少的组成部分。相关文献中提出的标准解决方案，如群签名方案和对称密钥的管理方案，并不满足 V2X 通信系统的要求。我们简要回顾了这些解决方案，并说明了它们不满足 V2X 要求的地方。SCMS 支持四种主要用例，即引导、证书供应、错误行为报告和撤销。为了达到合理的隐私水平，车辆会被授权假名证书，这些证书的生成和提供由多个组织负责。SCMS 面临的一个困难是如何在保证隐私信息在不受内部人士攻击的同时，有效地进行撤销故障车辆或不正常行驶车辆的证书；第 4 章提出了一个撤销流程，该流程可以主动通知智能网联车队通信设备的错误使用，试验表明其在撤销大量假名证书方面非常有效。另一个困难是在不要求所有受影响的设备返厂的条件下，实现对授权证书的撤销；第 4 章提出了一个名为"基于选择的根证书管理"来减少对设备的影响。

1.2.4　V2V 车辆安全通信

美国高速公路安全管理局（NHTSA）一直对 V2V 通信很感兴趣，且管理层将 V2V 视为减少交通碰撞伤亡率的解决方案。如今的避撞技术仍然依赖摄像头和雷达等车载传感器为安全应用提供感知输入。这些车载安全程序会提前向驾驶员发出警告信息，若情况较为紧急，则系统会接管车辆并采取紧急避险行为。然而，此类技术也无法提前预测不在视线之内的车辆碰撞事故。V2V 技术则能够填补上述传感器的技术空白，而且使两辆车能够在视线受阻的情况下进行通信，从而大量减少碰撞事故。V2V 通信使车辆之间能够进行数据交换，与目前的车载传感器相比，V2V 能够在较远的距离内探测到拐角和障碍物。据估计，V2X 通信能够减少高达 80% 的未受损碰撞。通过拟议通知制定通告（NPRM）的方法，NHTSA 正在努力实现 V2V 通信的标准化，并要求通过 V2V 在 DSRC 上广播车辆数据（如 GPS 坐标、速度、加速度）。车辆需要一个车载单元（OBU）与其他配备 OBU 或 V2I 的车辆建立 V2V 通信，并且与配备路侧单元（RSU）的交通基础设施建立 V2V 通信。一般来说，OBU 有一个用于传输和接收的 DSRC 无线电单元，一个 GNSS 接收器，一个处理器，以及用于获取车辆数据的几个接口（如 CAN、以太网、GPS）。V2V 通信中的基本消息称为基本安全信息（BSM）。BSM 是一种广播消息，通常每秒传输多达 10 次。BSM 的内容包括车辆的速度、位置和制动状态等信息。安全应用程序使用来自 BSM 的远程车辆（RV）数据和来自 CAN 和 GNSS 等 OBU 接口的主机车辆（HV）数据来预测潜在的碰撞危险并向驾驶员发出警报。V2V 信息也可以与车载传感器（如雷达、激光雷达和摄像头）融合在一起，从而提高安全应用和自动驾驶车辆检测障碍物的可靠性。大多数碰撞场景可以应用到下列安全程序算法：①前方碰撞警告（FCW）；②电子紧急制动灯（EEBL）；③交叉口移动辅助（IMA）；④禁止通行警告（DNPW）；⑤盲点警告/变道警告（BSW/LCW）；⑥左转辅助（LTA）。最近，密歇根大学交通研究所（UMTRI）于2012年8月启动了"车联网安全试点部署计划"，这些应用程序有望减轻和预防潜在的碰撞事故。第5章将介绍6个主要的安全应用程序，并且解释这些应用程序如何在即将发生撞车危险时向驾驶员发出警报，以减少撞车事故的发生和生命财产的损失。

1.2.5 车辆与基础设施通信

车辆与基础设施通信（V2I）是新兴的车联网技术之一，有望为道路使用者和道路管理者提供技术支持。目前各国研究机构在V2I通信技术方面投入了大量的财力和物力，从而产生了大量标准化信息和应用概念。美国各地正在借助最新、最可靠的技术实现V2I通信设备的部署。第6章将系统阐述V2I设备部署工作的详细情况，以及从早期部署的好处、扩展的信息共享范围、车载传感器的实时远距离传感能力三个方面讨论为什么V2I技术能够吸引大量企业参与到车联网建设工作中来；并且将详细讨论V2I为智能交通系统带来的额外好处；提供和讨论由研究和标准化组织开发的V2I无线电（OTA）消息的详细信息，并给出V2I加强行驶安全性、交通流动性和环境适应性的示例。

1.2.6 车辆与行人的安全系统

第7章概述了V2P协同安全的应用程序、相关技术和现场测试结果；介绍了基于V2P的DSRC安全应用研究的动机；继续比较DSRC和Vision V2P碰撞检测系统的差别；描述了实现的系统架构和基本的操作概念。为了通过V2P设备向周围车辆发出行人存在的信号，研究人员发明了一种类似于BSM的行人安全信息（PSM）。在V2P系统中，可以同时使用PSM和BSM。V2P系统必须有一个可用的车辆预警策略，包括信息和报警模式。因此提出了一种多级预警系统，用于提醒驾驶员避免与行人发生碰撞事故。第7章其他部分是测试验证工作的说明，并在章尾给出了V2P通信和应用的性能表现结果。

1.2.7 5.9GHz频段共享

美国联邦通信委员会（FCC）于2013年2月20日发布了一份关于拟议制定规则的通知（NPRM），该通知说明了未经授权的国家信息基础设施（U-NII）设备使用5.9GHz专用短程通信技术（DSRC）频段的可行性。FCC正在研究在DSRC和未经授权的设备（如使用802.11标准的设备）之间共享5.85~5.925GHz频段的可行性。2003年12月17日，运输行业获得了DSRC的主要频段分配权，其使用条件是DSRC不会与军用雷达、卫星传输以及室内工业、科学和医疗设备产生信道冲突。第 8 章介绍了两种作为频段共享的备选抗干扰方法：①检测和避免（DAA）；②改进的 DSRC 信道化（重信道化）。最后，对目前的频段分配以及这两项抗干扰方法对 DSRC 的影响进行了解释。

1.2.8 高效高保真的 DSRC 仿真

车辆通信是网联车辆（CV）技术的核心。因此，评估车辆无线网络性能是网联车辆应用设计中必不可少的一部分。考虑到信道和网络情况的复杂性，在实地测试应用程序显得不切实际。特别是在附近有大量网联车辆时，进行一组有意义的网络和应用程序测试的成本飙升。因此，尤其需要对网联车辆系统的 DSRC 组件进行仿真研究，并在不同的层次、分辨率和拟真度上模拟 DSRC 网络。第 9 章将讨论构成 DSRC 网络的不同组件，并确定影响网联车辆行驶状态的因素。然后，确定能够捕获 DSRC 网络的重要特性的建模方案和模拟器设计。特别地，我们将讨论基于 ns-3 和 OPNET 等模拟器的仿真模型，还将进一步讨论抽象网络和通信线路行为的数学模型；从信道、收发器和网络三个层次讨论了一般的建模方法。虽然我们找到几种网络通用模型，但探究了在不同拟真度下的发送器/接收器模型，发现网络模型通常取决于道路拓扑结构和车辆密度。最后，在三个层次上对上述简化模型的影响进行了一定程度的探究。

1.2.9 车联网在自动驾驶中的应用

未来车辆将配备 DSRC 收发器，通过启用 V2V 和 V2I 通信，有望明显地减少车辆碰撞事故。此外，现代车辆将配备不同的车载传感器，如 GPS 接收器、摄像头、雷达、激光雷达等。利用这些技术，我们提出了两个应用程序，以改善驾驶员的驾驶体验，为未来高级驾驶辅助系统（ADAS）奠定基础。在第一个应用中，我们提出了一个用于提高基于卡尔曼滤波器的自我定位算法精确度的综合系统。在该方法中，自身车辆将车载 GPS 接收器获取的自身位置信息与车载测距传感器采集的附近车辆的位置信息以及通过 DSRC 收发器从其他装备车辆接收到的信息集成在一起，该过程使用多传感器多目标轨迹关联算法进行轨迹匹配。在第二个应用中，目标是将道路几何估计作为 ADAS 应用程序的一个重要步骤，其中自身车辆使用其车载传感器构建前方道路的本地地图。我们提出了一种利用车载传感器（摄像头和雷达）数据与 DSRC 接收到的远程车辆标准 V2V 数据融合进行道路几何估计算法。基于卡尔曼滤波算法将机载传感器的测量数据与 V2V 数据融合处理，从而对自身车辆前方道路几何形状进行估计。定位仿真结果表明，所提出的方法在定位精度和匹配精度方面有显著的提高。道路几何估计仿真结果表明，所提出的方法比目前最先进的相机-雷达融合方法的精度提高 7 倍以上。

第 2 章
定 位

2.1 简介

2.1.1 动机

卫星定位终端的普遍使用，使得定位技术广为人知。目前，人们的日常交通出行都有卫星定位技术的参与，该技术通过在交通参与者之间共享实时的地理位置信息，为人们的交通出行提供便利，进而形成一个安全高效的交通环境。

V2X 通信技术允许车辆与其他交通参与者（车辆、行人以及基础设施等）进行通信，而且有望成为一个新型、高效、安全的通信技术。V2X 技术的基础运行机制是在各个终端之间共享位置数据。即使是在其他车载传感器失灵和视线受阻的情况下，V2X 技术也能很好地保证车载设备和其他交通通信基础设备之间位置信息的数据交互。车载单元可以利用这种感知能力，提前对车辆发出制动信号，避免追尾碰撞的发生。此外，与目前用于避免碰撞的传感器（如激光雷达、雷达和摄像头等）相比，V2X 技术成本更低、效率更高。因此，V2X 技术可以为所有道路使用者提供防碰撞功能和相关便利，使得这些功能不再是豪华汽车的专属。

2.1.2 智能交通系统定位的要求

为了有效地共享位置数据以提高安全性，定位技术需要一定的准确性和可靠性。在某些交通场景中，道路等级定位的准确性（能够知道用户在哪条道路上）足以提供发布警告和纠正措施所需的评估，从而提高道路安全性。例如，包括在十字路口无保护性转弯时处理迎面而来的车辆，或者因前方路况（在地图上看到的急转弯或者遇到其他车辆报告的结冰点等）而减速。除此之外，在很大一部分交通场景中，需要可靠地知道交通参与者在行车道上的位置，以防止碰撞或车道偏移。其中包括：预测前方车辆突然减速、防止意外偏离车道或道路，以及对只适用于行车道的交通控制做出反应，这些都要依赖于准确的十字路口地图。

为了量化所要求的定位精度等级，需要区分附近或相邻的道路，这些道路具有相似的行驶方向，但在物理或地形上没有联系，因此不会相互影响交通。为了防止错误的警告和反应，这种区别是必要的。在最严格和最模糊的情况下，例如区分由障碍物隔开的相邻车道，这一要求降低到车道等级精度，但通常 5m 或 10m 就足够了。

设定车道的等级精度也没有一个明确的界限，但本书建议设置为 1.5m，因为对于行驶在 3m 车道中间的车辆来说，任何较大的误差都会使其进入另一条车道。在美国，90% 的车道宽度都在 3m 或 3m 以上，3m 宽车道是一种非常窄的车道，本书选取该数值是为了适用于大部分的车道宽度。

V2X 系统的定位信息主要来源于 GPS（由美国政府维护）和由其他政府维护的类似系统，这类系统都称为 GNSS，而且是绝对定位信息的唯一来源。在大多数情况下，GNSS 可以为 V2X 提供足够的定位信息，但是要使定位系统足够稳定以适应安全应用，它需要与其他信息相结合，特别是来自与车辆位置随时间变化相关的传感器（如惯性传感器）的信息，但是这些传感器不能提供绝对的位置坐标（与其他车辆无线共享位置和使用地图时需要）。

本章将主要介绍：以 GPS 为主要示例的 GNSS 的运行，在 V2X 系统中 GNSS 定位的使用，GNSS 信息来源的误差和限制这些误差的方法（包括实现厘米级精度的先进技术），以及将 GNSS 数据与其他传感器相结合以实现定位鲁棒性的方法。仅用这一章是无法深入探讨理论推导和实施细节的，但是这些内容在现有的出版物中已经得到了很好的阐述，而本章的价值在于通过直观的讲解，使那些入门级别的人，迅速熟悉大量的关键概念。

2.2　GNSS 原则

2.2.1　什么是 GPS

GPS 是全球定位系统的英文缩写。卫星不断地广播信号，使地球上的用户可以使用合适的设备（GPS 接收器）来确定在地球上的位置坐标，其精度通常为米（m），当有特定的校正数据时，可以精确到厘米（cm）。本章将要使用不具备地图和导航功能的 GPS。然而，在普遍使用中，特别是在美国，"GPS" 的含义已经扩展为可以在地图上提供全球用户位置信息的任何设备，也可以指在每次转弯时提供方向的设备，而在世界其他地方，更多地被称为 "卫星导航" 或 "sat – nav"。

其他国家也正在维护或发展类似的系统，这种系统通常称为全球导航卫星系统（GNSS）。其他 GNSS 的特性将在第 2.2.5 节 "其他 GNSS" 中进行介绍。

下面是针对 GPS 的讨论，但在大多数情况下，它也适用于其他 GNSS。本文将说明与其他系统的不同之处。

2.2.2　三边测量和三角测量的定义

GPS 和 GNSS 位置确定的基本方法是三边测量法，这是一种基于用户测量到已知位置的物体的距离来估计用户位置的方法。有时这种方法被错误地称为三角测量，它是一种依赖于角度测量的不同方法。

以 GPS 为例，已知位置的物体就是 GPS 卫星。这些卫星通过传送信号来传递信息，使用户的设备知道它们的位置。用户的接收器通过利用光速将获取信号的时间延迟转换为距离，从而测量到每颗可见卫星的距离

接收器到卫星的距离 = 信号速度 × (信号到达时间 – 信号发送时间)　(2-1)

信号发送时间被编码在消息中，而信号到达时间如何确定将在下一节中解释。给定卫星的位置和与至少四颗卫星的距离，用户的位置估计可以可视化为球体的交点（二维圆）。球体以卫星位置为中心，半径等于到卫星的距离（图2-1）。

通过三颗卫星的球体可以将它们的交点缩小到一个点（在完美测量的情况下），之所以需要第四颗卫星，是因为接收机和卫星时钟之间存在漂移，漂移会转化为位置不确定性，因此也需要进行位置估计。而使用四颗以上的卫星可以减少误差，关于位置、速度和时间的计算将在第2.4.1.9节"计算位置和时间"中进一步讨论。

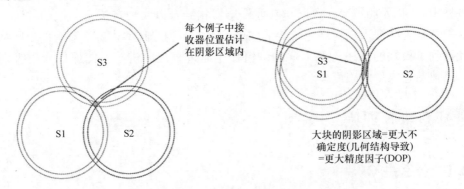

图 2-1　使用三个卫星位置和距离进行三边测量

2.2.3　GPS 定位的基本操作

考虑到三边测量的概念，这里有一个更广泛但仍然简化的概述，即如何从 GPS 信号中提取不同的量并将其组合成一个位置估计（图2-2）。

下面描述的 GPS 信号和数据的实际规范由接口控制文件 IS – GPS – 200 给出，最新版本是 H – 003。

1）每颗卫星都会发送一个由接收器接收的独特但已知的信号。（所有卫星发出的信号组合到达接收器，但可以使用信号处理技术进行分离。）

2）所有卫星的轨道参数（以及它们在任何时候的位置）都是已知的，并且在每颗卫星的信息中传送，这些数据被称为星历。GPS 接收器可以通过对星历表进行解码，确定哪些卫星是可见的（也就是说，哪些卫星在地平线以上，这样在没有

障碍物的情况下，它们的信号就可以到达接收器）。

3) GPS 时间戳被周期性地嵌入到导航消息的信号所携带的消息中，GPS 接收器使用这些时间戳在每个可见卫星的预期时间内生成预期信号（每个卫星都是唯一的）。接收器与全球维护的 GPS 时间的同步是一个挑战，我们将在稍后解决。

4) 对于每个卫星来说，接收方生成的信号和接收方接收到的信号之间存在时间差，这是由于信号从卫星到达接收方所需的时间不同。接收器可以测量这个时间差，并且通过延迟移动将产生的信号与接收到的信号同步。

5) 通过将时差与信号的速度（光速，c）相乘，可以把这个时差转换成一个距离（称为伪距，ρ 因为它有误差）。

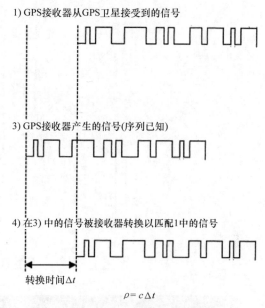

图 2-2　GPS 卫星伪距测量方法

6) 对于已知位置的卫星的伪距，将接收器的位置限制在球面上。这些球面的交点基于来自多颗卫星信号的信号定位，这个交点可以通过求解一组联立方程来求得，如第 2.4.1.9 节所讨论的。

2.2.4　GPS 的体系结构

GPS 系统是由美国国防部开发和维护的，其体系结构于 1973 年获得批准。第一颗卫星于 1978 年发射，但它花了数年时间才将预定覆盖全球的 24 颗卫星送入轨道，并通过测试证明了该系统的有效性。该系统于 1995 年投入使用。

GPS 系统由空间部分、控制部分和用户部分三部分组成。其中，空间部分名义上由 24 颗高度约 2.1 万 km 的中等地球轨道上绕地球运行的卫星组成。这些卫星分布在 6 个轨道而且每一个都在距赤道 55°的平面上，每个平面上有 4 颗卫星（图 2-3），每颗卫星（图 2-4）都在已知的周期时间内连续地广播一种独特的信号。上述卫星并不是静止在地球上的某一点，而是在地面上每隔 12h 就会经过一个重复的轨道。然而，根据所有卫星轨道的排列，地球某一特定点上所有卫星的完全相同的排列大约每 24h 才重复一次。也就是说，在每隔 24h 左右的时间内，地球上的用户将会经历一个不断变化的卫星覆盖范围，即使在完全静止和没有任何天空障碍物的情况下也是如此。

系统需要由 24 颗卫星才可以提供最低限度的全球覆盖的设计要求，以便在任

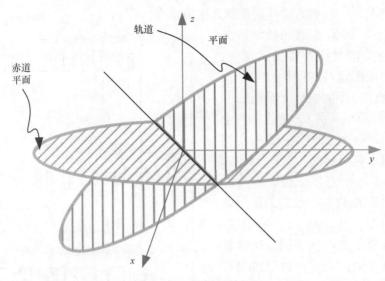

图 2-3　GPS 轨道平面

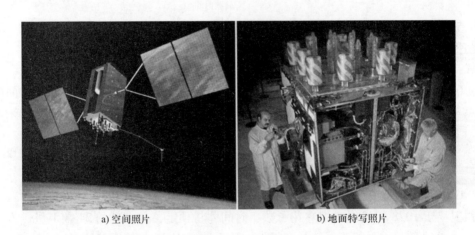

a) 空间照片　　　　　　　　b) 地面特写照片

图 2-4　GPS 卫星

何时候从地球上的任何地点都能看到至少 6 颗卫星。还需注意的是,在任何一个地方,随着卫星绕地球轨道运行,可见卫星的数量会随时间的变化而变化(图 2-5)。

随着老卫星的退役和新卫星的加入,系统中的卫星数量会发生变化。近年来,通常有 24 颗以上的卫星正常服役,以便提高从任何地点和时间都能看到的卫星数量,并为防止卫星的临时中断提供一定的抵抗性。例如,2016 年 3 月共有 31 颗卫星在轨运行。

控制部分由监测站、主控站(MCS)和地面天线组成。其中,监测站由 GPS 接收器、原子钟、气象仪器和通信设备组成,可以自动接收 GPS 信号,并向 MCS 发送数据(图 2-6 和图 2-7)。MCS 维护用于同步整个 GPS 系统的 GPS 时间,还可

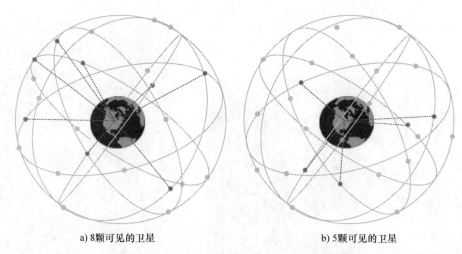

a) 8颗可见的卫星　　　　　　　　b) 5颗可见的卫星

图 2-5　不同时间在同一个地方看到的 GPS 卫星

以监视和预测轨道,并根据轨道预测更新包含轨道参数的卫星信息;MCS 的另一个关键作用是向卫星发出指令,以执行纠正动作,保持在所需的轨道上的正常运行。无人驾驶的地面天线主要负责将运动指令和由卫星发送的信息上传到卫星上。

图 2-6　GPS 控制部分地面站

用户部分由能够接收 GPS 信号并利用其来确定位置、速度和时间(GPS 接收器)的所有设备组成(图 2-8 和图 2-9)。

图2-7 夏威夷的GPS监测站

图2-8 士兵背上的早期的GPS接收器

图2-9 现代GPS接收器

2.2.5 其他GNSS

除了GPS之外,还有其他的GNSS,目前正在部分运行或全面运行。各国都在积极地开发自己的系统,以便能够在战争时期控制他们的位置服务,而其他国家可能拒绝使用他们的系统。从用户的角度来看,使用多个系统可以提高卫星的能见度，这在有遮挡的天空条件下（例如在人口密集的城市或山区）特别重要，因为只有这一小部分开放的天空可以接收信号，而缺点是多种 GNSS 增加了定位设备硬件以及软件的复杂性和成本。

下面简要介绍一下部分运行的 GNSS。GLONASS 是俄罗斯的系统，也是目前除 GPS 外唯一的一个全面运行的系统。它的第一颗卫星于 1982 年发射。20 世纪 90 年代，因为俄罗斯在获得资金方面遇到困难，导致其卫星群在 2001 年降至 6 颗卫星，但从那以来，俄罗斯就恢复了元气，2016 年的在轨卫星达到 29 颗。GLONASS 通常支持先进的 GPS 接收器，在汽车接收器上也越来越受欢迎，但在手机上并不常见。

伽利略是欧洲的系统，这是全球最新的全面发展的定位导航系统，是从 GPS 使用的基础上研究 GNSS 技术并且改进信号设计得来的。它的第一颗卫星于 2011 年发射，到 2016 年拥有 11 颗卫星。

北斗是中国的系统，最初仅限于中国区域使用。它的第一次卫星发射是在 2000 年，2016 年便有了 20 颗卫星。

QZNSS 是日本设计并用于区域使用的系统。它可以为包括日本乃至印尼在内的太平洋地区提供定位服务。它的第一次发射是在 2010 年，2016 年时拥有一颗卫星。

IRNSS 或 NAVIC 是印度地区的卫星导航系统。它为包括印度、印度洋和南亚在内的地区提供定位服务。它的第一次发射是在 2013 年，2017 年时拥有 7 颗卫星。

2.2.6 定位系统的性能

GNSS 的可实现精度受许多误差的影响，但也有一些限制误差的方法。第 2.4 节"GNSS 性能和高精度方法"将在紧接着介绍在 V2X 中如何使用基本 GNSS 位置数据的第 2.3 节"应用于车辆的基本 GNSS 定位"之后讨论这些主题。

2.2.7 更多资源

关于"GNSS 原则"更深入的报道，以及其他相关主题，可以查阅优秀的参考文献。

2.3 应用于车辆的基本 GNSS 定位

准确的定位对 V2V 安全应用的正常运行至关重要。大多数 V2V 安全应用需要相对的车道水平的定位精度和稳定性。例如，安全应用程序必须能够确定主机车辆（HV）和远程车辆（RV）是否在同一车道上。V2X 系统包括 GNSS 接收器，该接收器可以为系统提供自己的位置和准确的时间。机载系统可以保留历史路径并进行路径预测。每辆车广播包含运动数据的 BSM 有：时间戳速度、加速度、位置、航向、历史路径和路径预测。通过给定 HV 和 RV 信息，系统可以计算距离、航向差和车辆之间的相对位置。利用路径历史和路径预测的方法来辅助远程车辆的车道水平目标的分类。业界一致认为，车辆必须定位在车道上。因此，车辆定位的最低精度要求的绝对值为 1.5m。

当 GNSS 可用性降低时，协作应用程序的效率就会下降。由于城市峡谷、隧道或茂密的树叶会明显降低卫星信号质量，此时定位系统就可以利用其他车辆传感器（如 IMU、摄像头或里程表）进行轨迹推算。相对来说，参考系统是不受微小中断（小于 1s）的影响。在 DOT - CAMP 系统性能测试收集的 20000mile（1mile = 1.609km）的数据中，持续时间少于 1s 的中断占了大多数（93%）。长时间的中断（2～5s）通常会导致 V2V 功能的退化，这就使得需要局域网级精度的应用程序将被禁用（例如 EEBL）。但是，需要道路级别的应用程序（例如 IMA）仍然可以运行。路侧设备（RSE）通过进行差动校正，可以改善网联车辆在设备完好的十字路口处的定位。SAE J2945/1 V2X 定位子系统在 WAAS 信号的情况下进行 WAAS 校正，以提高定位精度。SAE J2945/1 标准还要求每秒获取 10 次位置，也有许多国家或州机构提供校正数据。例如，密歇根州正在运行一个由连续运行的参考站（CORS）组成的网络，并在网络上提供免费的更新服务。

2.3.1 汽车结构中的定位装置

车辆中 DSRC 系统的一个典型例子就装在车载设备（OBE）装置中。图 2-10 所示为 OBE 功能模块的逻辑连接。计算单元从车辆 CAN 总线读取车辆信息数据。GPS 接收器提供当前车辆的位置信息。这两个数据源组成的计算单元通过 DSRC 收发器组合和传输消息。同时，任何经过计算的碰撞警告将进一步传递给 HMI 链接。

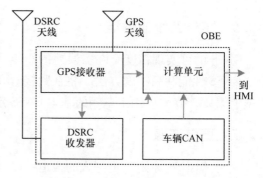

图 2-10 OBE 功能模块的逻辑连接

2.3.2 通信协议的定位规定

在最典型的结构中，装备 DSRC 的车辆将有一个或两个通道连接设置。至少一个频道将被调到 172 频道（CH172）。CH172 主要用于发送 V2V 消息（BSM）、SPaT 和 MAP 以及安全服务消息。V2V 流量将占据信道负载的大部分。除了地图信息之外，交换大型内容（如区域地图）的机会是有限的。MAP 消息从 RSE 传输。

地图包含了 RSE 所处的十字路口的详细车道信息和可用的路径信息。

CICAS-V 项目描述了交通标志违规应用程序的最常见的情况。车辆利用它的自我定位信息,以一种特定的方式给自己定位。然后,侦听系统包含了该方法的交通灯状态的 SPaT 消息。如果系统已经确定车速不足以使车辆在红灯处安全停车,将警告驾驶员有违反交通灯的情况发生。

2.3.3 在车联网中定位数据流

在典型的嵌入式解决方案中,GPS 接收器与计算单元之间最常见的有线通信接口包括 I2C、SPI、USB 和 UART。GPS 接收器的另一个重要物理信号是脉冲每秒(PPS)。PPS 信号用于车辆间 OBE 的同步。GPS 接收器利用 NMEA 信息来传达实际的定位信息。NMEA 0183 是一种通过串行连接实现通信标准的电气和数据规范的组合。

V2X/OBE 中最有用的 NMEA 消息是 GPGGA 和 GPRMC。图 2-11 所示为 NMEA 文件示例,其中 GPGGA 和 GPRMC 消息用深色字体显示。

GGA 消息包含了必要的修复数据,并且提供了 3D 定位和精度数据。表 2-1 对 NMEA 字符串 "$GPGGA,171546.0,4228.594269,N,08306.957771,W,1,09,0.7,186.1,M,-34.0,M,*6A" 进行了剖析和解释。

RMC(推荐最小 C)消息包含基本的 GPS(位置、速度、时间)数据。表 2-2 对 NMEA 字符串 "$GPRMC,171546.0,A,4228.594269,N,08306.957771,W,44.7,255.9,290315,0.0,E,A*29" 进行了剖析和解释。

```
$GPGGA,171546.0,4228.594269,N,08306.957771,W,1,09,0.7,186.1,M,-34.0,M,,*6A
$GNGNS,171546.0,4228.594269,N,08306.957771,W,AA,15,0.7,186.1,-34.0,,*53
$GPVTG,255.9,T,255.9,M,44.7,N,82.8,K,A*26
$GPRMC,171546.0,A,4228.594269,N,08306.957771,W,44.7,255.9,290315,0.0,E,A*29
$GPGSA,A,2,01,03,04,12,14,22,25,31,32,,,,1.0,0.7,0.7*36
$GNGSA,A,2,01,03,04,12,14,22,25,31,32,,,,1.0,0.7,0.7*28
$GNGSA,A,2,69,70,71,73,79,80,,,,,,,1.0,0.7,0.7*20
$GLGSV,3,1,09,70,64,326,23,73,17,219,27,80,69,229,20,79,44,032,22*63
$GLGSV,3,2,09,69,52,139,28,87,02,350,16,71,13,322,23,68,02,140,18*6E
$GLGSV,3,3,09,88,,,*6C
```

图 2-11 NMEA 文件示例

表 2-1 GPGGA 信息

$GPGGA	—$表示句子的开头 —GP 表示修正数据来自 GPS 设备(其他可能的值是 GA - Galileo、GL - Glonass、GN - combined GNSS —GGA 表示全球定位系统修正数据
171546.0	修正发生在 17:15:46 UTC
4228.594269,N	纬度 42°28.594269′N

(续)

08306.957771, W	经度83°06.957771′E
1	修复质量：0 = 无效 1 = GPS修正（SPS） 2 = DGPS修正 3 = PPS修正 4 = 实时动态 5 = 浮动RTK 6 = 估计（轨迹推测法） 7 = 手动输入模式 8 = 仿真模式
09	被追踪的卫星数量
0.7	水平位置系数
186.1, M	海拔，m，高于海平面
−34.0, M	大地水准面高度（平均海平面）高于WGS84椭球
*6A	校验数据总是以*开始

表2-2 GPRMC信息

$GPRMC	—$表示句子的开始 —GP表示修正数据来自GPS设备（其他可能的值是GA – Galileo、GL – Glonass、GN – combined GNSS） —推荐的RMC最低为C语句
171546.0	修正发生在17：54：46 UTC
A	状态A = 活跃，或者V = 空
4228.594269, N	纬度42°28.594269′N
08306.957771, W	经度83°6.957771′W
44.7	地面速度（节）
255.9	跟踪角度（航向精确，准确）
290315	日期—2015年3月29日
0.0, E	磁变
A	某种程度上修正了接收器当前的功能。数值可以是A = 自发的，D = 差别的，E = 估计的，N = 无效的，S = 模拟器
*29	检验数据总是以*开始

有关NMEA183标准的详细概述，请参阅参考文献［10，11］。

从上面的表中可以看出，GPGGA和GPRMC消息提供了所有必要的定位数据：纬度、经度、航向（航向正确）、准确时间（UTC）、日期、速度和高度。在PPS信号的帮助下，两个消息的信息同步到OBE。每次接收到PPS信号时，计算单元都会对内部时钟进行同步。从$GPRMC消息中提取的时间信息（最接近于接收的PPS信号）用于更新计算单元系统时钟。

2.3.3.1 DSRC消息集中的定位数据

在SAE J2735定义的DSRC消息中，可以直接从GPS接收器读取以下数据元素：DE_Latitude、DE_Longitude、DE_Second、DE_Elevation、DE_Heading。DF_PathHistory帧是由OBE中的位置信息派生出来的，而有一些帧（如DF_positionAccuracy）是从GNSS接收器派生或者读取的。OBE可以完全集成在车辆上或作为售后安全装置（ASD）安装。在完全集成的解决方案中，OBE可以读取车辆CAN数据。在ASD的情况下，OBE不能访问车辆CAN。对于ASD，可以从GNSS数据派生出以下元素：E_Speed、DF_AccelerationSet4Way、DE_TransmissionState和DF_BrakeSystemStatus。而完全集成的OBE可以从车辆提取这些元素。与ASD方法相比，来自车辆CAN总线的数据更加可靠和准确。

2.3.3.2 路径记录

路径记录（PH）是由车辆所走过的一组时间戳的位置点（纬度、经度和航向），利用该数据可以重建车辆的远程轨迹。给定BSM中路径历史点的数量受两个条件的限制：首先，PH数据的总距离要限制在300m以内；其次，路径历史点数不超过23个。BSM中的PH数据使用简洁的表示算法进行压缩，该算法的目标是生成路径历史的简洁表示，并且使重建轨迹不超过给定的误差阈值，通常为1m。如果车辆沿直线行驶，行驶轨迹可以用当前位置和300米后的位置来简洁地表示，如图2-12所示。如果车辆在曲线上行驶，则会有更多的点表示行驶轨迹，如图2-13所示。

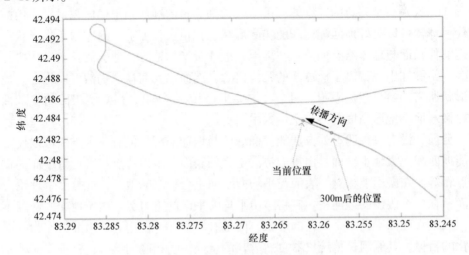

图2-12 直线轨迹PH点的简洁表示

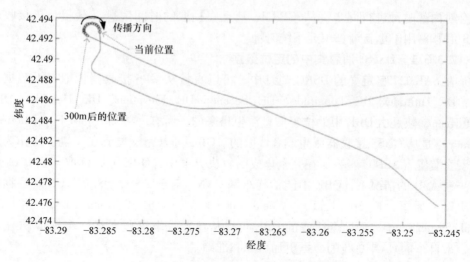

图 2-13　曲线轨迹 PH 点的简洁表示

2.4　GNSS 性能和高精度方法

2.4.1　概念

2.4.1.1　表示地球：椭球体、大地水准面、地形和高度

为了量化地球上或地球附近的位置，我们需要一个地球的数学模型。即椭球体的形式，这是一个理想的三维体，由沿较长轴旋转的椭球扫掠的体积定义。用椭球体代替球体可以更好地匹配地球的实际形状，在很大程度上，地球的实际形状由于赤道的伸长而与球体略有偏差。在离地表近几千米的地方，地球的真实形状要复杂得多，山脉和山谷偏离了椭球面的几何概念。然而，几何概念仍然可以将定义地球总形状所需的参数数量限制为两个（主要半径和扁平率），而真实表面的复杂性可以在椭球面上地形高度的第三个参数中捕捉。

目前，没有一种明显的方法能使椭球体与地球匹配，但有一种方法可以使之尽可能地匹配。大地水准面是由重力势点定义的表面，重力势点与平均海平面的重力势点相等。在海面上，这一表面与平均海平面重合；在陆地上，这是一个理论上的表面；在一个假设的运河中，它将经历平均海平面的重力势。由于地球的密度不均匀，大地水准面不是一个均匀的形状，而是有峰和谷。使用大地水准面作为椭球参数化的目标，其原因是传统仪器自然为其测量提供了相应的参考：铅垂线向下垂直于大地水准面，水位本身平行于大地水准面，气压高度计提供了相对于大地水准面的高度（正交高度）（图 2-14）。

作为 GPS 坐标参考的特定椭球体被称为世界大地测量系统 1984（WGS 84），

由美国国家地理空间情报局（NGA）维护，1984 年为支持美国国防部（DoD）而建立，定期更新并与国际系统保持一致。它是一个以地球为中心且固定在上地球的参考系统，定义了椭球面参数和大地水准面。定义参考系的参数集合称为基准面。目前，GPS 系统使用的 WGS 84 的最新版本是 WGS 84（G1674），其关键参数见表 2-3。

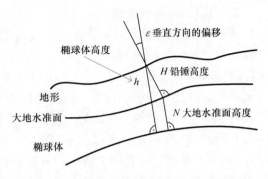

图 2-14 椭球体、大地水准面、地形和高度

表 2-3 WGS 84（G1674）关键参数

参数	符号	价值
半长轴	a	6378137.0 m
地球扁平率	$1/f$	298.257223563
地心引力常数	GM	$3986004.418 \times 10^8 \, m^3/s^2$
地球角速度	ω	$7292115 \times 10^{-11} \, rad/s$

2.4.1.2 纬度、经度，椭球面高度

基于 GNSS 设备的基本输出是全球定位，它通常表示为三组值：纬度、经度和高度，如图 2-15 所示。

纬度是指赤道面（$x-y$）与通过定位点 P 的椭球法线之间的夹角。

经度是参考子午线平面（通过英国伦敦附近的格林尼治）与通过定位点 P 的子午线平面之间的夹角。

GPS 接收器通常报告的高度为椭球面以上的高度，即定位点 P 沿椭球面的法线到椭球面的距离。

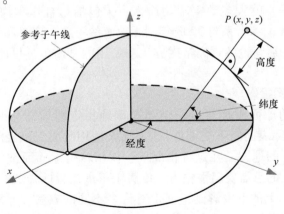

图 2-15 纬度、经度和高度

2.4.1.3 不同的论据

在 GPS 出现之前,用坐标表示位置并生成地图的方法通常局限于世界上的某个地区,比如一个国家或一块大陆。因此,最优基准点(以计算的大地水准面和选择的椭球面为基准的参考系)是在局部推导和优化的,因此会因区域的不同而有所不同。这就需要多加注意,因为不同的基准点对纬度、经度和高度会有不同的含义(图 2-16)。例如,美国的大多数地图都是基于 1983 年的北美基准(NAD83,这与 GPS 的 WGS 84(最新版本是 G1674)略有不同(1m 或 2m,取决于位置和时间)。这两个系统之间有用于转换的方程和软件应用程序,但由于需要考虑位置测量的时间,所以有点复杂。这是因为 NAD 83 是根据北美大陆表面的参考点来定义的,而 WGS 84 是根据全球平均值来定义的。由于北美大陆相对于其他大陆正在移动(其中一些大陆比其他大陆移动得更快),因此 NAD 83 和 WGS 84 之间的差异会随着时间的推移而变化(而且在某些地方会比其他地方变化得更大)。

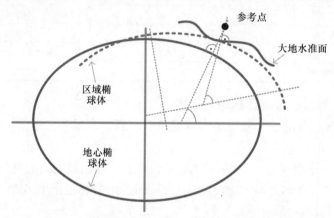

图 2-16 由于椭球体的不同而造成的纬度差异

值得注意的是,就大多数实际用途而言,包括与合作车辆相关的精度而言,WGS 84(G1674)的参考系与 2008 年国际地面参考系(ITRF2008)相同。这可能是有用的,因为稍后讨论的更高精度方法中使用的基站坐标可能会在 ITRF2008 中表达。

2.4.1.4 地图投影

纬度和经度的球面坐标可以简洁而准确地指定地球椭球形状上的一个位置(高度用于说明实际表面的不规则性),但通常使用平面二维表示更方便,例如那些在纸上或屏幕上的地图。在这种情况下,使用球坐标(通常以度数为单位)定义的地球椭球面上的点需要扁平化为二维直角笛卡儿坐标(通常以米为单位)。将球面(或椭球体)上的点投影到平面上有许多不同的方法,但每种方法都必然会对原始曲面上点的空间关系产生某种扭曲。最广泛使用的投影是通用横轴墨卡托投影(Universal Transverse Mercator, UTM),与它所基于的墨卡托投影一样,它将地球上的点投射到假想的可以包裹地球的圆柱体上，然后将其从概念上展开成二维平面，如图2-17所示。

图2-17 UTM柱面

墨卡托投影的优点是，在与圆柱体相切的平行子午线或与子午线相差几度内，它能保持方向、距离和面积的准确性。墨卡托圆柱的法线与赤道相切，而横轴墨卡托（TM）与选定的子午线相切，称为中心子午线。为了保持准确性，UTM将地球分为60条经度为6°经度带，其中每个经度带（区域）都是围绕不同中心子午线的独立TM投影。

UTM在区域内的距离误差是0.04%，但是从球面坐标到UTM坐标的转换需要大量的计算。为了提高计算机实现的效率，在仅处理小于$1km^2$的局部区域地图的应用中，在切平面上简单地投影就能得到厘米级的精度。

无论使用什么投影来创建规划地图，重要的是要记住，在解释映射坐标的含义时，投影方法很重要，而且它也是误差的来源。

2.4.1.5 时间

因为用户位置和速度估计都需要准确的同步时间，而且时间又有不同的概念，所以我们有必要讨论如何定义GPS时间。需要注意的是，全球同步的纳秒级精确时间本身就是GPS接收器的宝贵输出，并且可以用于从科学到金融等各种领域。

一个简单而古老的时间测量基准是太阳日——地球自转所需的时间，也被视为太阳重复其在天空中最高点时刻之间的时间。我们关于时、分、秒的概念也源于对太阳日的划分。使用太阳日进行时间单位定义的问题是，由于地球倾斜的旋转轴和地球绕太阳轨道的形状，它的变化大约为16min。尽管如此，直到1960年，它仍然作为官方的时间间隔参考，我们用平均太阳日除以86400（一天的秒数）来定义1s。

因为太阳日是可变的，所以为了寻找一个恒定的时间定义，按照惯例选取1900年作为一个特定的太阳年，将1s推导为该太阳年的1/31556925.9747。

不仅一天的时长是可变的，而且当地球上一些地方是白天的同时，另外一些地方可能是夜晚。为了有一个共同的参考时间，按照惯例选择了一个参考位置：英国格林尼治天文台，该位置的平均太阳时间被称为格林尼治时间（GMT）。

太阳日的持续时间会因极轴运动和地球自转速率的变化而变化。总体来说，它的增长速度正在以每年1s的速度放缓。应用极坐标运动（而非自旋速率）进行校正得到的时间尺度称为UT1（UT0=GMT）。

从1967年开始，原子性质已成为对1s定义非常稳定和精确的参考：与铯-133原子基态的两个超精细能级之间的跃迁所对应的是9192631770个辐射周期。这个时间尺度被称为国际原子时间（TAI，法语首字母缩写）。由于它不受地球轨道变化的影响，而是慢慢偏离太阳日和太阳年的自然周期，因此在4000多年的时间里，它积累了12h的延迟——在未来，格林尼治的正午将是太阳的午夜，也就是真正的夜晚。

为了解决这个问题，人们又发明了另一种时间尺度：协调世界时（UTC）。这是从TAI时间中不断更新的方法，通过插入几秒钟使其慢下来，以保持接近更自然的UT1。这些插入的秒称为闰秒（图2-18），它们是在一个委员会试图让UTC接近UT1的决定中添加的。最近，这种插入每一两年就会发生一次。最后一次闰秒的插入发生在2016年12月31日，目前的差值为TAI – UTC = 37s。在选定年份的最后一天的午夜插入闰秒作为第60s（通常秒数计数从59转动到0）。

```
2005, December 31,    23h : 59m : 59s
2005, December 31,    23h : 59m : 60s (there it is!)
2006, January 1,      00h : 00m : 00s
```

图2-18　闰秒插入

在未来，虽然闰秒的插入避免了UTC中午时间出现在午夜，但是它们很混乱，因为它们每几年都会在UTC时间中引入间断（在闰秒插入时），并且需要跟踪TAI和UTC时间之间累积的闰秒差。

值得注意的是，在巴黎附近的一个实验室里，用世界上大约250个原子钟计算UTC需要一个月的时间。每个国家都有自己对UTC的估计。在美国，有两个版本：一个由美国海军天文台（UNSO）完成，另一个由美国国家标准和技术研究院（NIST）完成。UTC时间是世界上最主要的时间标准。

最后给出GPS时间（GPST）的定义。GPST是通过结合GPS卫星和GPS监测站上原子钟的数据而得到的有效UTC时间，但没有使用闰秒。因为GPST不使用闰秒，但是UTC使用，所以随着时间的推移，它们之间的差异会随着闰秒添加到UTC中而增大。目前，GPST – UTC = 18。意识到这种差异，并且跟踪其随时间的变化情况，对于避免在GPS时间（由GPS设备给出）和UTC时间（通用民用时间标准）之间的转换出现错误非常重要。由于从UTC建立GPST时，TAI和UTC之间的差值为19s，而且GPST没有添加闰秒，所以TAI与 – GPS的差值保持在19s不变。

从星期天开始，GPS时间通常在GPS数据信息中表示为"秒进周"，同时还有一个"周数"，即从1980年1月7日开始的一周计数为1，直到1024。这允许将时间表示为更小的浮点值，便于存储、操作和绘图，与处理烦琐的日历表示或不断增长的累积相反。

2.4.1.6　信号

每个GNSS都有一组不同的信号，这些信号由卫星发送，由GNSS接收器处理，并且提取位置、速度和时间信息。然而，大多数信号使用相同的操作规则，并且可以使用相同的参数来描述。在本章以及后面的章节中,我们将以采用码分多址(CDMA)调制技术的 GPS 系统信号为例,说明其他 GNSS 的工作原理。比如伽利略系统,也使用 CDMA,其主要区别在于使用的频率。而 GLONASS 是唯一一种工作原理不同的 GNSS,因为它使用的是频分多址(FDMA)调制技术。

GPS 系统中的每颗卫星都以两种无线电频率(在 IIF 和 IIR-M 卫星之前的较老卫星)或三种无线电频率(更新的卫星)传输信号,分别称为 L1(约 1.6GHz)、L2(1.2GHz)和 L5(1.1GHz)。L1 上有两种信号:一种是民用信号,称为"C/A",来自"航线/获取";另一种是军用信号,称为"P(Y)",其中"P"来自"精度","Y"表示使用加密。L2 上有一种军用信号,L5 上有一种民用信号。

每个信号都由三个部分组成:一个简单的正弦载波信号,一个称为"代码"的独特脉冲序列,以及一个较慢的导航数据脉冲序列(图 2-19)。

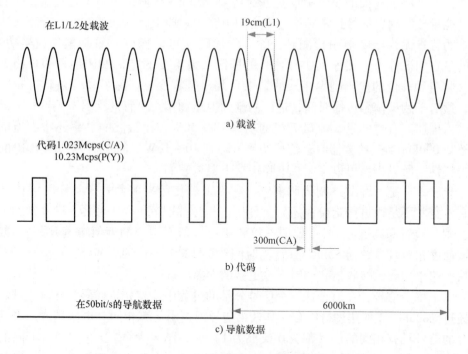

图 2-19 GPS 信号的组成部分

载波分量是一个简单的正弦信号,其周期由无线电信道频率决定:L1 信号频率为 1575.42MHz(周期为 63.5ns),L2 信号频率为 1227.60MHz(周期为 81.5ns),L5 信号频率为 1176.45MHz(周期为 85.0ns)。

该代码是一个二进制脉冲序列,由分别表示低电压和高电压电平的 0 和 1 值序列组成。每颗卫星都是传送唯一的已知代码,例如民用 L1 信号中的 C/A 代码以及军用 L1 和 L2 信号中的 P（Y）代码，因此，只要破译这些代码就可以揭示卫星的身份。C/A 码长为 1023 个值（每个值持续的时间称为"码元"），以每秒 1023 个码元（1.023Mcps）的速率发送，每个值持续约 1μs。因此，在光速下，码元持续时间所覆盖的等效距离大约为 300m，C/A 代码大约每毫秒重复一次。相比之下，P（Y）代码更长，大约为 1014 个芯片，在 10.23Mcps 发送时速度要快 10 倍，宽约为 100ns（30m），并在 1 周后重复。较短的 P（Y）允许更高的定位精度，但由于其军用加密，不能直接用于民用。

尽管代码 C/A 和 P（Y）的生成方式是预定的、恒定的且已知的，但它看起来是随机的（更重要的是，对于人眼来说，应用于随机信号的信号处理技术也是随机的），这就是这段代码被称为伪随机噪声（PRN）代码的原因。这种代码的一个特性就是它们互不干扰：所有卫星都可以同时传输它们不同的独特的 PRN 代码，而且不妨碍接收器将它们全部分离出来。代码的长度和速率决定了它对噪声和干扰的鲁棒性（将在后面的小节中重新讨论）。使用 PRN 代码的另一个好处是，它们将信号能量分散到以信号正常频率为中心的更宽的频段上，从而使它们的功率无法在正常的背景无线电噪声中检测到，除非将代码（可以保密）重新聚焦信号功率，这就是它们被称为直接序列扩频信号的原因。最重要的是，PRN 代码的自相关函数（将各种移位的代码副本相乘的结果）几乎是零变化，除了零（精确对齐）移位，这对于测量信号传播时间，进而测量到卫星和用户位置的距离至关重要，这将在稍后描述。有趣的是，卫星天线的功率只有 50W，比微波的功率还小。当信号传播 26000km 到达接收器时，信号功率下降到 10~16W，但是因为 PRN 代码的自相关特性，所以仍然可以在无线电噪声层下提取它们。

导航数据是一种二进制代码消息，它携带着使用导航信号所必需的信息（尽管它本身并不足以进行定位；还需要分析信号传播时间）：时间戳、卫星状态、星历（卫星位置和速度）、时钟偏差参数和年历（所有卫星的近似轨道数据）。数据传输速度相对较慢，为 50bit/s，传输时间约为 12.5min。因为 GPS 信号功率较低，偏快的速率会导致接收器解调时产生更多的误差。

对于每个信号，在组合这三个信号分量的过程中，首先将代码和导航二进制数据通过 module-2 加法进行组合，其效果与异或逻辑运算相同。也就是说，当两个组合的信号具有相同的值（都为 0 或都为 1）时，结果为 0；当它们携带不同的值（一个是 0，另一个是 1，反之亦然）时，结果为 1。由此产生的复合信号仍然是二进制的，然后使用二进制相移键控（BPSK）调制与载波正弦波相结合，其中 0 在复合时对载波没有影响，但 1 会使二进制信号载波相位偏移 180°。这个偏移可以被想象成使一个正在上升的正弦信号开始下降，一个正在下降的正弦信号开始上升。这三种信号的整体组合都会产生如图 2-20 所示的波形，其中复合二进制信号中的每一个 0-1 和 1-0 转变都会作为载波正弦信号中的一个小故障出现。

回想一下，在 L1 频率上，同时发送了两个不同的信号：C/A 和 P（Y），每个

图 2-20　GPS 信号经过编码和导航数据与载体的结合

信号都由上述的三个部分组成。通过将接收方 P（Y）载波相位延迟 90°发送给 C/A 载波，可以防止接收方相互干扰。信号的相位延迟载波分量称为正交载波分量。

2.4.1.7　代码测量

代码测量是指当卫星生成的代码将被发送时，通过检测某一特定卫星的 PRN 代码与接收器产生的同一代码之间的偏移量来测量该代码的传播时间（图 2-21）。然后，这个延迟时间通过乘以光速就转换为到卫星的距离。允许使用三边测量法测量多个这样的距离来进行用户的位置估计。

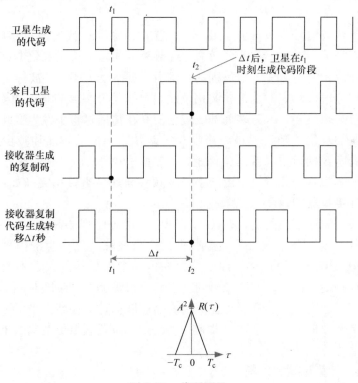

图 2-21　代码测量

更具体地说，接收器在预期启动某颗卫星时，便开始为该卫星生成 PRN 序列。然后将生成的信号（特定卫星、频率和代码类型）与实际得到的信号（特定频率，但所有卫星上的组件仍然结合在一起）通过一个相关器一起传递。相关器有的是电子组件（传统上），有的是软件组件（在最近的一些设备中），通过放大两个信号的振幅来获得两个信号之间的相似性度量。由于接收到的信号与生成的信号相比存在延迟（考虑 PRN 代码的自相关性较低），相关器的输出接近于零。然而，接收器在其信号生成过程中不断增加延迟，当延迟足够使产生和接收到的信号开始排队时，相关器的输出开始增加。当两个信号对齐时，相关器的输出达到最大值，然后任何进一步的生成延迟都会开始减少输出。因此，产生相关器峰值的生成延迟称为代码（延迟）测量。

2.4.1.8 载波相位测量

GPS 系统最初的设想是提供基于刚才描述的代码测量的所有功能。然而，由于载波相位的频率（以及相应的位置分辨率）要比 C/A 代码（民用的唯一代码）高得多（因此更好），工程师们开发了一个意想不到的方式，即通过所谓的载波相位测量，利用更高的载波频率从 GPS 信号中获得测量值。载波相位测量以载波的正弦周期数来表示载波信号相移，从而测量从卫星到接收器的载波信号延迟（图 2-22）。

为了分离载波信号分量（正弦信号），首先删除通过代码测量跟踪的 PRN 代码，然后由接收器产生一个载波分量，它在频率和相位上都是变化的，直到它与接收到的信号峰值相关为止，这是过程的一部分（通常是硬件），被称为锁相环。与标称定时的相位偏移对应的就是载波相位测量（作为正弦周期的一部分）。除了相位外，频率还必须改变，因为多普勒效应会使其在传播过程中发生变化。将载波相位测量随时间的变化（随着卫星和接收器运动导致相位的增加和减少）积分，就得到了所谓的多普勒计数（或三角伪距）。除了电离层效应外，用来达到相关峰值的频率是多普勒频移的测量值。由于多普勒频移与速度直接相关（如前所述），它可以用来估计接收器的速度。

与基于代码测量不同的是，在代码序列中，代码序列的起始时间为绝对时间，如图 2-22 所示，载波相位测量只提供任何两个载波峰（所产生的信号和接收的信号）之间的分数偏移，而且整个周期信号在传播中被延迟的次数不明确，因此仅凭它不足以求解绝对位置、速度或时间。然而，跟踪相位测量随时间的改变允许进行更精确的相对运动跟踪，从而提供更精确的速度估计，还允许平滑地获取代码的位置，并且结合数据从另一个接收器和一个已知的位置获取更精确的绝对位置，这些将在稍后描述。

2.4.1.9 计算位置和时间

正如所显示的那样，GPS 接收器到卫星的距离是基于 GPS 信号从卫星到达接收器所需要的时间来估计的（这种估计称为伪距）。这个时间乘以信号速度（即光速）就转换成距离。很明显，时间在这个估计中起着至关重要的作用，因此卫星和接收器使用的时钟的任何差异都将直接显示为伪距误差。由于采用多颗卫星的伪距来估计接收器位置，这些时间误差也表现为接收器位置误差。虽然卫星使用高精

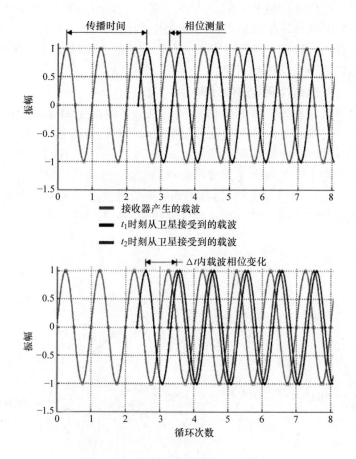

图 2-22 载波相位测量图（见彩插）

度原子钟可以使卫星时钟漂移最小化，GPS 地面控制站可以利用 GPS 导航信息中发送的模型参数来跟踪和模拟卫星钟的漂移，但接收器时钟却无法做到这一点。为了说明这一点，我们将接收器相对于普通 GPS 时间的时间偏差视为一个未知值，并使用伪距进行估计。这意味着在 GPS 定位问题中有 4 个未知数：3 个位置坐标和时间。每个伪距的表达式（2-2）都包含了这 4 个未知数，因此至少需要 4 个伪距来同时估计接收器位置及其时间偏差。

$$\rho^{(k)} = \sqrt{\left[x^{(k)} - x\right]^2 + \left[y^{(k)} - y\right]^2 + \left[z^{(k)} - z\right]^2} + b + \varepsilon^{(k)} \quad (2\text{-}2)$$

式中，$(x, y, z)^{(k)}$ 是已知的卫星定位；(x, y, z) 是接收器未知的位置；b 是未知的时钟偏差；ε 是未建模误差。

有 4 个以上的伪距测量值和相应的方程时，而且使误差最小的所有方程可以使用诸如泰勒级数线性化的加权最小二乘法等方法，通过求解使所有方程之间的差异最小化来提高位置和时间的精确度。从已有的一个好的解决方案出发，对时钟漂移和接收器运动的约束条件进行假设,即使只有 2 个具有足够几何多样性的伪距可用,也可以在短时间内产生有用但误差较大的估计值。

注意,在使用估计前,伪距会根据其在测量中的建模错误进行调整,尽管显著的未建模误差仍然存在(稍后讨论)。

2.4.1.10　多普勒效应与速度计算

多普勒效应(也称为多普勒频移)是指由信号源产生的波形频率(包括无线信号等的 GPS)与接收端测量到的波形频率之间的差值,这是由于信号源与接收端沿发送者的视线进行相对运动所造成的,如图 2-23 所示。其趋势为:当靠近信号源时,接收频率高于发送频率(多普勒频移为正);当远离信号源时,接收频率低于发送频率(多普勒频移为负);当接近到后退的过渡点(相对轨迹的最近点,在此相对视线速度为零)时,发射和接收频率相等,位移为零。

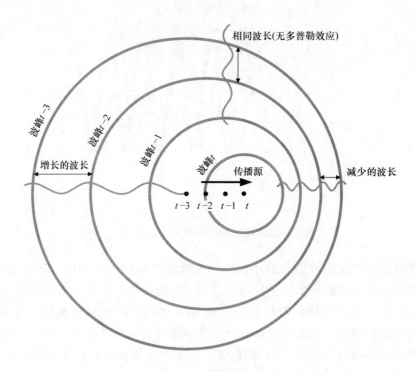

图 2-23　多普勒效应

为了直观地解释这一现象,可以想象一根两端分别由两个人握着的绳子上的波:一个人(发送者)通过恒定的频率使手部上下运动产生波,而另一个人(接收者)感受到脉冲。当发送方开始向接收方移动时,在不改变绳子上下运动频率的情况下,发送方将压缩波峰之间的距离,由于波仍然以相同的速度运动,因此会增加它们到达发送方手中的频率。当发送端和接收端之间的距离增加时,情况正好相反。当波峰之间的距离增加时,对于给定的波速,接收频率减小;当接收方和发送方之间的相对运动停止时,接收频率与发送频率相同。

由于多普勒效应与发送方和接收方之间的速度有关,当发送方和接收方的频率、发送方和接收方之间的视线方向以及发送方的速度已知时,接收方的速度则可以计算出来。在发送方是卫星,接收方是 GPS 接收器的情况下,它们之间的关系表达式为

$$f_{Rj} = f_{Tj}\left[1 - \frac{(v_j - u)a_j}{c}\right] \tag{2-3}$$

式中,f_{Rj} 是来自卫星 j 的频率;f_{Tj} 是卫星 j 传输的频率;v_j 是卫星 j 的速度;u 是用户速度;a_j 是从卫星 j 到用户视线内的单位向量;c 是光速。

除了用户速度外,其他变量均是已知的:接收频率由接收器测量,发射频率已知并修正卫星发送的导航信息,通过卫星导航信息中发送的轨道参数可以确定卫星速度,通过早期估计的接收器位置可以确定单位矢量,通过卫星导航信息中发送的轨道参数可以确定卫星位置。

上述多普勒效应方程是计算接收器速度的方法之一。对于跟踪测量载波相位随时间变化的接收器来说,这是另一种方法。差分位置估计也可以提供速度,但这是不可取的,因为其他方法更精确,并且基于独立的测量(多普勒或载波相位与伪距)。

2.4.2 误差

本节将介绍 GNSS 测量中的各种误差来源,并对减少误差方法的有效性进行概述,但是技术本身将在稍后解释。

2.4.2.1 卫星时钟

如前所述,使用 GPS 估计位置和速度是基于将 GPS 信号的传播时间转换为距离来进行的,因此接收器时钟和 GPS 时间之间的任何偏差都会直接转化为定位误差。回想一下,在光速下,1ns 的时间相当于 0.3m 的距离。由于时间误差,一颗卫星的距离通常有 1.5m 的误差。

为了使 GPS 接收器正常运行时的误差最小,在定位方程中将接收器时钟与 GPS 时间的偏移量作为未知解(估计值)。此外,卫星时钟和 GPS 时间之间的偏差是用公式估计的,其计算参数定期地从地面控制站发送到卫星,然后再从卫星发送到接收器。

2.4.2.2 卫星轨道

卫星位置在定位方程中假定为已知,因为它们是从卫星轨道方程得到的。该方程所需的参数(称为"星历")是从地面控制站发送到卫星,然后从卫星发送到接收器并经过计算得到的。由于方程的保真度和参数适用性的延迟,实际轨道和预测

轨道之间的差异在投射到接收端视线上时,会变成距离误差。典型的卫星轨道误差会导致卫星距离的估计误差均值约为1.5m。

2.4.2.3 电离层延迟

电离层是一层离地面50~1000km的电离气体(含有带电粒子的气体)的大气层。电离是由太阳辐射引起的,正午的辐射强度要比夜晚结束时高一个数量级。太阳上引起辐射爆发的偶然现象,如太阳耀斑,可导致极端的辐射峰值,并造成相应的估计误差。一般来说,电离层的活动在全球范围内或者在每天都可能发生很大的变化。电离效应是色散的,即它的效应取决于信号的频率。这种误差与GPS信号通过电离层时的折射有关,因为折射会使信号发生弯曲。由此产生的弯曲信号路径比正常的直接路径长,因此信号到达接收器就需要更长的时间,这就是电离层延迟。将传输时间转换为信号传输距离的方法提供了一个比估计方程中使用的到卫星真实的直线距离更长的距离。

在没有任何干扰的情况下,典型的距离误差量级(单颗卫星的均方根意义上)约为2~10m,对于低空出现的卫星(通过更多的电离层),距离误差量级甚至更大。应用电离层效应的理论模型,仅使用L1测量,可以将误差减小到1~5m。由于电离层延迟与信号频率有关,因此使用多个信号频率(例如L1和L2)的测量结果可以更精确地模拟电离层延迟,这可以将电离层误差减小到1m左右。

通过差动校正,电离层误差可以进一步减小。在距离基站25km之外的地方,可以将误差降至0.1~0.2m。

2.4.2.4 对流层延迟

对流层是一层由干燥气体和水蒸气组成的大气层,距离地面0~50km。就像电离层一样,通过对流层引起GPS信号的折射,同样的机制也会引起测距误差。与电离层的情况不同,对流层的影响是不分散的——它不依赖于信号频率。

该方法仍然可以很好地建模,以减少相应的误差。典型的无建模距离平均误差是2.3~2.5m(对于低空卫星来说甚至更高),但是由现代接收器执行的建模可以将其降低到0.1~1m。采用差分技术,在10km外建立一个基站,而且在考虑任何海拔效应的情况下,可以将这个误差减小到0.2m左右。

2.4.2.5 多路径

GPS信号会反射到建筑物等障碍物上。反射信号的路径较长(延迟),而且比直接信号弱。GPS接收器可以同时接收直接视线(LOS)信号和反射信号,或者只接收其中的一种。当LOS信号存在且延迟多路径信号较弱并且延迟较大时,接收器可以对其进行识别并忽略。当两者都存在且不能分离时,多路径信号会导致LOS信号(真实信号)偏移,有时只产生很小的误差。当多路径信号是卫星接收到的唯一信号时,会产生较大的误差。多路径信号引起的传输延迟通过光速转化为距离误差,这类似于大气效应。良性(低多径)条件下的典型误差为0.5~1m。在城市中，高层建筑会产生长时间的反射，可能会产生 10m 甚至 100m 的误差。

差分校正不能减少多路径信号误差，因为多路径信号完全是一个局部效应（每个接收器的位置和方向不同），而差分校正依赖于多个接收器之间的常见误差，这些接收器之间通常相隔数千米或更多。

然而，在良好的条件下，采用载波相位测量可以将多路径信号误差降低两个数量级。接收器和天线的硬件设计对于多路径信号抗干扰非常重要。

2.4.2.6 接收器噪声

有些误差统称为随机测量噪声，主要是由天线、放大器、电缆和接收器等电子设备产生的电子噪声，还包括 GPS 信号与其他频段信号之间的干扰，以及信号的量化效应。

在较低的卫星仰角下，接收器噪声误差随信号强度的降低而增大。典型的误差为 $0.2 \sim 0.5$m。与多路径信号误差类似，由于接收器的噪声误差是针对每个特定的接收器的，差分校正无法提供帮助。在良好的条件下，采用载波相位测量可以将接收器的噪声影响降低三个数量级，降低到 0.01m。

2.4.3 通过高精度方法进行误差校正

使用统称为差分 GPS 的方法，可以大大减少一些常见的 GPS 误差。它们都有一个共同点，就是使用来自一个或多个基站（基本上是静态 GPS 接收器）的 GPS 数据构建发送到用户接收器的数据，以减少接收器的误差。可以用这种方法在不同程度上减少的误差有时钟误差、轨道误差、电离层误差和对流层误差。

由于多路径和接收器噪声引起的误差无法用差分校正来解决，所以接收器和天线的设计对于降低多路径和噪声的误差非常重要。可以通过相关器的设计和使用更新的信号与更快的芯片速率来减少多路径误差。

下面几节将描述微分修正方法的主要特定变量。

2.4.3.1 差分全球定位系统（DGPS）

狭义上的"差分 GPS"（DGPS），是特定差分方法中最简单的子集。在这些方法中，有一个基站，由一个已知位置的 GPS 接收器组成，该基站将其位置上的 GPS 误差计算为它到每颗卫星之间的距离差，该距离是根据其已知的静态位置计算得出的，而这些距离仅使用从卫星接收的 GPS 数据计算得出。基站的位置是在其运作之前，可以通过对 GPS 长期数据（24h 或更长时间）取平均值，或基于传统的大地测量方法的基础上，测量地标的距离。该基站计算的距离误差是通过无线电、蜂窝网络或互联网向附近的其他 GPS 接收器广播，并将从接收器测量到卫星的距离减去误差作为校正。只要误差对于基站和使用误差的接收器来说是常见的，这种校正就是有效的。这种情况通常发生在距离基站较短的情况下（称为基线）。

在局部 DGPS 中，用户的 GPS 接收器从一个距离不到 $25 \sim 100$km 的基站（通常是离接收器最近的基站）获得校正数据。

在广域 DGPS 中，存在一个区域基站网络（甚至是整个大陆的基站网络），其误差适用于通过在该区域内各基站计算的误差之间进行插值而计算出的区域。

基于卫星的增强系统（SBAS）是一种 GPS 校正系统，通过覆盖大陆或全球的广域 DGPS 网络进行校正，并通过通信卫星进行广泛的广播。美国的 SBAS 系统称为广域增强系统（WAAS），而欧洲的系统称为欧洲同步导航覆盖服务（EGNOS），日本的系统称为准天顶卫星系统（QZNSS）。WAAS 是一种免费的、普遍可用的接收器，可减少约 0.5m 的误差，并可为科学级接收器提供亚米级精度。

2.4.3.2 实时运动（RTK）GPS

实时运动（RTK）GPS 是一种差分 GPS 方法，其中基站和用户接收器都可以测量伪距和载波相位。基站将其测量结果与用户接收器通信，接收器对基站和用户接收器的测量值进行差分，以消除两者之间常见的误差。

RTK 与前面描述的 DGPS 方法的不同之处在于，它在差分中使用了载波相位测量。

误差随基线的变化而变化，误差为 1×10^{-6}，直到基站距离太远以致于无法再获得完整的解决方案，这种情况一般发生在 100km 以下。相应地，当基线小于 10~20km 时，误差在厘米级。对于 100km 以下的基线，误差在分米级。基站之间的插值（称为网络 RTK）允许使用稀疏基站实现分米级性能。短基线的 RTK 方法提供了 GPS 技术的最佳可实现性能，在良好的条件和科学级别的设备下可降至 1cm，为其他定位技术的测试提供了参考（地面真值）。

实时运动的命名有点用词不当，因为有时在后处理（不是实时）中也使用同样的方法，而且该方法也适用于接收器不移动（不运动）的情况。但它的名字来源于历史，是第一种允许对移动平台进行实时载波相位整型以消除歧义的方法。

2.4.3.3 精密单点定位（PPP）

精密单点定位（PPP）依赖于 GPS 卫星监测站网络（通常由商业实体而不是政府运营）来计算改进的卫星时钟和轨道参数。这些参数通过通信卫星、蜂窝网络或互联网连接并传输到接收器。PPP 有时像 RTK 一样使用载波相位并随时间变化。

当只使用 L1 频率时，解决方案的收敛时间就很长（10min）。精度通常比 SBAS 好得多，但不如 RTK 好，精度在几分米左右。PPP 的缺点是精度较差，但它的优点是可以通过相对稀疏的基站网络来实现：对于 PPP，整个大陆可以只有几百个基站，而 RTK 需要每 20~100km 就有一个基站。

2.4.3.4 性能比较

GPS 误差源及其减小方法见表 2-4。

表 2-4 GPS 误差源及其减小方法

误差源	以米为单位计算剩余均方根误差					
	单个 GPS	大陆星基增强系统 GPS	地区的 PPP	100km DGPS	50km RTK 浮动	25km RTK 整数
卫星时钟	2	在误差允许的范围内		0.0		
卫星轨道	2	在误差允许的范围内		0.1		
电离层	1~10	在误差允许的范围内		0.2		
对流层	0.2~2	在误差允许的范围内		0.2		
多路径	0.5~100	天线设计下降,接收器硬件质量下降……				
接收器噪声	0.25	随着接收器硬件质量下降				
典型的全平滑单卫星	5	在误差允许的范围内		1.5		
整体过滤 65%~95%	2.5~5.0	2.0~4.0	0.4~0.8	0.4~0.8	0.2~0.4	0.02~0.2

2.4.4 更多资源

要更深入地学习"GNSS 性能和高精度方法"的主题,以及其他相关主题,请参考其他优秀的介绍全面的参考文献 [3,4]。

2.5 多传感器融合的稳定和精确定位

2.5.1 概念

GNSS 定位之所以有价值,原因之一是它是实现全球参考位置估计的罕见实用方法之一。其他方式往往是不实用的,例如,将实时摄像机图像(或激光雷达点云)注册到全球参考图像或云的数据库中(计算价格昂贵,很难在第一时间得到全球引用的图像或云),或者用已知恒星轨迹(需要恒星的能见度)配准天空图像进行天体导航。正如前面所讨论的,GNSS 可能会受到与环境相关的错误和中断,这些错误和中断有时是突然发生的(例如在多路径或进入阻塞环境的情况下)。这意味着,提供误差缓慢变化(尽管没有全局引用)的不间断输出的传感器(例如惯性传感器或检测位置变化的视觉方法)是对 GNSS 传感的有益补充。当它们结合在一起时,GNSS 提供了全局参考,而相对运动传感提供了对 GNSS 误差的检查或修正。在没有 GNSS 的情况下,相对运动传感的误差会随着时间的推移而无限制地增大；如果没有相对的运动感知，GNSS 就不能被信任，并且会留下没有位置输出的周期。基于将 GNSS 与其他传感器结合的目的，本节将介绍实际有用的 GNSS 辅助传感器，以及有效地将其数据与 GNSS 数据结合的算法。

2.5.2 传感器

2.5.2.1 惯性

惯性传感器是能够直接感知加速度（特定的传感器是加速度计）和转速（即角速度，特定的传感器是陀螺仪）的传感器。一组 6 个自由度（6DOF）的传感元件可提供 3 个加速度，一个在传感器三个轴的各个方向上，一个在传感器的三个旋转速率上，一个围绕在传感器的每个轴上。这种惯性传感元件的组合通常称为惯性测量单元（IMU）。这个例子是一个 6DOF 的 IMU，但是也有简化方案。为了降低成本，3DOF 的 IMU 在车辆中很常见，由于车辆通常保持大致的平面运动，所以车辆纵向和横向轴对齐的加速度，以及与车辆纵向轴对齐的转速比其他轴的数据更为重要。当传感器方向不确定或由于底盘的平顺性引起车辆方向的变化影响其他传感器数据集成时，需要 DOF 数据。提到"IMU"，与"加速度计"和"陀螺仪"相反，意味着至少在不同的方向上有一定程度的传感校准和集成，以及一定程度的信号处理，甚至可能补偿传感误差。

惯性测量是使用 GNSS 数据的一个很好的补充：GNSS 位置数据是绝对（全局）参考，而集成惯性数据提供相对（变化）位置；GNSS 数据通常具有准确的均值，但存在难以预测的突然偏置跳跃，而惯性数据具有连续漂移的均值，具有良好统计特征（但不一定可以预测）的偏置行为；在正常的运行中，GNSS 数据会因为天空阻碍物而中断，而惯性数据总是可用的（在操作传感器中，它们往往保持这种状态）。由于这种互补的性质，如果 IMU 是一个提供连续输出的鲁棒核心，而一致的 GNSS 数据可用于估计 IMU 偏差，那么 GNSS 和 IMU 数据可以有效地一起用于传感器融合滤波器（后面将描述该类型）。

所有惯性传感器的输出都存在固有的误差，主要来自于不断变化的偏置（以"偏置不稳定性"度量为特征）、噪声（以"噪声密度"为特征）、不同的比例因子（用于将输出电压换算成物理单位）以及单个传感元件轴线之间的不对准。所有这些性质的传感器都受温度变化的高度影响，并随生产系列的变化而变化。在电路板上安装传感器的过程以及在车辆运行过程中，电路板的弯曲和振动也会改变传感器。其中一些变化，例如温度变化，可以在传感器投入使用之前加以描述存储在表中，并在操作时被减去（这是离线校准）。其余的需要在传感器使用过程中通过传感器融合（在线校准）进行估算。惯性传感器误差的大小和可预测性与价格有很强的相关性，这制约了传感元件技术的发展。惯性传感器的价格范围很广，从美分（用于微电子机械（MEMS）技术传感器的数亿传感器产量）到数十万美元（用于激光或光纤技术的航空航天应用的低产量）不等。然而，MEMS 技术价格不断下降的同时,性能也在不断提高,因此目前只需少数几十美元就可以提供足够的惯性传感技术,用于与其他传感器的融合。

2.5.2.2 转换

测距传感器是直接测量物体距离的传感器。即使是 GNSS 接收器也是一种测距传感器,因为它从内部测量到卫星的距离,但由于实现这些测量所采用精心设计(考虑所有的卫星),它们不是"直接"测量,因此 GNSS 属于它自己的一类。此外,GNSS 接收器将其测距的测量值与位置和速度的估计值相结合。激光雷达在位置估计方面被证明是实用的测距传感器的最好例子。激光雷达提供了精确的和可重复的测量范围(在大多数情况下),当局限于测量静态物体的距离时,可用于估计宿主车辆的相对运动:对静态物体测量范围的任何变化都可以假定是由于宿主物体相对于该物体的运动引起的。激光雷达通过发出激光脉冲并将其反射到物体上的时间转换成距离来进行测量(图 2-24)。

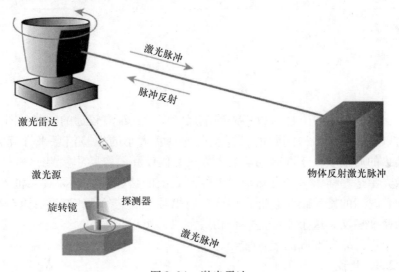

图 2-24 激光雷达

2.5.2.3 视觉

视觉是指利用从一个或多个摄像头获得的图像,并用算法对其进行处理来提取几何信息。这些算法可以是所谓的经典算法,即将信号处理或滤波技术应用于图像,以提取线和点等几何特征;或者可以是深度人工神经网络提取几何特征的应用,这些特征在最近几年已经变得实用。在任何一种情况下,第一个结果都是在二维图像空间中以方程或坐标的形式来定义特征,为了便于定位,需要将这些特征转换为三维世界坐标。

两个摄像机在同一场景(称为立体相机对)观测的图像可用于图像特性转换成世界空间的使用概念,即立体视差(图 2-25)。其中,在两幅图像中看到的真实世界点的水平像素位置之差与该点到摄像机平面的距离成反比。这个距离是真实点是进入图像的深度。两个图像坐标和深度允许将图像点放置到三维世界空间中。这一结果的质量取决于正确识别两幅图像中同一点的能力，以及为了估计远处物体的距离而有足够的相机间隔。

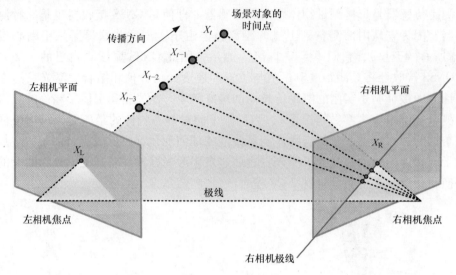

图 2-25 立体视差

另外，尺寸大小线索也可以用来确定尺寸深度，距离较远的物体在图像中比例较小。可以用在图像中检测到的目标预期的真实大小的先验信息来计算它们的距离。该结果的质量取决于准确的真实世界尺寸假设和图像尺寸检测。

与激光雷达一样，一旦已知静态图像对象上的特征被转换为真实世界的坐标，就可以随着时间的推移跟踪它们，计算它们相对于宿主车辆的速度，这与车辆相对于世界的速度相反。这个速度是一个相对测量，可以结合 GNSS 位置（甚至伪距）来计算一个更可靠和准确的位置估计。

2.5.2.4 地图

当车辆的行驶被限制在地图上时，通过将其限制在地图允许的轨迹上，可以帮助车辆进行位置估计。

此外，通过限制其他传感器报告的特征（如相机或激光雷达）与之前在地图上精确定位的对应现实世界特征的匹配度，可以提高位置估计的精度。这种先前的映射既可以使用高度仪器化的车辆（这些车辆是精确的，但是价格昂贵，因此数量很少）来完成，也可以使用来自正常生产车辆（在正常生产车辆中，传感器的不精确性可以使用大量数据进行补偿）来完成。

2.5.3 算法

为了更好地定位，将来自多个传感器的数据进行组合（融合）的算法可以大致分为两类：滤波和优化。在滤波过程中的每一个时间步长中，所有可用的新传感器数据在特定时间内推导出最佳估计，然后利用车辆运动模型传播到下一个传感器数据可用的时间。在这种情况下，每个时间步长都有一个位置估计，每个位置估计都隐含了所有先前数据的好处。在接下来的章节中将介绍卡尔曼滤波和粒子滤波。

优化方法通常用于后处理（而不是在车辆运行期间），以获得给定数据的最佳估计值。该方法使用了一个优化方程，专门针对估计问题，允许求解感兴趣的参数，同时将所有可用数据的误差最小化。由于它们的高计算需求，优化方法通常局限于后处理，但也可以实时（在车辆上）处理，方法是将操作的数据限制在一个时间窗口内。光束法平差是一种最先进的方法，将在2.5.3.3节中介绍。

2.5.3.1 卡尔曼滤波

卡尔曼滤波是指根据相关的测量数据来估计一个参数（或状态）或者典型的状态向量的方法。它结合了时间上的多种测量，以及来自多个传感器的测量。它通过使用已知的统计数据来衡量度量值，并通过使用一个模型来跟踪这些度量值之间的估计（状态）随时间的变化。也就是说，我们的可靠来源所提供的数据会得到更多的权重。

卡尔曼滤波的本质是卡尔曼增益，通常表示为 K，这是不同数据在滤波器中组合的权值（倍数）。它假设所有数据源（测量值、模型方程）都在有误差的情况下运行，这些误差可以用平均值和方差很好地表示为参数化的高斯分布。较小的方差意味着数据更紧密地聚集在真实值周围，因此可信度更高（图2-26 中较窄的虚线峰值所示）。那么，直观地说，增益在方差较小的数据中占有更大的权重，而组合多个数据源的估计值更倾向于方差较小的数据（图2-26 中粗体峰值位于两个数据峰值之间，但更接近较窄的一个）。虽然下面的方程不是卡尔曼滤波器的一部分，但括号中的表达式是这个原理的简单数学表示。

$$x_{combined} = \left(\frac{\sigma_{IMU}^2}{\sigma_{GPS}^2 + \sigma_{IMU}^2}\right)x_{GPS} + \left(\frac{\sigma_{GPS}^2}{\sigma_{GPS}^2 + \sigma_{IMU}^2}\right)x_{IMU} \tag{2-4}$$

实际的卡尔曼滤波包括两个步骤：预测（或时间更新）和测量更新。在预测步骤中，利用状态随时间变化的模型方程，将前一个时间步长的估计值带入当前时间。

预测步骤描述如下。状态向量 x，有 n 个动态变化的维度（位置，速度等）。采用线性随机差分方程（2-5）对状态进行建模。

$$x_k = Ax_{k-1} + Bu_k + w_{k-1} \tag{2-5}$$

式中，x_k 是 $n \times 1$ 阶矩阵中的第 k 个状态向量；A 是无控制输入和噪声情况下连续两个状态之间的 $n \times n$ 阶关系矩阵；u 是 1×1 可控制输入（此处假设为零）；B 是将控制输入与状态（这里也是零）联系起来的 $n \times 1$ 阶矩阵；w 是正态概率分布的 $n \times 1$ 阶过程白噪声，均值为零，协方差为 Q。

模型的不确定性表示用估计误差协方差矩阵 P 表示。P 在每一步 k 中有两个版本：一个是考虑测量之前的 P_k^-（原始的），一个是考虑测量后的 P_k（后验的）。估计误差协方差使用式(2-6)更新。

$$P_k = AP_k^- A^T + Q_k \tag{2-6}$$

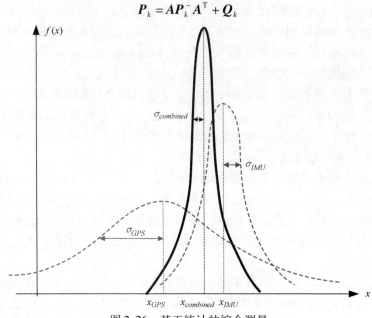

图 2-26 基于统计的综合测量

在测量步骤中,将测量值 Z_k 与使用方程式预测得到的测量值 $H_k \hat{x}_k^-$ 进行比较(减去),然后得到的结果乘以卡尔曼增益 K_k。

$$\hat{x}_k = \hat{x}_k^- + K_k(Z_k - H_k \hat{x}_k^-) \tag{2-7}$$

式中,H 是将状态和测量值联系起来的 $m \times n$ 阶矩阵。

测量模型将测量值与用矩阵形式表示的线性方程估计值联系起来。

$$z_k = H_k x_k + v_k \tag{2-8}$$

式中,z 是 $m \times 1$ 阶测量向量;H 是将状态与测量向量相关联的 $m \times n$ 阶矩阵;v 是 $m \times 1$ 阶测量噪声与正常的概率分布,均值为 0,协方差为 R。

测量模型中的不确定度通过测量误差协方差矩阵 R 来获取。

卡尔曼根据状态估计中 P 表示的置信度与测量中 R 表示的置信度之间的关系对新传感器数据的贡献进行加权

$$K_k = (P_k^- H_k^T)(H_k P_k^- H_k^T H_k^T)^{-1} \tag{2-9}$$

通过对滤波器的推导,证明了该滤波器在一定条件下是最优的。条件是:捕获状态随时间变化的方程是线性的,反映理想传感器测量值与估计状态关系的方程是线性的,状态和测量模型的所有非理想方面都被高斯噪声模型捕获。没有一个真正的系统具有这些特性,但是许多特性足够接近卡尔曼滤波使其有效。在线性假设失效的情况下,有修正的卡尔曼滤波公式来考虑非线性。最常用的是扩展卡尔曼滤波器,但无迹卡尔曼滤波器也很常见。由于涉及卫星和车辆运动的高度非线性方程,扩展卡尔曼滤波器是高斯惯性导航系统的工业标准。

2.5.3.2 粒子滤波

粒子滤波与卡尔曼滤波不同，卡尔曼滤波每次执行时都会产生一个新的估计值，而粒子滤波在每次执行时会产生一个概率分布。这是它的主要优势：当面对支持多个差异很大的估计值的模糊度量时，它不会像卡尔曼滤波那样被迫选择一个估计值，而是会根据输出的概率分布的多个模式来保持多个选项。例如，传感器信息可能足以将位置限制在几个路口中的任何一个路口或几段道路上的任何一段上，但它可能不足以确定是哪一个路口。在这种情况下，经典的卡尔曼滤波仍然会被迫得出一个解决方案，要么拒绝基于某些标准的一些测量或选项，要么（更糟的是）将它们混合在一起估计介于两者之间的某个值（这比单独使用其中任何一个值的可能性都要小）。而另一方面，粒子滤波将在传感器数据所指示的最小概率水平上保持所有估计的敏感性，并以多模态（多峰）概率表面表示。然后，当额外的传感器数据可用来消除不同模式之间的歧义时，概率分布分解为一个单一的可信模式。由于在获得足够的传感器数据之前，卡尔曼滤波器被迫拒绝除一个选项外的所有选项，因此它很可能收敛于一个错误的估计，然后没有内置的方法返回到正确的估计。但是在实际应用中，卡尔曼滤波器可以通过寻找差异，等待足够的数据，然后收敛到正确的估计，从而避免因传感器数据不足而产生错误估计。或者，在模棱两可的情况下，可以创建多个卡尔曼滤波器来跟踪每个不同数据的可能估计值。

粒子滤波器是一个由成千上万个加权估计值（称为粒子）的组合来表示它的估计概率分布。每个粒子是典型的估计状态向量（例如包括几个位置和姿态维度），但只有一个权重。对一个足够密集的粒子集在其状态空间上进行积分，可以近似于连续的概率分布。

粒子滤波操作可以概括为五个步骤：初始化、传播、传感器更新、重采样和分辨率。在初始化时，创建一组初始粒子，来捕获定位系统开始运行时的状态信息。如果系统关闭时的状态被存储，并且可以假设它仍然为真，那么初始化仅恢复最后一个粒子集。否则，需要使用一些新的相关信息来创建初始集。例如，这可以是GPS接收器的输出，在这种情况下，初始粒子集可以来自以当前 GPS 位置为中心的高斯分布函数的采样，以表示 GPS 误差的高斯性质。或者在没有先验知识的情况下，它可以在整个空间中呈均匀随机分布。后一种方法对于在购物中心中定位一个人是可行的，但是对于在整个世界中定位一辆车就不可行了。初始化只在系统打开时发生，否则将执行传播步骤。

在传播过程中，状态转换模型应用于前一个滤波器执行时间产生的粒子集的每个粒子。状态转换模型方程可以预测状态随时间的变化（从上次执行结束到这次执行开始），并且可以使用仅限于状态变化估计相关数据的传感器数据。为了表示传播模型中使用的传感器数据的不确定性，以及模型本身的不稳定性，在传感器的数据用于传播模型方程之前，将噪声添加到传感器数据中，不同的值向量通过从表示不确定度的协方差的高斯分布中采样来获取粒子的状态向量。其结果是，传播步骤将粒子向前移动，以表示感知到的车辆运动，但也将它们扩散（通过添加的噪声），以覆盖在传播中的不确定性（图2-27）。

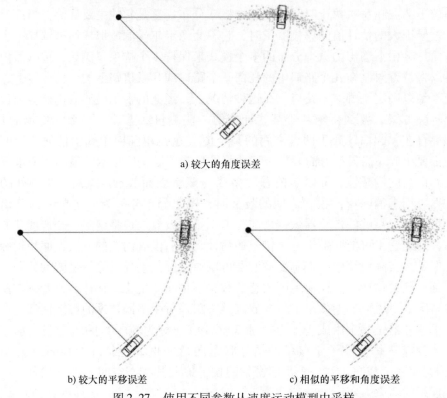

a) 较大的角度误差

b) 较大的平移误差   c) 相似的平移和角度误差

图2-27　使用不同参数从速度运动模型中采样

在传感器更新步骤中，根据传播步骤产生的每个粒子与传感器测量值的匹配程度对其进行加权。对于每一个传感器的测量，无论是GPS还是测距还是其他，对于每一个粒子，将传感器数据转换成相应的理想期望状态，然后将粒子封装的状态向量的每一个对应状态与传感器数据所建议的状态进行比较。粒子状态值和传感器隐含状态值之间的差异是通过一个测量似然函数传递的，该函数根据传感器误差模型（通常是高斯分布）将较高的概率分配给较小的差异，将较低的概率分配给较大的差异（图2-28）。

在传感器更新结束时，每个粒子都有一个权重，这个权重取决于它与各种传感器的匹配程度。与传感器测量值最匹配的粒子将具有最高的权重。因此，通过权重，滤波器融合并表示来自传感器的信息。另一方面，粒子在求解空间中的分布反映了先验滤波执行和当前传播步骤的组合信息，以及相关组合的不确定性。因此在这一点上有两种不同表现形式的信息：权值的振幅和解空间中的频率。重采样步骤通过将粒子权值转换为粒子频率来组合这两种表示。具体来说，它使用从0到1的归一化的权值作为粒子出现在新集合中的概率，这样一些权值较高的粒子被多次重

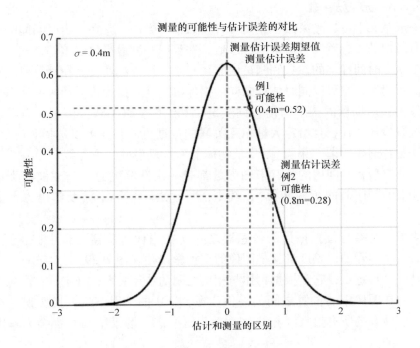

图 2-28　传感器模型为高斯测量似然函数

复，而一些权值较低的粒子甚至没有出现在新集合中。

此时，求解空间上的粒子密度可用来构造求解空间上的估计自然面。这是迄今为止从模型和传感器中获得的完整表示，因为对于任何状态估计向量，它都提供了模型和传感器数据支持它的可能性。这种表示可以用来选择最可能的位置估计作为滤波器当时的最佳估计，或者在多模态似然分布的情况下，如果需要，可以选择若干个最大似然峰来提供多个位置的解决方案供消费者考虑。例如，可以使用聚类技术查找峰值。选择要输出的实际估计值或估计值的过程就是分辨率步骤。粒子集在分辨率步骤中保持不变，并作为下一个滤波器执行周期的起点。这样就完成了粒子滤波算法的高级描述。有关粒子滤波的推导和实现的更多细节，请参见文献[26-28]。

值得注意的是，粒子滤波器所提供的代表性功率的成本是一个较高的计算成本。具有大量状态的卡尔曼滤波器涉及相应的大矩阵的运算。然而，对于估计相同数量状态的粒子滤波器中的一个粒子的计算量相对较轻，但是所有粒子都要重复计算，对于一个大的状态向量可能需要几十万个粒子，因此总体上需要更多的计算。为了降低复杂度，典型的方法是将粒子滤波估计的状态数限制为需要多模态表示的状态数。此外，粒子滤波器是非常适合于硬件并行化的一种方式，可以使执行时间变得切实实用。

2.5.3.3 光束法平差

从一般意义上讲，光束法平差是一种参数估计方法。它在一定时间间隔内同时使用所有可用的传感器测量值来求解参数，并且以一种最小化误差的方式，在一组方程中把所有时间样本的参数和测量值联系起来。该方法通过其在计算机视觉上的应用而流行起来，它可以同时估计未知的摄像机属性、摄像机运动时的状态，以及通过摄像机移动场景的三维结构（同步定位和绘图，SLAM），但是，当需要对大量参数进行最佳估计，且给定大量相互关联的数据集，并且可以选择脱机处理时，这种方法更普遍。所谓"束"，是指从物体上一点反射的一束光线。另一个恰当的比喻是，所有覆盖时间内的所有未知参数都是一次性解决的（与滤波器类型算法中递归相关的顺序时间步骤相反）；其中，"一次"实际上涉及解决方案的几个迭代。

当摄像头是参与位置估计的传感器之一（在当代传感器融合中经常是这样）时，那么一个实际的误差度量就是图像的重投影误差（图 2-29）。对于一个真实物体上的某一个特定点，它是根据物体与相机之间的估计关系，确定其在图像中的实际位置与它在图像中的位置之间的差值。在 SLAM 的情况下，重投影误差是有用的，因为它涉及的所有参数（相机属性、相机姿态、场景结构）都会影响图像中的一个真实的点。

通常要将重投影误差的平方和最小化，因此建立了以矩阵形式表示的方程，该方程在尽可能多的传感器时间样本上关联尽可能多的参数。然后使用非线性最小二乘优化技术来寻找参数，使整个数据集的平方和重新投影误差最小化。

关于光束法平差方法的更深入处理，请参考文献 [29, 30]。

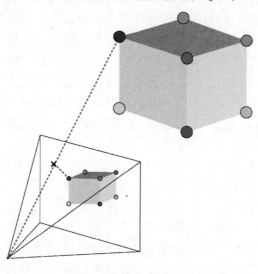

图 2-29 重投影误差

2.6 结论

GNSS 提供的位置信息是交通参与者之间共享的关键信息，使用 V2X 技术使车载计算机能够发出警告和自动纠正措施，从而提高道路安全。GNSS 是一个复杂的系统，在某些条件下可以提供厘米级的定位精度，同时也很脆弱，因为它容易受到大气条件和天空障碍物的影响，因此受益于与互补传感器的集成。

2.7 参考文献

1. Popovic, Z., Bai, S. "Automotive Lane-Level Positioning: 2010 Status And 2020 Forecast", Presented at the *18th World Congress on Intelligent Transportation Systems*, Orlando, Florida, ITS America, 2011.
2. Global Positioning Systems Directorate, "Interface Specification IS-GPS-200", Sept. 24, 2013. https://www.gps.gov/technical/icwg/IS-GPS-200H.pdf
3. Misra, P, Enge P, *Global Positioning System*, Second Edition, Ganga-Jamuna Press, 2006.
4. Kaplan, D. Hegarty, C.J, *Understanding GPS*, Second Edition, 2006
5. "DOT HS 812 014, August 2014, Vehicle-to-Vehicle Communications: Readiness of V2V Technology for Application" https://www.nhtsa.gov/sites/nhtsa.dot.gov/files/readiness-of-v2v-technology-for-application-812014.pdf
6. Dedicated Short Range Communication (DSRC) Systems Engineering Process Guidance for SAE J2945/X Documents and Common Design Concept, http://standards.sae.org/j2945_201712/
7. MDOT Continuously Operating Reference Station (CORS), https://mdotcors.org/SpiderWeb/frmIndex.aspx
8. "Experimental Characterization of DSRC Signal Strength Drops", http://www.ece.eng.wayne.edu/~smahmud/PersonalData/PubPapers/IEEEITS_Oct09.pdf
9. "Cohda Mobility MK5 Module Datasheet", https://fccid.io/2AEGPMK5RSU/Users-Manual/User-Manual-2618067.pdf
10. http://www.gpsinformation.org/dale/nmea.htm
11. NMEA 0183 Standard, http://www.tronico.fi/OH6NT/docs/NMEA0183.pdf
12. DENSO International America, Inc., 2012. Wireless Safety Unit (WSU) User's Guide. Version 2.4.
13. NIMA Technical Report TR8350.2, "Department of Defense World Geodetic System 1984, Its Definition and Relationships With Local Geodetic Systems", Third Edition, 4 July 1997, as amended on Jun 23, 2004.
14. National Geospatial Intelligence Agency, "WGS 84 G1674 Geodetic Control Network Upgrade for Areas of White Sands Missile Range and Holloman AFB, NM", July 1, 2012.
15. United State Geological Survey, "The Universal Transverse Mercator (UTM) Grid", Fact Sheet 077-01, 2001.
16. Hager, J. W.; Behensky, J. F.; Drew, B. W. (1989). "The universal grids: Universal Transverse Mercator (UTM) and Universal Polar Stereographic (UPS)" Technical Report TM 8358.2, Defense Mapping Agency.
17. The Mercator Projections https://web.archive.org/web/20130924093049/http://www.mercator99.webspace.virginmedia.com/
18. International Earth Rotation And Reference Systems Service (IERS), *Bulleting C 55*. January 9, 2018. Paris.
19. United States Naval Observatory, "Leap Seconds" http://tycho.usno.navy.mil/leapsec.html
20. Tian, A, Dong, D., Ning, D., Fu, C. "GPS Single Point Positioning Algorithm Based on Least Squares", *Computational Intelligence and Design* (ISCID), 2013 Sixth International Symposium, 28–29 Oct. 2013, IEEE.

21. https://www.u-blox.com/sites/default/files/NEO-M8_DataSheet_(UBX-13003366).pdf
22. Cooperative intersection collision avoidance system limited to stop sign and traffic signal violations (CICAS-V). https://rosap.ntl.bts.gov/view/dot/4143
23. Kalman, R. E., "A New Approach to Linear Filtering and Prediction Problems," Trans. ASME - J. Basic Eng. 35–45, March 1960.
24. Brown, R. G., and Hwang, P. Y. C., "Introduction to Random Signals and Applied Kalman Filtering," New York: John Wiley & Sons, 1997.
25. The Analytic Sciences Corporation, "Applied Optimal Estimation," edited by Gelb, Arthur, Cambridge, MA: MIT Press, 1974.
26. Fox, D., Thrun, S., and Burgard, W., *Probabilistic Robotics*, MIT Press, 2005.
27. Arulampalam, S., Maskell, S., Gordon, N., Clapp, T. "A Tutorial for Particle Filters for On-line Non-Linear/Non-Gaussian Bayesian Tracking", IEEE, 2001.
28. Salmond, D., Gordon, N., "An introduction to particle filters", Semantic Scholar, 2006.
29. Engels, C., Stewenius, H., Nister, D., "Bundle Adjustment Rules", *Photogrammetric Computer Vision*, 2006.
30. Triggs, B., McLauchlan. P., Hartley, R. and Fitzgibbon, A. "Bundle Adjustment—A Modern Synthesis", *Vision Algorithms: Theory & Practice*, Springer-Verlag LNCS 1883, 2000.
31. Society of Automotive Engineers, SAE J2735 Dedicated Short Range Communications (DSRC) Message Set Dictionary J2735_201603, PA SAE, Mar. 30, 2016

第 3 章
人机交互

3.1 简介

本章的主要目的是描述什么是人机交互（HMI），为什么它在汽车环境中很重要，以及连接的车辆该如何从中受益。

每一个供人们使用的设备，包括汽车，都应该提供能够实现人机交互的手段。这就是 HMI 的全部内容：如何设计一个能够与机器进行直观、简单和及时交互的界面。根据任务的性质，其中一些方面可能比其他方面具有更高的优先级，因为驾驶是一项复杂的活动，会给驾驶员带来身体和认知上的负担。在这种情况下，HMI 有必要在不影响驾驶员主要驾驶任务的前提下，向驾驶员提供足够的信息。

提供给驾驶员的信息大致可以分为两类：信息娱乐和安全。信息娱乐主要是车辆的便利功能，如导航、音乐、气候控制、电话等。在本章中，我们主要关注与安全相关的 HMI 应用，因为这是车联网贡献最大的领域。车联网（V2X）通信能够实现一个全新的传感领域，这是目前任何车辆传感器（如雷达、激光雷达、摄像头等）都无法实现的，它使得设计全新的与安全相关的高级驾驶辅助系统（ADAS）成为可能。在任何情况下，相应的 HMI 都应该有效地解释道路上的情况，并刺激驾驶员采取适当的行动（如躲避障碍物或提前制动）。这可以通过使用任何影响人们基本感官（视觉、听觉、触觉、嗅觉和味觉）的基本形式（及其组合）来实现。在本章中，我们将描述一个具有代表性的与安全相关的应用程序的 HMI 示例，并分析如何将不同的模式组合起来以实现这一目的。最后，我们将简要地探讨如何通过用户研究来测试和确认 HMI 设计。

3.2 什么是 HMI？为什么它很重要？

顾名思义，人机交互（HMI）定义了操作员与机器之间的交互，或者换句话说，HMI 定义了支持交互的界面（人机交互和用户界面将在本章中互换使用）。因此，每台机器都应该提供某种人机交互，无论是按钮、仪表、杠杆还是显示器。现在最著名的例子有计算机、电话、电视、自动取款机、机场值机亭、自动客户服务系统、车辆等，而且每一个机器都有自己的 HMI，这是为了满足它们特定的用途而设计的。

尽管上述系统具有广泛不同的功能，但它们的 HMI 应该具有相同的目标：实现与机器的简单、直观和及时交互。思考一下这些目标，也许每个读者都能从与不同系统的交互中回忆起好的和不好的经历。我们可以从汽车领域的一些例子来说明这些情况。例如，一个古典的收音机是一个相当简单的设备，一个旋钮可以打开并调节音量，另一个旋钮可以调节到想要的电台。相反，使用语音识别来执行相同的任务可能是一个更加复杂的任务。有过车内语音识别系统经验的读者都知道，由于车内噪声很大，语音识别系统的工作效率往往很低。因此，这些系统通常依赖于一组预定义的语音命令，驱动程序需要学习这些命令才能发出正确的命令。当一个驱动程序不记得某个命令时，再加上较差的识别精度，可能很快就会导致该系统的用户体验感非常差。这个例子比较简单，因为我们没有考虑使用这些系统的所有细节，比如在使用经典收音机时需要手动交互，以及语音识别具有更大的灵活性。尽管如此，它们仍然说明了应该通过 HMI 设计来解决潜在的交互问题。

我们常常认为良好的 HMI 是理所当然的，因为交互交流得非常好，以至于我们甚至没有注意到什么时候我们的目标已经实现了。另一方面，设计不佳的人机交互会使交互变得冗长、烦琐和不直观，这很快就会引起用户的不满。设计糟糕的人机交互不仅会延长交互时间，从而对生产力产生负面影响，而且还会使交互变得危险，在汽车领域尤其如此。在这种情况下，最不理想的情况是 HMI 要求驾驶员长时间将他们的视线从路面上移开，并进行手动交互（例如按下按钮）。大量研究表明，在驾驶过程中进行这类交互会对驾驶（即横向和纵向控制车辆）和对道路的视觉注意产生各种负面影响。这清楚地表明了拥有为特定情况优化的良好设计的 HMI 的重要性。

Don Norman 在他的《日常事物的设计》一书中指出了一个好的设计的两个最重要的特征：可发现性和可理解性。可发现性允许用户确定系统中哪些操作是可能的，以及如何和在何处执行这些操作。理解能让用户快速地知道该产品如何使用，以及不同的设置和控制意味着什么。换句话说，一个好的设计应该对非专业用户是不言自明的。

确保 HMI 成功的方法是采用以人为本的设计（HCD）方法。HCD 把用户放在第一位，通过运用人的因素和可用性方面的知识来关注他们的需求和要求。这意味着用户不需要根据机器调整他们的行为，而是机器必须适应用户及其需求。任何好的设计都必须在机器和用户之间进行良好的通信，这需要指出：可用的操作、当前系统中正在发生的事情，以及在调用特定的操作时用户期望发生什么。当出现问题并且系统不能按预期工作时，沟通的重要性尤其明显。如果系统通过适当地突出问题并提出缓解问题的方法来处理这些情况，那么交互将会成功，用户的满意度和体验将会很高。

3.3 高级驾驶辅助系统的人机交互

当谈到驾驶员必须与之交互的车内系统时，存在两种类型：信息娱乐系统和高级驾驶辅助系统（ADAS）。

信息娱乐是指为驾驶员提供车辆的舒适特性，如气候控制、收音机（或一般的音乐）、电话（打电话、发信息、发电子邮件）、导航等。然而，在本章中，我们主要关注的是 ADAS 应用程序。此外，根据自动驾驶领域的最新发展，我们也可以将自动驾驶分类为 ADAS。

ADAS 在汽车上的应用旨在提高驾驶安全性，预防或者至少减少事故的影响。现代汽车中存在着许多 ADAS 应用，其中一些重点的例子如下（详细查看参考文献[8]）：

1) 前方碰撞预警系统（FCW）——当前方存在与障碍物相撞的风险时，系统提供警告；扬声器播放听觉信号，仪表盘显示视觉警告，风窗玻璃上反射高亮度闪光。

2) 盲点监测系统（BSW）——当车辆存在盲区时，系统提供警告；扬声器播放听觉信号，A 柱或侧视镜上显示视觉指示灯（通常是 LED 灯）。

3) 车道偏离检测系统（LDW）——当发生意外（没有使用转向指示器）变道时，系统会警告驾驶员；扬声器播放听觉信号，通过向与车辆运动方向相反的方向施加转矩来拉动方向盘。

4) 泊车辅助系统（PA）——泊车时警告驾驶员注意车辆附近的障碍物；扬声器播放听觉信号，仪表盘显示视觉图标/警告，驾驶员座位振动。

正如我们所看到的，上述所有 ADAS 应用程序的共同点是，它们在满足条件时向驱动程序提供某种警告。这些警告是通过 HMI 提供的，而且应该根据当前情况的重要性进行调整，具体实现因汽车制造商（OEM）而异。

这些例子说明了在设计 HMI 时大量的可用选项。除了用户对 HMI 主观看法之外，许多选项的存在也是造成 HMI 设计困难的一个重要因素，主要原因是没有现成的"公式"可以描述需要解决的问题和恰当的 HMI 之间的一对一关系。相反，如何使用不同的 HMI 实现相同（或相似）的结果存在许多可能性。

在为 ADAS 系统设计 HMI 时，最大的问题之一是如何显示警告，以便从驱动程序请求所需的操作。重要的是，警告必须是可靠的，这意味着它产生的错误警报（误报）和错过的警报（误报）的数量很低。如果可靠性较低，驾驶员可能决定忽略警告，这就违背了 NMI 的目的。例如，如果由于过于敏感而经常出现碰撞警告信号，驾驶员就会产生不信任，并决定完全忽略这个警告，这可能会给驾驶员和其他道路参与者造成危险。Lee 等人进一步认为，预警系统的成功既取决于系统的算法，也取决于驱动程序接口的质量，因为它直接影响驾驶员对系统的响应和接受程度。换句话说,预警系统的好坏取决于它的界面。综上所述,有效预警最重要的两个因素是:①系统必须保证驾驶员及时、恰当的反应;②为了减少驾驶员的烦恼,增加信任,必须将虚假预警控制在最低限度。现在,我们将对这些因素提供更多的了解。

通过提出具有直觉性和与当前形势相符的紧急程度的警告,可以做出及时且恰当的反应。

字典中对直觉的描述是"即使没有任何有意识的推理,人们也会觉得它是正确的。"就车内警告而言,这意味着在发出警告后,驾驶员应该能够立即意识到警告的内容,以及他们应该做些什么来缓解这种情况。即使没有经过培训(即非专家用户),或者驾驶员很长时间没有受到警告,这也应该成立。例如,如果驾驶员看到一个闪烁的红色图标,表明两辆车可能正在相撞,这很可能被理解为需要制动,因为碰撞可能即将发生。另一个例子是用于车道偏离警告应用程序的 HMI,在一种实施方式中,当检测到无意(或无信号)车道偏离时,系统会在方向盘上进行简短的拖动动作。方向盘的这个动作向驾驶员表明,为了保持在当前车道上,方向盘应该向哪个方向转动。提供直观的警告可以最大限度地减少对所提供信息含义的心理处理,这有助于缩短驾驶员的反应时间。

另一方面,如果警告不是直观的,一个好系统的所有好处都可能丧失。例如,在文献[15]中,作者在车辆控制从自动模式转换到手动模式之前,使用红色 LED 指示危险的方向。与他们的预期相反,所有的驾驶员都朝着红色 LED 的方向行驶,尽管红色是危险的常见标志。这是一个很好的例子,说明了与实际用户确认所有期望的重要性。

紧急程度决定了迅速响应警告的重要性。为了对警报做出有效响应,有必要将感知到的紧急程度与我们试图对发出警告的情况的危险级别相匹配。可以通过增加警告的强度来加强所感知到的紧急程度。一个典型的例子就是增加听觉警告的音量。然而,重要的是要仔细调整紧急程度,因为过高的强度可能会令人吃惊,引起烦恼和分心,降低信任并减慢对警告事件的反应。相关文献表明,在感知紧迫感和烦恼之间存在着很强的关系:越紧急的警告也被认为越烦人。然而,当紧急情况被认为是适当的程度时,烦恼就会减少。此外,研究表明,即使警告对用户来说是全新的,高度紧急的情况也会导致更快的响应。

在后面的章节中,我们将重新讨论直觉警告、迫切性和烦恼等主题,在这些主题中,我们将讨论在设计警告时可以使用的各种模式(换句话说,感官类型)。

虚假警报是在没有威胁存在的情况下发出威胁信号的警报。换句话说,即使没有得到警告,警报也会发出。这是由于系统对设计用来检测的情况过于敏感的结果。因此,虚假警报可能会导致驾驶员的注意力从驾驶任务上转移,从而导致驾驶员分心,对系统不信任,增加对合法警告的反应时间,降低反应的频率和反应的适当性。如果用户之前的经验表明警报可能是假的,那么用户就会开始忽略警报,这种情况通常称为"cry-wolf"现象。

　　由于这些原因，我们有必要尽量减少虚假警报的频率。在文献［23］中，作者提出了实现这一目标的几种方法：①警告应该分级（这意味着随着情况变得更加紧急，预警的强度会发生变化）；②模式应该随着严重程度的升级而改变（例如，从视觉警告开始，转向听觉警告）；③一些警告设置应该是驱动程序可调的（例如，警告开始时的阈值）。此外，当驾驶员启动纠正动作（如操纵方向盘、加速踏板和制动踏板）时，警告可以被禁用。

　　作为本节的最后一个主题，我们将简要讨论新车载技术中存在的一个有趣的问题。对 4200 名轿车和轻型货车车主进行的民意调查显示，至少 20% 的新车车主从未使用过 50% 的技术特征（33 个中的 16 个）。很多时候，驾驶员甚至没有意识到他们的汽车有一个特殊的功能，或者他们不确定如何使用某个特性，或者该特性一旦被激活后会如何表现。在所有这些情况下，这些特性最终都没有得到充分利用，这是一种浪费。直观的 HMI 可以帮助驾驶员了解这些特性是如何工作的，以及它们如何在日常交通情况下帮助驾驶员。

3.4　与 HMI 相关的生理和认知因素

　　在本节中，我们将讨论使 HMI 成功的生理因素，特别是人类感官。我们还将讨论这些感官在多模态人机交互中的结合以及它们的相互作用如何影响认知负荷。

3.4.1　人类感官

　　HMI 利用可利用的感官来传递信息。人类有许多感官，但基本公认的五种感官为视觉（视力）、听觉（听力）、嗅觉、味觉和触觉（体感）。

　　其他感官也存在，如温度（热觉）、疼痛（痛觉）、平衡（平衡感）和体位（本体感觉）等。在设计汽车人机交互时，并不是所有的感官都是实用的，最常见的感官有视觉、听觉和触觉。

3.4.1.1　视觉

　　视觉使人们感知形状、颜色、光线、距离和运动。人体视觉可分为中心凹（半径约 1°）和中心外凹。中心凹外视觉分为中心视觉（半径约 30°）和周边视觉（半径超过 30°）。中心凹视觉是最详细的，并且允许识别，中心视觉提供目标的位置和是否存在。最后，周边视觉提供空间定位和运动提示。

　　由于驾驶是一个主要的视觉任务，视觉起着最重要的作用。因此，大多数 HMI 完全或部分依赖于视觉来通过灯光、视频/动画、文本或图标传递信息。可视化人机交互的一些例子包括仪表、灯光和显示器，这些显示器用于向驾驶员告知车辆内发生的不同事件（如发动机状态、速度等），或提供有关道路上发生事件的警告（如图标、文字警告、避免碰撞的交通情况动画等）。

灯光（"发光信号"）通常是非常有效的，因为它们很容易被周边视觉注意到，因此驾驶员不必把他们的注意力从道路离开。文献［26］的作者使用风窗玻璃反射的灯光来产生各种警告。然而，灯光本身是非常抽象的，并带有隐含的信息，这些信息要么必须提前知道，要么应该根据使用光的情况来推断。例如，在文献［27］中，作者使用位于 A 柱上的 LED 灯条来提醒驾驶员驾驶速度。同样，LED 灯条也被用来警告驾驶员与前面车辆的距离。

为了增加信息量，灯光通常与图形图标或文本结合使用（例如，某些避碰系统显示的"检查发动机灯"或"制动"警告）。然而，驾驶员的知识和上下文结合起来可以增强驾驶员对基于图标的信息的理解。

除了灯光，视觉警告最常出现在显示器上。根据位置的不同，我们可以区分两种显示器：低头显示器（HDD）和抬头显示器（HUD）。HDD 集成在开发集群或中心列中，因此，驾驶员需要把目光从道路上移开，以处理呈现的信息；而 HUD 通过将信息直接投射到风窗玻璃或透明表面（称为组合器）来呈现信息，这样驾驶员的视线就会与 HUD 的表面相交。通过这种方式，HUD 增加了驾驶员在道路上注视的时间，并减少了在显示器和外部目标之间切换时的视线调节。例如，在文献［31］中，作者使用 HDD 来指示驾驶员在完全自动驾驶中何时从车辆手中接管控制权。在文献［32］中，HUD 和 HDD 都被用来引导驾驶员保持在建议的速度限制之内。

基于显示警告的主要缺点是，驾驶员需要注意这些警告才能做出反应。这需要驾驶员将视觉注意力从道路转向警告。由于驾驶员在驾驶车辆时忙于扫描周围环境，所以视觉警告（例如图形和文本消息）应用于显示不太紧急（低优先级和中等优先级）的复杂的信息，并可以在稍后重新显示。随着优先级的增加，信息的复杂性应该降低（比如句子应该换成文字，复杂的图片应该换成图标）。

3.4.1.2 听觉

听觉使人们能够感知来自环境的各种声音。一般人可以听到频率在 20 ~ 20000Hz 之间的声音。声音信号非常适合于高优先级警告，因为它们可以本能地快速处理并吸引驾驶员的注意力，而不管视觉注意力的方向如何。可以修改各种声学参数以创建警告，如响度、频率、脉冲/脉冲间隔和持续时间。此外，还可以调整声音信号（即语音，如危险、警告等）的语义。在文献［35］中，语义和声学性质在感知听觉警告的迫切性时相互作用。

为了被感知，声音信息应该以足够高的音量（强度）呈现。为了给老年人和分心的驾驶员提供良好的听力，响度应高于环境背景噪声 8 ~ 10dB。因此，声音信息非常强烈，很难忽视。因为它们可能会造成麻烦，所以它们不应该用于过于频繁发生的事件。此外，如果强度水平太强，可能导致驾驶员受到惊吓。因此，在使用听觉模式时，需要慎重考虑。

听觉警告通常是通过汽车的扬声器发出的，这使得车内的每个人都能听到。这也使它们成为全方位的感觉，这意味着声音本身并不表明危险在哪里。另一种选择是使用方向（空间匹配）声音，它从危险的方向投射到驾驶员身上。已有文献表明，空间预测的听觉警告可能非常有效地捕获驾驶员的注意力。

最后，值得一提的是，除了抽象的声音（即简单的音调），听觉警告还可以基于与众所周知的日常事件相关的声音，如汽车喇叭声或轮胎打滑声。这些被称为"听觉图标"，与抽象的声音相比，这些声音可以更快也更容易被理解。

3.4.1.3 触觉

触觉让我们的大脑能够感知周围环境的很多信息，比如压力、温度和疼痛。它由躯体感觉系统控制，该系统由皮肤中的触觉感受器和神经末梢组成的大型网状系统组成。

在警告中最常用的感觉是振动和力，这通常被称为触觉信号。一般来说，与驾驶员任何依赖触觉的互动都称为"触觉形态"。振动最常见的产生方式是使用振动触觉执行器，比如轴上带有偏心旋转质量的电动机。力可以由气动或产生表面运动的机电（螺线管）执行器产生。另一种在方向盘上产生力的方法是在一个方向上施加转矩，该方向指示驾驶员转动方向盘的转向。

触觉模式的主要优点是它不依赖于驾驶员的视觉注意力的焦点。然而，它需要与驾驶员进行身体接触，这样才能感觉到信号。因此，这就限制了触觉形态可用于与驾驶员身体保持恒定联系的位置：方向盘、驾驶员座椅、踏板和安全带。

触觉形态用于多种 ADAS：保持速度限制（例如，通过提供电阻在油门超过速度限制），盲点警告（例如，通过振动的驾驶员座位，对应于汽车盲点）的位置，避碰（例如，通过振动座位或方向盘），车道保持（例如，通过在方向盘的相反方向上施加简短的转矩，或者通过振动座椅侧面来模拟道路边缘的隆隆声），导航等（优秀的文献综述请参阅文献［45］）。

触觉形态具有许多优点。在驾驶员不了解警告含义的情况下，与听觉警告相比，振动方向盘可以提供更有效的车道偏离警告。触觉预警可以很容易地作为方向性预警，帮助驾驶员将注意力转向危险的方向。此外，触觉警告直接针对驾驶员，这意味着与视觉警告和听觉警告相比，触觉警告保护了更多的隐私。

同样重要的是，通过身体表面对触觉信息的处理是有限的。这是因为人们不能在不同的位置同时检测到两到三种同时出现的刺激。

因此，在尝试使用触觉方式对同一时间可能发生的不同警告时，应该多加谨慎。最后，由于触觉反馈可能非常强，不引起驾驶员的烦恼是很重要的，例如，如果在非常频繁的事件中使用触觉警告，就可能发生引起驾驶员烦恼的情况。

3.4.1.4 其他感官

其余的基本感官就是味觉和嗅觉。很明显，在汽车上使用味觉并不实际。我们正在研究如何在车辆上利用嗅觉，目前存在以下几个问题：气味会在车舱内迅速扩散，这就限制了在短时间内使用多个警告；气味扩散的速度不够快，不能用于紧急警告；而且没有一种气味可以轻易地与不同的交通状况联系起来（例如，也许我们可以用轮胎燃烧的气味来暗示需要制动，但对于堵车或闯红灯的人来说，哪种气味才是合适的呢）。不过，我们在利用气味来消除驾驶员睡意进而提高驾驶员的情绪和警觉性方面，已经取得了阶段性胜利。

3.4.2 人类本能和后天反应

根据 Norman 的观点，人类的认知和情感可以近似为一个模型，这个模型包含三个层次的处理：本能、行为和反思。本能层面包含了基本的保护机制，能让人们对环境做出快速和潜意识的决定：好或坏，安全或不安全。行为层面包含由相应情境触发的学习技能；当执行良好的学习行为时，人们只需要考虑目标，执行过程就会快速和潜意识地完成。反思层面负责深刻的理解、推理和有意识的决策；在这个级别上，执行速度比前两个较低的级别慢得多。

在设计警告时，我们可以利用行为层面的优势。也就是说，通过将警告与众所周知的日常经验相结合，可以显著提高警告的有效性。一些最明显的例子是：通过崎岖地带时感受到的振动/声音，汽车喇叭的声音或轮胎燃烧的气味，"轻拍肩膀"的效果等。通过使用这些实际经验的警告，可以在警告（控制）和效果（驾驶员应该执行的动作）之间创建"自然映射"。

研究文献包含了一些在警告中利用现实经验的例子。在文献［38］中，研究人员将汽车喇叭声和轮胎打滑声与传统的简单音调和"前进"的声音进行了比较。研究结果显示，与传统警告相比，人们的反应速度明显加快。同样，在驾驶员座椅上使用振动电机（触觉反馈）模拟闹市区的感觉是警告车道偏离的一种有效方法。

3.4.3 认知工作

驾驶汽车是一项需要身心协调的复杂任务。在正常情况下，驾驶员的表现状况良好。然而，当任务难度增加时，驾驶员的表现情况会受到影响。例如，一名驾驶员可能在雨夜驾驶车辆，同时还试图在智能手机上查看电子邮件。即使驾驶员能够独立处理这两项任务，但当一起执行时，它们会相互影响，使这两项任务更加困难，原因是人们的精神资源即精力有限。这些资源的负荷可以用认知负荷的概念来解释。

认知负荷（也称为心理负荷）通常定义为执行某一特定任务所需的资源数量（认知、感知、精神活动）与可用于该任务的资源数量之间的差异。因此，认知负荷会直接影响在特定任务上的表现。工作量和性能之间的关系可以用 Yerkes – Dodson 定律来进行实证描述：它是一个倒 U 型曲线，在这个曲线上，工作性能随工作负荷的增加而增加，增加到一定程度时，性能就开始下降。如果工作负载是最优的，那么性能将达到最大值。如果工作量太低，可能会让人感到无聊、疲劳乃至警觉性降低。同样，如果工作负载过高，可能会使人超负荷和分心。在后两种情况下,最终结果都会导致性能下降。

如果驾驶员的全部注意力都集中在驾驶任务上,其驾驶性能是最高的。但是,辅助任务(例如处理电话,以及响应 ADAS 系统提供的各种警告和消息)可能要求驾驶员在驾驶任务和辅助任务之间执行多任务,这可能使驾驶性能降低。多重资源理论对性能的下降进行了很好的描述。

多重资源理论预测,如果两个任务共享共同的资源,则两个任务之间的干扰会更大。在多重资源模型中,影响性能的有四个维度:处理阶段(感知、认知、响应)、感知模式(视觉、听觉)、视觉处理(焦点、环境)和处理代码(空间、语言)。该模型表明,与执行不同级别的任务(例如一个视觉任务和一个听觉任务)相比,执行相同维度的同一级别的任务(例如两个可视任务)会产生更多干扰。多重资源理论的主要优点是它可以预测哪些任务可能相互干扰,以及哪些任务可以同时执行。由于驾驶任务的高度复杂性,多重资源理论非常适用于汽车领域。因此,驾驶车辆需要多个处理级别的资源,即感知(使用焦点和环境视觉处理检测车道和道路标志)、认知(确定车道中的车辆位置)和响应(控制踏板和方向盘)。这意味着如果在驾驶时引入辅助任务,则可能需要共享一些资源。

基于上述事实,考虑如何呈现警告是很重要的,以避免驾驶员因驾驶任务和警告之间共享资源而过载。例如,汽车联盟指南建议,在驾驶时不应使用需要长时间视觉注意力的交互(例如视频或动画)。这是有道理的,因为驾驶员的主要注意力应该集中于道路。因此,视觉感官模式在驾驶时的负荷很大。通过利用多重资源理论,可以使用其他感官模式提出警告以减轻部分工作量,而听觉模式最常用于此目的。另外,触觉模式可用于减轻听觉和视觉模式的负荷,或进一步强调在其他两种模式中呈现的警告的重要性。

3.4.4 多模态 HMI 和空间匹配

通常应该快速检测到警告。为了确保驾驶员会注意到这些症状,使用适当的感觉模式是很重要的。此外,应同时使用多个感官模式配对来确保驾驶员能注意到警告。例如,视觉和听觉模式可以在一个警告中配对,这可以确保即使驾驶员的视觉注意力完全集中在驾驶任务上(甚至被其他辅助任务分心),也不会错过警告。将几种感官模式结合在一起的警告称为多模态警告。已有文献表明,与单模态警告相比,多模态警告可以更快地响应关键事件并更有效地吸引驾驶员的注意力。因此,警告应该是多模态的,特别是在时间紧迫的情况下。

除了多模态之外,警告还应该具有方向性。换句话说,警告在空间上应与危险相匹配。这可确保在发现警告时,能将驾驶员的注意力引导到正确的方向。多模态警告也应保持方向性,以便所有模态的警告都能从匹配的方向告知危险。如果不这样做可能会导致"多感官抑制",这意味着对警告的感知可能会减弱。

视觉模式允许通过在显示器上展示或使用安装在机舱中的各种灯进行方向性警

告。对于复杂情况，有必要提出用抽象的图像来解释情况和指导驾驶员的反应。从某种意义上说，这可能有一个缺点，即驾驶员需要进行心理转换，以将警告信息与现实世界中的实际情况联系起来。触觉模式本质上是具有方向性的，因为它依赖于与驾驶员身体接触的触觉元件的位置。例如，振动电机可以安装在座椅的侧面，在偏离车道时提供警告。最后，通过听觉模态以及使用定向声音来传达方向性。它可能不像视觉和触觉模式那样容易检测，因为它受道路和发动机噪声的影响较为显著。从这个意义上说，如果听觉警告不具有方向性，那么只要警告能够吸引驾驶员的注意力并促使其采取适当的行动就足够了。

3.5 网联车辆和 HMI

ADAS 应用的主要促成因素是安装在车辆中的各种传感器，例如雷达、摄像机和激光雷达等。车对车通信（V2V）可以看作是另一种传感器，它能够改进现有的应用程序并启用新的应用程序，因为与其他传感器相比，它提供了一个全新的传感视野，能够检测更远距离上的非视距物体。然而，关于检测非视距对象的能力引入了一个重要问题：如何为驾驶员无法看到的物体提供警告？这是 HMI 面临的一个挑战，因为警告必须是有效的，同时也是信息丰富的。正如文献［60］所示，驾驶员更愿意知道发生了什么，在这种情况下，他们才更愿意使用系统。鉴于误报也可能偶尔发生，因此非线性警告的 HMI 设计更为重要。

正如我们在前面的章节中所看到的，使用方向警告是非常有效的，因为它们确保一旦注意到警告，驾驶员的目光将聚焦在正确的方向上。然而，如果不能迅速看到危险，仅仅引导驾驶员的目光是没有用的。在这种情况下，我们可以通过信息丰富的警告，并以一种驾驶员清晰可见的方式呈现。我们将通过交叉口移动辅助应用程序（IMA）的例子来说明这一点。

3.5.1 安全应用例证：交叉口移动辅助

顾名思义，IMA 应用程序旨在防止交叉路口中的一辆或多辆汽车发生碰撞。在图 3-1 中，宿主车辆（HV，也称为 Ego Vehicle）在没有停车标志的情况下接近交叉路口。同时，一辆远程车辆（RV）从交叉路口方向高速接近一个停车标志，停车标志可能丢失或受阻，因此 RV 可能甚至没有意识到需要停车。使用 V2V 通信可以感知这种情况，并根据从 RV 接收的大量动态数据来计算碰撞概率，例如经度、纬度、速度、加速度、制动激活和压力等。如果有可能发生碰撞，系统应同时向 HV 和 RV 的驾驶员发出警告。在本例中，我们将重点介绍 HV。

为了防止驾驶员不信任或忽略警告的情况，将误报的概率降到最低并解释警告发出的原因非常重要。可以通过视觉模态，使用一些符号表示来显示警告。重要的是要记住，在这种情况下，驾驶员无法看到危险。因此，视觉警告将提供最多的信

图 3-1　交叉口移动辅助应用的交通状况

息，因为它可以象征性地显示危险的性质和位置。另一方面，仅靠听觉或触觉警告是不够的。由于驾驶员在驾驶时的视觉注意力被广泛使用，因此警告本身不会造成视觉上的负担。总之，警告应该足够简单，以便快速理解并且提供足够传达关于危险的信息。在一个示例实现中，系统可以显示一个与危险车辆（RV）方向匹配的车辆图标：如果来自右侧，则指向左侧；如果来自左侧，则指向右侧。图 3-2 说明了这一点。请注意，警告是从 HV 的角度提出的，这使得驾驶员可以立即理解 RV 的相对位置。另一方面，俯视图也是可能的，例如图 3-1 中的视图。但是，它的缺点是需要更复杂的心理转换才能将 RV 的位置从图像转换到真实生活。

图 3-2　IMA 警告的符号表示示例

为了强调 RV 与 HV 的碰撞过程这一事实，可以使用箭头来指示 RV 的行进方向。可以通过设置 RV 图标的动画来进一步强调，使其类似于从左/右侧向 HV 移动的车辆。该动画可以使驾驶员立即理解 RV 相对于 HV 的运动。为了有效地观察，最好将警告放在 HUD 上，以便它位于驾驶员的视野中。或者，如果 HUD 不可用，则可以在仪表区域中显示警告。然而，它的缺点就是可能会被驾驶员忽略。

警告也应该是多重的,这可以通过同时使用多种模式来实现。例如,视觉表现可以补充一些其他的感官形态,这样能减少反应时间,也确保了在驾驶员的视觉注意力完全被驾驶或其他共享活动(例如使用电话)占用时,不会错过警告。即使这样,也应该谨慎使用这些模式,因为警告的增加会让驾驶员变得急躁和烦恼。与此同时,某种程度的烦恼也是必须的,因为它可以确保警告会被注意到。因此,应根据情况的紧迫性选择模式。

根据情况的紧急程度改变其表示形式的警告被称为分级警告。已有文献表明,与单级警告相比,分级警告可以减少烦恼并且有助于减少误报。在一个已实现的系统中,作者使用分级警告来警告驾驶员行人的存在。他们引入了三个阶段:"通知"(低紧急阶段,用于建立对距离 HV 一定距离的行人存在的一般意识)、"警告"(更高的紧急阶段,通过动画行人图标表明更高的碰撞可能性)和"警告制动"(高度紧急阶段,很可能发生碰撞,并在屏幕上显示视觉"制动"消息)。在最后阶段,作者选择写出"制动"这个词,它明确地向驾驶员说明了适当的行动方案。这在驾驶员对警告做出反应的时间非常有限的情况下非常有效,因为它消除了反应中的"决策"部分。

在 IMA 的情况下,可以使用类似于上述的方法。由于交叉口在城市地区非常普遍,因此每当在交叉路口中检测到另一车辆时,会过于频繁地显示信息。我们可以根据计算的碰撞时间(TTC)将警告分为两个阶段:"中度警告"和"高度警告"。

中度警告可以在 TTC 的 t_m 秒发出,并且可以由带有触觉脉冲的车辆图标组成。脉冲可以在与危险车辆相对匹配侧的驾驶员坐垫中生成(图 3-3)。与听觉相比,触觉反馈不那么烦人,因此对于这种不那么紧急且非常频繁的警告阶段来说,这可能是更好的选择。

图 3-3　IMA 介质警告实现示例

高度警告应在 TTC 的 t_h 秒发出,其中 $t_{final} < t_h < t_m$。t_{final} 是驾驶员仍然可以采取行动的最小 TTC,超过这个时间,应该使用自动紧急制动系统(AEB)。t_h 和 t_m 可以提前预先确定,也可以根据使车辆完全停止而需要施加的制动量来调节。警告可能包括动画车辆图标,其中添加了快速闪烁的单词"制动"和听觉警报。选定的背景和字体颜色应提供足够的对比度,以便于查看。另外,还可以设计闪烁以使字体和背景颜色在每个循环中交替,从而进一步增强视觉显著性。图 3-4 显示了高度警

告动画的两个示例帧。"制动"图标在两个帧之间交换颜色,而车辆图标是动画,以表示 RV 朝向 HV 的相对运动。

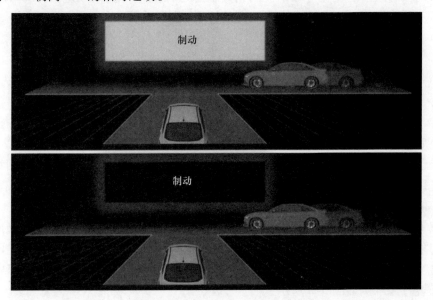

图 3-4　IMA 高等警告的示例实现

听觉警报的频率和幅度应该选择这样的警报:它能有效地吸引注意力,达到预期的紧急程度,并且容易从噪声或其他基于听觉的反馈中辨别出来。

3.5.2　减少警告数量

如前几节所描述,减少发出警告的次数非常重要,因为它们会带来麻烦。对于误报也是如此,它会降低驾驶员的信任。V2V 通信在车辆上的广泛普及可能需要多年时间。但是,一旦达到临界值,误报可能会更频繁地发生。因此,应当仔细设计警告,以尽可能地减少警告的数量。

当一辆 RV 距离交叉路口相对较远且仍然高速行驶时,通常会发生 IMA 误报。因此,车辆在交叉路口前是否停车可能不够清楚。在这种情况下,分级警告将减少烦恼,因为驾驶员最初将接触较低级别的警告(不那么烦人)。只有在情况没有改善的情况下,水平才会提高。此外,如果驾驶员对初始警告做出反应并改变其驾驶方式(例如,通过预先减速),即使没有出现更强烈的警告,也可以完全避免危险情况。

我们可以利用 V2V 通信的两个方面来抑制警告:相对较长的检测范围和周围环境信息。

由于 V2V 通信提供相对较长的检测范围(约 300m),我们可以利用它来抑制不必要的警告。也就是说,即使 RV 看起来像是在与 HV 的碰撞过程中,也不需要

59

在检测到 RV 时立即发出警告。相反，如果检测范围允许，系统可以连续监视 RV，以检测其状态的任何变化。如果检测到其状态正在变化（例如减速），则系统可以决定不发出任何警告。下面是一个假设的算法：

1）在 TTC 的 10s 检测到 RV。
2）该系统能够在未来 4s 内监控 RV。
3）如果系统检测到 RV 开始减速，或者在交叉路口之前的某一点激活方向灯来转弯，则可能不需要发出警告。
4）如果 RV 的状态在 5s 内没有发生改变，系统可能会开始发出分级警告。

最后，我们可以使用周围环境信息来抑制警告的发布。也就是说，V2V 通信提供关于道路上所有（装备的）车辆的信息。通过将此信息与地图数据相结合，我们可以过滤掉那些可能会导致不合理警告的情况。例如，地图数据提供的有关道路曲率的信息，此信息可用于过滤掉来自其他方向的弯道车辆引起的警告。类似地，在 IMA 的环境下，地图数据将允许我们确定另一车辆是否已经停在交叉路口，并且与危险车辆（RV）是否在同一条车道上。如果是这种情况，则意味着 RV 不能通过交叉口并且需要停止，因为另一辆车阻挡了它前进的道路。应用于 IMA 警告的环境过滤示例如图 3-5 所示。

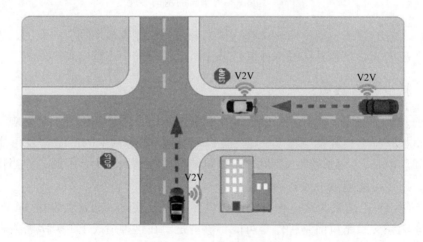

图 3-5　IMA 警告的环境过滤示例

3.5.3　验证警告的有效性

在创建 HMI 时，始终建议遵循任何可用的指导原则和最佳实践。最终，仍然有必要与真实用户一起验证所有的设计决策。警告也是如此。这原是因为在设计过程中所做的假设可能不适用于现实生活。在文献［15］中进行的研究很好地说明了这一点。这在本章的开头简要提到过，但值得在此重申。该作者打算创建一个系统，告知驾驶员何时从自动驾驶车辆手中接管控制权。问题是驾驶员在控制方向盘后，如何指示驾驶员转向。在试验性实验中，作者假设在危险一侧照亮红色LED会促使驾驶员朝相反方向转向。然而，试点试验的所有参与者实际上都朝着LED的方向前进。这很好地说明了初始假设可能是错误的，即使它们听起来合乎逻辑。也就是说，假设参与者会避开红灯，因为它与危险或紧急事物有普遍的联系。这里发生的事情可以用Norman的用户模型来解释，它表示用户对系统如何工作形成了一个心理模型。此用户模型基于一种信念，可能与系统实际工作方式不一致。幸运的是，文献［15］的作者预先对他们提出的假设进行试验，以保证主要试验设计的真实性。

在开始设计过程之前，了解用户是谁以及他们的能力如何是很重要的。以下是一些生动的例子：

1）众所周知，对年轻人有效的方法不一定对老年人有效。由于驾驶员年龄各不相同，这一点需要考虑进去。

2）年轻且经验不足的驾驶员可能需要更多帮助。一个很好的例子是许多驾驶员不了解仪表盘上显示的所有图标，这意味着设计需要直观，尤其是在出现警告的情况下。

3）因为有些人对颜色不敏感，所以应该选择大多数人都能接受的颜色。如果颜色选择不灵活，则应该使用其他的方法来进行区别（例如不同的纹理、形状、形态等）。

一旦了解了用户并做出了最初的HMI设计决策，就有必要组织用户研究来确认和测试所有假设。通常在用户研究中会执行几个步骤（请注意，此处仅提供了高层次的概述；更多细节以及不同方法的优缺点可在文献［68］中找到）：

1）确定研究假设：研究假设是研究人员期待的结果。例如，让我们比较两种类型的警告（W1和W2）是如何影响制动反应时间的。我们的研究假设可能是其中一个警告相比另一个警告反应时间更短。

2）准备研究设计：研究设计决定了研究的组织方式。它取决于自变量的数量。在我们的示例中，有一个自变量，那就是警告的类型。警告类型有两个级别（也称为试验条件），分别对应于W1和W2。如果研究具有多个自变量，则必须使用因子设计，同时分析水平的组合。通过这种方式，就可以确定独立变量之间是如何相互作用并影响结果的。一旦知道了自变量，就有必要确定研究设计：受试者内或受试者之间。受试者内设计意味着所有研究参与者都将体验所有试验条件（在我们的案例中，所有参与者都将尝试W1和W2）。受试者之间意味着每个试验条件将使用一组独立的参与者（在我们的例子中，一组参与者将尝试W1，另一组参与者将尝试W2）。

3）进行试点研究：试点研究的目的是测试整个研究流程，并确保在研究设计、数据收集、设备等方面没有错误。通常只有几个参与者参与。

4）招募参与者：研究应该对参与者进行相关的人口统计，包括年龄、性别、驾驶经历、教育程度、残疾等。根据收集到的数据的统计检验和试验条件的数量选择参与者的数量。一般来说，参与者越多越好。然而，使用大量的参与者通常是不实际的。因此，可以调整参与者的数量使统计测试具有足够大的能力来检测试验条件之间的期望差异。我们以前面的制动反应时间为例。如果我们知道与检测相关的最小时间差，则可以估计在研究中应该使用的最小参与者人数。参与者数量进一步受到受试者内部或受试者之间设计的选择的影响。

5）进行实际的研究：研究可以在真实的道路、测试跑道或模拟器上进行。现实生活中的驾驶总是能提供最多的信息。然而，由于安全问题，它并不总是实用的。模拟器研究没有安全问题，但有效性较小，这取决于所选模拟器的保真度。在研究执行期间，对相关数据（也称为因变量）进行收集。根据需要研究的问题的复杂性，参与者可能需要被邀请一次或多次。

6）数据分析：应使用适当的统计方法分析研究中收集的数据。

7）报告结果：基于数据分析，应该对初始研究假设（问题）做出结论。

基于上面的列表，我们可以看出进行用户研究并不是一项简单的任务。然而，它们的主要优点是它们使从业者能够就任何设计不确定性做出明智的决定。尽管结果有时可能是不确定的，但仍然可以更好地了解所分析的设计是否有显著差异，这意味着两者都可以使用。有时，实际的限制可能不允许使用特定的 HMI 设计（例如，HUD 可能不容易获得）。在这种情况下，用户研究也可以帮助我们找到一种尽可能提供类似结果的替代方案。

3.6 结论

HMI 表示机器面向用户的窗口。因此，它需要满足用户的期望，以便整个系统能够成功。在本章中，我们看到良好的 HMI 需要满足许多要求，其中直观性可能是最重要的。在出现警告时，这一点尤其重要，因为在这种情况下，时间通常是至关重要的。我们看到警告可以从不同的模式中受益。然而，需要谨慎地将它们组合在一起，以防止精神负载超重的情况发生。给出了一个 IMA 安全应用的人机交互设计实例。最后，通过对用户研究的简要介绍，说明了如何确定人机交互设计决策的有效性。

本章的目的不是提供如何设计车联网 HMI 的准确指南和方法。相反，我们的目标是让读者意识到在设计 HMI 时存在的问题，并将读者的注意力转向最重要的 HMI 特性和文献内容。通过这种方式，感兴趣的读者就可以根据需要快速地寻找更深入的信息。

3.7 参考文献

1. Z. Medenica and A. L. Kun, Comparing the Influence of Two User Interfaces for Mobile Radios on Driving Performance, in Proc. Driving Assessment 2007. 2007.
2. D. D. Salvucci, D. Merkley, M. Zuber, and D. P. Brumby, iPod Distraction: Effects of Portable Music-Player Use on Driver Performance, in Proc. CHI 2007. 2007.
3. J. C. Stutts, D. W. Reinfurt, L. Staplin, and E. A. Rodgman, The Role of Driver Distraction in Traffic Crashes, AAA Foundation for Traffic Safety. 2001.
4. S. G. Klauer, T. A. Dingus, V. L. Neale, J. D. Sudweeks, and D. J. Ramsey, The Impact of Driver Inattention On Near-Crash/Crash Risk: An Analysis Using the 100-Car Naturalistic Driving Study Data, US Department of Transportation, National Highway Traffic Safety Administration (NHTSA), Washington, DC, Technical report DOT HS 810 594. 2005.
5. D. L. Strayer, F. A. Drews, and D. J. Crouch, A Comparison of the Cell Phone Driver and the Drunk Driver, Human Factors and Ergonomics Society, vol. 48, no. 2. 2006.
6. Norman, D.: The Design of Everyday Things. Basic Books, New York (2013).
7. ISO 9241-210:2010 Ergonomics of human-system interaction – Part 210: Human-centred design for interactive systems (2010).
8. Lindgren, A and Chen, F. State of the art analysis: An overview of advanced driver assistance systems (adas) and possible human factors issues. Human factors and economics aspects on safety, (2006).
9. J.P. Bliss and S.A. Acton, Alarm Mistrust in Automobiles: How Collision Alarm Reliability Affects Driving, Applied Ergonomics, vol. 34, pp. 499–509, 2003.
10. Lee, J.D., Hoffman, J.D., Hayes, E. (2004). Collision Warning Design to Mitigate Driver Distraction. Proceedings of the CHI 2004 Conference, April 24–29, Vienna, Austria, 65–72.
11. Kiefer, R., LeBlanc, D., Palmer, M., Salinger, J., Deering, R., Shulman, M. Development and validation of functional definitions and evaluation procedures for collision warning/avoidance systems, Crash Avoidance Metrics Partnership, Washington DC, 1999.
12. Spence, C. and Ho, C. Tactile and Multisensory Spatial Warning Signals for Drivers. IEEE Transactions on Haptics, vol. 1, no. 2, pp. 121–129, 2008.
13. Sato, K., Goto, T., Kubota, Y., Amano, Y. A Study on a Lane Departure Warning System Using a Steering Torque as a Warning Signal, Proceedings of the International Symposium On Advanced Vehicle Control (AVEC '98), pp. 479–484, Tokyo, 1998.
14. J.B.F. Van Erp and H.A.H.C. van Veen, Vibrotactile In-Vehicle Navigation System, Transportation Research Part F, vol. 7, pp. 247–256, 2004.
15. Borojeni, S., Chuang, L., Heuten, W., and Boll, S. Assisting Drivers with Ambient Take-Over Requests in Highly Automated Driving. Proceedings of the 8th International Conference on Automotive User Interfaces and Interactive Vehicular Applications, 2016.
16. Baldwin, C.L. Verbal collision avoidance messages during simulated driving: perceived urgency, alerting effectiveness and annoyance. Ergonomics, vol. 54, no. 4, pp. 328–337, 2011.
17. Carryl L. Baldwin and Bridget A. Lewis. Perceived urgency mapping across modalities within a driving context. Applied ergonomics, vol. 45, no. 5, pp. 1270–1277, 2014.
18. Ioannis Politis, Stephen A Brewster, and Frank Pollick. Evaluating multimodal driver displays under varying situational urgency. In Proceedings of the SIGCHI Conference on Human Factors in Computing Systems, pp. 4067–4076, 2014.
19. Campbell, J. L., Brown. J. L., Graving, J. S., Richard, C. M., Lichty, M. G., Sanquist, T., … & Morgan, J. L. Human factors design guidance for driver-vehicle interfaces (Report No. DOT HS 812 360). Washington, DC: National Highway Traffic Safety Administration, 2016.
20. Baber, C. Psychological aspects of in-car warning devices. In: Stanton, N. (Ed.), Human Factors in Alarm Design. Taylor & Francis, London, 1994.
21. E. L. Wiener and R. E. Curry. Flight-deck automation: promises and problems. Ergonomics, vol. 23, no. 10, pp. 995–1011, 1980.
22. Breznitz, S. Cry-wolf: The psychology of false alarms. Hillsdale, NJ: Lawrence Erlbaum Associates, 1983.

23. Horowitz, A. D., & Dingus, T. A. Warning signal design: A key human factors issue in an in-vehicle front-to-rear-end collision warning system. Proceedings of the Human Factors Society 36th Annual Meeting, 1011–1013, 1992.
24. J.D. Power. 2015 Driver Interactive Vehicle Experience (DrIVE) Report 2015.
25. Bhise, Vivek D. Ergonomics in the automotive design process. Boca Raton, Fla., CRC Press, 2012.
26. Sabine Langlois. ADAS HMI Using Peripheral Vision. In Proceedings of the 5th International Conference on Automotive User Interfaces and Interactive Vehicular Applications, 2013.
27. Alexander Meschtscherjakov, Christine Döttlinger, Christina Rödel, and Manfred Tscheligi. ChaseLight: Ambient LED Stripes to Control Driving Speed. In Proceedings of the 7th International Conference on Automotive User Interfaces and Interactive Vehicular Applications, 2015.
28. Andreas Löcken, Heiko Müller, Wilko Heuten, and Susanne Boll. 2014. "Should I Stay or Should I Go?": Different Designs to Support Drivers' Decision Making. In Proceedings of the 8th Nordic Conference on Human-Computer Interaction: Fun, Fast, Foundational, 2014.
29. John D. Lee, Cher Carney, Steven M. Casey, and John L. Campbell. In-Vehicle Display Icons and Other Information Elements: Preliminary Assessment of Visual Symbols. US DOT, Federal Highway Administration. Publication no. FHWA-RD-99-196, 1999.
30. Gish, K.W., Staplin, L. Human factors aspects of using head-up displays in automobiles: a review of the literature. NHTSA: DOT HS 808 320, 1995.
31. Naujoks, F, Mai, C and Neukum, A. The effect of urgency of take-over requests during highly automated driving under distraction conditions. Proceedings of the 5th International Conference on Applied Human Factors and Ergonomics, AHFE, 2014.
32. Saffarian, M., Happee, R., Abbink, D., and Mulder, M. IFAC Proceedings Volumes, Vol. 43, pp. 25–30, 2010.
33. Kaufmann, C, Risser, R, and Geven, A. Effects of simultaneous multi-modal warnings and traffic information on driver behaviour, Proceedings of European Conference on Human Centred Design for Intelligent Transport Systems, 2008.
34. Baldwin, C. Verbal collision avoidance messages during simulated driving: perceived urgency, alerting effectiveness and annoyance. Ergonomics. 54, 4, pp. 328–337, 2011.
35. Baldwin, C. and May, J. Loudness interacts with semantics in auditory warnings to impact rear-end collisions. Transportation Research Part F: Traffic Psychology and Behaviour. 14, 1, pp. 36–42, 2011.
36. Baldwin, C. L. Designing in-vehicle technologies for older drivers: Application of sensory–cognitive interaction theory. Theoretical Issues in Ergonomics Science, 3(4), pp. 307–329, 2002.
37. Ho, C. and Spence, C. Assessing the Effectiveness of Various Auditory Cues in Capturing a Driver's Visual Attention. Journal of Experimental Psychology: Applied. 11, 3, pp. 157–174, 2005.
38. Graham, R. Use of auditory icons as emergency warnings: Evaluation within a vehicle collision avoidance application. Ergonomics, 42, pp. 1233–1248, 1999.
39. E. Bruce Goldstein, Sensation and Perception, 8th Edition, 2010.
40. D. Kern, P. Marshall, E. Hornecker, Y. Rogers, and A. Schmidt. Enhancing navigation information with tactile output embedded into the steering wheel. Lecture Notes in Computer Science (including subseries Lecture Notes in Artificial Intelligence and Lecture Notes in Bioinformatics) 5538 LNCS, 1, 42–58, 2009.
41. M. Enriquez, O. Afonin, B. Yager, and K. Maclean. A Pneumatic Tactile Alerting System for the Driving Environment. Proceedings of the 2001 workshop on Perceptive user interfaces - PUI '01, 1–7, 2001.
42. Gözel Shakeri, Alexander Ng, John H. Williamson, and Stephen A. Brewster. Evaluation of Haptic Patterns on a Steering Wheel. In Proceedings of the 8th International Conference on Automotive User Interfaces and Interactive Vehicular Applications, 2016.
43. Sato, K., Goto, T., Kubota, Y., Amano, Y., Fukui, K. A Study on a Lane Departure Warning System Using a Steering Torque as a Warning Signal. International Symposium on Advanced

Vehicle Control (AVEC), pp. 479–484, 1998.
44. Beruscha, F., Augsburg, K. and Manstetten, D. Haptic warning signals at the steering wheel: A literature survey regarding lane departure warning systems. Haptics-e, the electronic journal of haptic research. 4, 5, 2011.
45. Petermeijer, S., Abbink, D., Mulder, M. and Winter, J. The Effect of Haptic Support Systems on Driver Performance: A Literature Survey. IEEE Transactions on Haptics. 8, 4, 467–479, 2015.
46. K. Suzuki and H. Jansson, An Analysis of Driver's Steering Behaviour during Auditory or Haptic Warnings for the Designing of Lane Departure Warning System, JSAE Rev., vol. 24, pp. 65–70, 2003.
47. A. Gallace, H. Z. Tan, and C. Spence. Numerosity judgments for tactile stimuli distributed over the body surface. Perception, vol. 35, issue 2, pp. 247–266, 2006.
48. M. Yoshida et al. Study on Stimulation Effects for Driver Based on Fragrance Presentation. IAPR Conference on Machine Vision Applications, Nara, Japan, 2011.
49. R. A. Baron and M. J. Kalsher. Effects of a Pleasant Ambient Fragrance on Simulated Driving Performance: The Sweet Smell of... Safety? Environment and Behavior, vol 30, issue 4, 1998.
50. D. V. McGehee and M. Raby, Snowplow Lane Awareness System, Final Report prepared for the 3M Company and the Minnesota Dept. of Transportation, 2002.
51. C. D. Wickens, Multiple Resources and Performance Prediction, Theoretical Issues in Ergonomics Science, Vol. 3, No. 2, pp. 159–177, 2002.
52. R. D. Colonel O'Donnell and F. T. Eggemeier, Workload Assessment Methodology, in Handbook of Perception and Human Performance, Vol. II, Cognitive Processes and Performance. K. R. Boff, L. Kaufman, and J. P. Thomas, Eds. John Wiley & Sons, Inc., 1986.
53. R. M. Yerkes and J. D. Dodson, The Relation of Strength of Stimulus to Rapidity of Habit-Formation, Journal of Comparative Neurology and Psychology, Vol. 18, pp. 459–482, 1908.
54. D. L. Strayer and F. A. Drews, Multi-tasking in the automobile, in A. Kramer, D. Wiegmann, & A. Kirlik (Eds.), Applied attention: From theory to practice, 121–133, 2006.
55. Alliance of Automobile Manufacturers. Statement of principles, criteria and verification procedures on driver interactions with advanced in-vehicle information and communication systems, including 2006 updated sections (Report of the Driver Focus-Telematics Working Group), 2006.
56. G. Shakeri, A. Ng, and S. A. Brewster. Evaluating Haptic Feedback on a Steering Wheel in a Simulated Driving Scenario. In CHI EA '16, 2016.
57. M. Enriquez, O. Afonin, B. Yager, and K. Maclean. A Pneumatic Tactile Alerting System for the Driving Environment. Proceedings of the 2001 workshop on Perceptive User Interfaces - PUI '01, 1–7, 2001.
58. Spence, C. and Ho, C.: Tactile and multisensory spatial warning signals for drivers. IEEE Transactions on Haptics, vol. 1, no. 2, 2008.
59. Florian Laquai, Fabian Chowanetz, and Gerhard Rigoll. A large-scale LED array to support anticipatory driving. In Systems, Man, and Cybernetics (SMC), 2011 IEEE International Conference on. pp. 2087–2092, 2011.
60. Philipp Hock, Johannes Kraus, Marcel Walch, Nina Lang, and Martin Baumann. Elaborating Feedback Strategies for Maintaining Automation in Highly Automated Driving. In Proceedings of the 8th International Conference on Automotive User Interfaces and Interactive Vehicular Applications (Automotive'UI 16), pp. 105–112, 2016.
61. Wu, Kun-Feng & Ardiansyah, Nashir & Ye, Wei-Jyun. An Evaluation Scheme for Assessing the Effectiveness of Intersection Movement Assist (IMA) on Improving Traffic Safety. Traffic Injury Prevention, vol. 16, pp. 1–5. 2017.
62. Todd, J.W. Reaction time to multiple stimuli. Archives of Psychology, vol. 3, issue 25, pp. 1–65. 1912.
63. Ioannis Politis, Stephen Brewster, and Frank Pollick. Evaluating multimodal driver displays of varying urgency. In Proceedings of the 5th International Conference on Automotive User Interfaces and Interactive Vehicular Applications. 2013.

64. X. Wu et al., Cars Talk to Phones: A DSRC Based Vehicle-Pedestrian Safety System, 2014 IEEE 80th Vehicular Technology Conference (VTC2014-Fall), Vancouver, BC, 2014.
65. Jeremiah Singer, Neil Lerner, Carryl Baldwin, and Eric Traube. Auditory Alerts in Vehicles: Effects of Alert Characteristics and Ambient Noise Conditions on Perceived Meaning and Detectability. 24th International Technical Conference on the Enhanced Safety of Vehicles. 2015.
66. Steven Bayless, Adrian Guan, Jessa Paruch, Jennifer Carter, Tom Schaffnit, and Anthony Shaw. The Impact of a Vehicle-to-Vehicle Communications Rulemaking on Growth in the DSRC Automotive Aftermarket: A Market Adoption Model and Forecast for Dedicated Short Range Communications (DSRC) for Light and Heavy Vehicle Categories. US DOT. Report number FHWA-JPO-17-487. 2016.
67. Britannia Rescue, Dashboard warning lights confuse drivers. Public poll released on July 31, 2013. Link: https://www.lv.com/about-us/press/article/dashboard-warning-lights-confuse-drivers, retrieved 10/30/2017.
68. Jonathan Lazar, Jinjuan H. Feng, Harry Hochheiser. Research methods in human-computer interaction. John Wiley & Sons, Ltd. 2014.

第 4 章
V2X通信的安全证书管理系统

4.1 介绍

使用车辆与车辆（V2V）通信来避免紧急碰撞，需要频繁地传输基本安全信息（BSM）。这些消息包含有关车辆位置、速度、行驶方向和其他的信息。该设备向附近的所有设备广播 BSM。这些消息包含所有相邻设备的非机密信息，因此未加密。然而，所接收到的 BSM 的真实性和完整性是最重要的，因为它们直接影响所有基于它们的应用程序的结果和有效性。因此，设备需要能够区分从其他认证的车载设备和恶意发送器接收的 BSM。此外，设备需要能够验证这些消息在传输期间是否被改变。如果没有这些特性，攻击者可能会向系统中插入虚假消息并影响应用程序，从而导致系统崩溃、交通堵塞或使应用程序变得无用。

许多研究建议发送设备对所有 BSM 进行数字签名，并且接收车辆在采取行动之前对签名进行验证以获得完整性和真实性。在美国运输部的帮助下，汽车和安全专家在 USDOT 的帮助下开发了用于车辆与外界（V2X）通信的安全证书管理系统（SCMS）的概念，以促进这一过程的实施。一个概念验证的实施方案已经被开发出来，USDOT 网联车辆驾驶员目前正在使用该方案。该系统是美国 V2X 安全系统的领先技术候选者。

在本章中，我们将让读者更好地理解这个系统如何工作以及如何与文献中的替代方案进行比较。首先，我们回顾了 V2X 通信安全系统的要求。随后，我们提出了 SCMS 设计，其中包括所有用例、所有组件以及组织分离等其他概念的详细描述。我们回顾了其他替代方法，并强调了为什么它们无法满足 V2X 通信安全系统的所有要求，并简单概括了本章内容。

4.2 V2X 通信安全系统的要求

V2X 通信系统的主要目的是通过在设备之间交换信息来提高交通安全和效率。我们认为设备是安装在车辆或基础设施上的电子组件。在第一步中，如果出现安全危急情况，这些消息将用于向驾驶员发出警告。接收车辆需要信任消息的内容，该内容源自 V2X 系统的有效参与者，即通过认证以满足特定的最低性能要求的设备。

这直接转化为安全系统的前两个要求，它们都是信息安全的基本方面：

1）消息完整性：确定在传输过程中没有人更改消息。

2）消息真实性：确定消息来自有效的 V2X 参与者。

此外，安全系统不应泄露用户的隐私。为此，设计人员对安全系统进行了补充，增加了以下三项关于个人身份信息和长期跟踪的附加要求：

1）安全解决方案不得将任何个人身份信息添加到通过无线方式发送的消息中。此外，还需要在设计整个 V2X 通信系统时考虑到安全性，这样任何系统层都不会包含任何个人身份的信息。

2）安全系统不得向通过无线方式发出的信息添加任何数据，以便对车辆进行长期跟踪。这可能是源自安全层的唯一静态数据，或者添加到任何其他层的唯一静态数据，例如用于媒体访问控制的静态地址。

3）此外，安全系统必须设计成即使是内部人员也不能对车辆进行长期跟踪的模式。我们将内部人员定义为熟悉安全系统设计的人员，并在组织分离规则允许的范围内运行系统后端组件（有关详细信息，请参阅"组织分离"部分）的人员。

例如，由于硬件老化、硬件设置不当或通过攻击者的恶意使用，需要从有效参与者的集合中移除设备。设计人员一致认为该系统应具有主动和被动撤销的有效手段。主动撤销指的是车队被主动告知设备不再值得信任的事实。被动撤销意味着不值得信任的设备可能不会更新它们的凭据。

除了所有这些安全要求外，安全系统及其内外部件还必须具有可维护性。它应提供有效的接口，尽可能地减少复杂性，必须允许查找软件和硬件错误，并且应能够更新使用的加密原语、通信方法及其实现。

4.3 安全证书管理系统的概念

SCMS 的一般基础是一个公共密钥基础设施（PKI）系统，并由若干个概念和新的加密结构丰富起来，以满足"V2X 通信安全系统的要求"一节中提出的要求。最突出的概念是对功能进行分区，并将其分发到系统的几个组件中。这背后的动机是在组织上分离这些组件以满足内部人员的隐私要求。SCMS 的新型加密结构提高了证书供应和撤销的效率。

SCMS 设计为车辆与车辆（V2V）通信、车辆与基础设施（V2I）以及基础设施与车辆（I2V）通信提供了安全概念，实现了安全性、移动性和环境应用。最初的设计侧重于 V2V，但后来扩展到更广泛的范围。为简单起见，我们将所有这些通信称为 V2X 通信。在设计阶段，只要适用，就会遵循"设计安全"和"设计隐私"等方法。

其基本思想是设备配备了由 PKI 生成的证书。由于这些证书不携带任何个人身份信息（PII），并且设备在通信期间频繁地交换它们，因此它们被称为假名证书或临时证书。发件方将使用假名证书和相应的私钥在发送邮件之前签署邮件并附上假名证书。接收方可以使用假名证书验证消息签名，只要它信任颁发该假名证书的证书颁发机构（CA），它就可以信任该消息本身。

在本节中，我们将介绍 SCMS 的所有组件并说明它们的任务，激发它们的存在，并解释 SCMS 如何满足所有"V2X 通信安全系统的要求"。请注意，引入 SCMS 组件和 SCMS 用例是相关的。我们邀请感兴趣的读者在阅读"SCMS 用例"部分后再次回顾本节。

以下两个定义对于理解 SCMS 设计至关重要：

1）如果 SCMS 组件可以有一个完全不同的实例来正常运行，那么我们就在内部中心定义一个 SCMS 组件。

2）如果我们选择所考虑的系统实例中只有一个不同的实例，那么我们将组件定义为中心。

组件的不同实例具有不同的标识符，并且不共享加密材料。虽然只有一个 SCMS，但非中心的组件可以有多个实例。如果需要，我们假设所有组件都有负载平衡机制。

4.3.1 概述

图 4-1 所示为 SCMS 架构。SCMS 的每个组件都由一个单独的框架来描述。带有粗体边框的组件本质上处于中心位置。左上角标有"X"的组件提供通用的 V2X 功能，示例包括根 CA 和中部 CA。左上角标有"V/I"标记的组件提供单独的 V2V 和 V2I 功能，示例包括假名证书颁发机构（PCA）、注册管理机构（RA）或车载设备（OBE）。"I"标记仅涉及 V2I 通信的组件，例如路侧设备（RSE）。

SCMS 中有四种类型的连接：

1）实线代表常规、安全的通信，包括证书包。

2）虚线表示信任的证书链，即用于签名验证的信任链。请注意，该类连接的独特之处在于它并不意味着两个连接组件之间的数据传输。根据注册证书颁发机构（ECA）证书对注册证书进行验证，根据 PCA 证书对假名、应用程序和身份证明进行验证，根据证书撤销列表（CRL）生成器（不当行为授权机构 MA 的一部分）证书对证书撤销列表进行验证。

3）点画线表示带外通信，例如，RSE 和设备配置管理器（DCM）之间的线路。我们将在"自展程序"部分提供更详细的信息。

4）标有"LOP"的线通过位置模糊代理（LOP）。位置模糊代理是一个匿名程序代理，用于从请求中删除所有与位置相关的信息。

所有在线组件都使用受保护且可靠的通信通道相互通信，利用来自传输层安全性（TLS）套件的协议。某些元件与系统的其他部分（如根 CA、选举人）之间存在气隙。如果数据是通过不打算读取该数据的 SCMS 组件转发的（例如，链接授权机构生成的数据正在寻址假名 CA，但通过注册授权机构进行了路由），则在应用层对数据进行加密和认证。

从左到右查看图 4-1 是最有利的。我们展示了三对 RSE 和 OBE，它们属于同一类型，用于说明 SCMS 的不同用例。最左边的一对用于演示引导所需的连接，中间的一对显示证书配置和错误行为报告所需的连接，最右边的一对显示通过 CRL 存储检索 CRL 所需的连接。

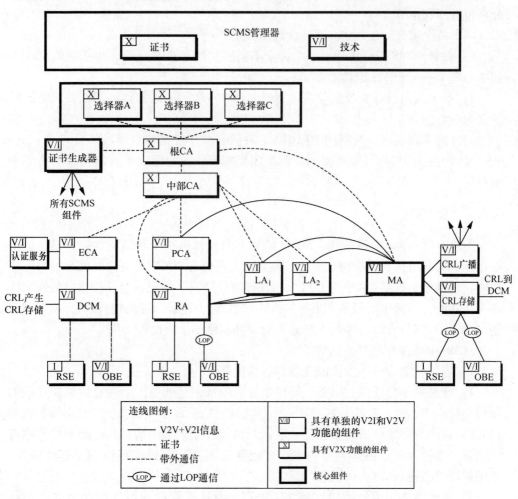

图 4-1 SCMS 架构

4.3.2 组件

SCMS 的组件包含以下几个部分：

1) SCMS 管理器：确保 SCMS 的有效性和公平运营，定义组织和技术政策，并根据程序为审查不当行为和撤销请求制定指导方针，以确保其正确和公平。

2）选举人代表 SCMS 的信任中心。选民签署支持或撤销 RCA 或其他选民的选票。SCMS 管理器将选票分发给所有 SCMS 组件，包括设备，以在 RCA 和选民中建立信任关系。选民拥有自签名证书，系统的所有实体都将隐式地信任初始选民。因此，所有实体一旦安装了初始设置，就必须保护选民免受未经授权的更改。

3）根证书颁发机构（RCA）：RCA 是 SCMS 中证书链顶部的根，因此是传统 PKI 意义上的信任锚。它为中部 CA 以及策略生成器和错误行为权限等 SCMS 组件颁发证书。RCA 拥有自签名证书，选民的法定投票表决建立了对 RCA 的信任。有关进一步说明，请参见"基于选择器的根管理"部分。实体通过验证从手边的证书到受信任的 RCA 链中的所有证书来验证任何证书。这个概念称为证书的链验证，是任何 PKI 的基本概念。如果 RCA 及其密钥不安全，则系统可能会受到危害。由于其重要性，RCA 通常在不处于活动状态时脱机。

4）策略生成器（PG）：维护和签署包含全局配置信息的全局策略文件（GPF）和包含 SCMS 的所有信任链的全局证书链文件（GCCF）的更新。

5）中间 CA（ICA）：此组件充当二级证书颁发机构，以保护根 CA 免受流量和攻击。根 CA 颁发中部 CA 证书。

6）注册证书机构：颁发注册证书，该证书充当设备对 RA 进行身份验证的通行证，例如，在请求证书时，不同的 ECA 可以为不同的地理区域、制造商或设备类型颁发注册证书。

7）设备配置管理器（DCM）：验证设备是否有资格接收注册证书的注册 CA（ECA），并在引导期间提供所有相关的配置设置和证书。

8）认证服务：指定认证过程，并提供有关哪些类型的设备经过认证可接收数字证书的信息。

9）设备：发送或接收 BSM 的终端实体（EE）单元，例如 OBE、售后安全设备（ASD）、RSE 或交通管理中心（TMC）后端（图中未标出）。

10）假名证书机构：向设备发布短期假名、身份证明和应用程序证书。例如，个人 PCA 可用于限于特定地理区域、特定制造商或设备类型。

11）注册机构（RA）：验证和处理来自设备的请求。通过这些请求，它向 PCA 创建个人假名证书请求。RA 实施机制，可以确保撤销的设备不会发布新的假名证书，并且在给定的时间段内不会颁发多于一组证书。此外，RA 还提供了有关设备的 SCMS 配置更改的经过身份验证的信息，其中可能包括更改其网络地址或证书的组件，或者转发由 SCMS 经理发出的策略决策。另外，当向 PCA 发送假名证书签名请求或向 MA 转发信息时，RA 对请求/报告进行洗牌，以防止 PCA 接受请求的序列作为那些证书可能属于同一批次和 MA 的指示，并防止 MA 确定记者的路线。

12）链接权限（LA）：生成预链接值，用于在证书中形成链接值并支持有效的撤销。SCMS 中有两个 LA，分别称为 LA_1 和 LA_2。这种拆分是为防止 LA 的操作链接属于特定设备的证书。有关进一步说明，请参阅"组织分离"的部分。

13）位置模糊代理（LOP）：通过更改源地址来隐藏请求设备的位置，从而阻止网络地址与位置的连接。

14）不当行为授权（MA）：处理不当行为报告，以识别设备可能存在的错误行为或故障，并在必要时撤销并将其添加到 CRL 中。它还启动了将证书标识符链接到相应的注册证书并将其添加到 RA 的内部黑名单的过程。MA 包含两个子组件：①全局错误行为检测，用于确定哪些设备行为不端；②CRL 生成器（CRLG），用于生成数字签名，并释放 CRL 到外部世界。

15）CRL 存储（CRLS）：存储和分发 CRL 的简单传递组件。

16）CRL 广播（CRLB）：一种简单的直通组件，通过 RSE 或卫星无线电系统广播当前的 CRL。

请注意，MA、PG 和 SCMS 经理是 SCMS 唯一的本质核心组件。

4.3.3 组织分离

SCMS 设计的一个目标是使用假名证书为 V2X 安全通信应用程序提供可接受的隐私级别。在 SCMS 设计中，不同的组件提供不同的逻辑功能。专用组织必须提供一些逻辑功能，以防止单个组织能够确定哪些假名证书属于某个设备。此功能允许攻击者通过将这些信息与捕获的无线消息相结合来跟踪车辆。

本节确定了哪些 SCMS 组件必须在组织上分离。一般规则是如果组件持有的组合信息允许内部人员确定哪些假名证书属于某个设备，则同一组织就不能运行两个组件。这导致了以下组织分离的特定要求：

1）PCA 和 RA：如果一个组织运行这两个组件，那么该组织将知道向哪个设备颁发了哪个假名证书。这背后的原因是 RA 知道证书对应的请求，而 PCA 知道相应的假名证书。

2）PCA 和其中一个 LA：如果一个组织运行 PCA 和任何一个（或两个）LA，它可以将所有假名证书（来自任何批次）链接发布到任何设备，因为 LA 知道进入证书集的一组预链接值，而 PCA 在证书生成时会看到这些预链接值。

3）LA_1 和 LA_2：如果一个组织同时运行了两个 LA，那么它将知道所有预链接值，并且有机会对它们进行异或操作，以获得链接值，这些值以明文形式出现在假名证书中。这将允许识别哪些假名证书属于同一个设备。

4）LOP 和 RA（或 MA）：LOP 分别对 RA 和 MA 隐藏设备的位置，不应该由单个组织共同运行这些组件。

5）MA 和 RA（LA 或 PCA）：任何一个组织都不应该将 MA 和任何 RA、LA 或 PCA 结合起来。如果结合起来，MA 可以在不当行为调查中规避限制，获得更多的信息，从而达到不当行为调查和撤销的目的。

当生成假名证书以外的其他证书类型时，则不需要特定的组织分离。

4.3.4 SCMS 用例

SCMS 支持四种主要用例：设备引导、证书供应、错误行为报告以及全局错误行为检测和撤销。用于提高证书请求效率的加密概念之一是蝴蝶密钥扩展算法。它减少了上传大小，允许在只有次优链接时发出请求，并减少了设备计算密钥的计算量。有关蝴蝶密钥扩展算法的详细说明，请参见文献 [8]。

4.3.4.1 自展程序

设备的生命周期开始于自展程序。自展程序含有设备与 SCMS 和其他设备通信所要求具备的所有信息。这就要求自展程序期间给设备提供正确的信息，并且认证机构只给通过认证的设备发行证书。任何自展程序都是合格的，才能保证安全地建立这些信息。

自展程序中包含设备、DCM、ECA 和认证服务组件。我们假设 DCM 已经建立了与其他 SCMS 部件之间的通信通道，例如 ECA 或策略生成器，并且可以在安全环境下与通过带外信道启动的设备进行通信。

自展程序由两个操作部分组成，即初始化和注册。此外，我们会接触到不同形式的重注册及其背后的激励。

初始化是设备获取证书的过程，设备需要证书才能信任接收到的信息。注册是设备获得注册证书的过程，设备需要通过注册证书向 SCMS 签署消息。

初始化过程中接收的信息有：

1) 所有选举人的证书、所有根证书，以及可能的中间证书和 PCA 证书以验证接收到的信息。

2) 违规行为机构、策略生成器和 CRL 生成器的证书，用于发送加密的违规行为报告，并验证接收到的策略文件和 CRL。

注册过程中，设备接收与 SCMS 交互所需的信息，并且积极参与 V2X 通信系统。其中包括：

1) 使用注册证书进行身份验证并向 RA 签署消息。

2) 用来验证注册证书的 ECA 证书。

3) RA 证书以及与 RA 联系的其他必需信息。

在注册过程中，认证服务给 DCM 提供关于设备模块的信息，这样才有资格进行注册。DCM 必须接收有关要注册的设备类型的可信信息，以确保只注册符合条件的设备。图 4-2 用 5 个步骤展现了典型的注册过程：步骤 1 是 DCM 接受设备的请求；步骤 2 是使用认证服务检查设备类型认证；步骤 3 和步骤 4 是从 ECA 检索注册证书；步骤 5 是将注册证书以及所有其他相关信息转发到设备。

基于多种原因，设备的重新注册是必需的。以下任何一种类型，我们都将其定义为重新注册：

1) 复原：如果通过将原始注册证书从 RA 的黑名单中删除来恢复设备，则设

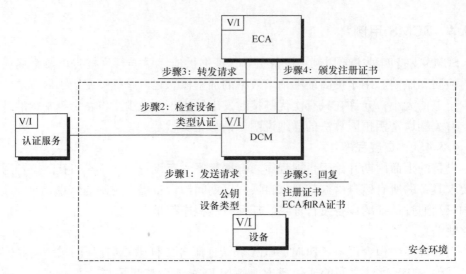

图 4-2　注册过程

备将恢复原注册证书。

2）重启：如果设备被擦除，则重新启动设备，并启动自展程序以颁发新的注册证书。这类似于出厂重置，并且需要在一个安全的环境下进行。

3）重新发行：如果再次使用注册证书的公钥来颁发新的注册证书，那么设备需要进行重新发行。设备保留所有的假名证书，并使用相同的蝴蝶密钥参数。

4）重建：如果可以远程验证设备的完整性，则重建设备，随后设备使用旧的注册证书请求一个新的注册证书来验证请求。在这个过程中，安全的环境不是必需的。

请注意，我们强烈建议只使用重启和重建，而不是使用复原或重新发行。

在以下情况下，设备的重新注册会很有效：

1）密码机制的改变：密码分析发展的进步可能导致必须要替换掉底层的加密算法。在未来几十年里，这可能是引入后量子密码算法的情况。在这种情况下，设备需要接收更新的固件，最好是通过无线接收，然后请求使用更新的加密方案的新注册证书。

2）通过 CRL 撤销设备：如果 MA 吊销了设备并在 CRL 上列出，则重启是唯一的选择。

3）注册证书滚动更新：限制注册证书的寿命是一个良好的实践，也是 SCMS 中的一种安全需求，这会导致需要通过无线方式转换为新的注册证书，相当于重新建立设备。如果 MA 还没吊销当前的注册证书，则设备仍可以申请新的注册证书。设备重新生成一对私钥/公钥，并将公钥包含在其向 RA 的证书滚动请求中。设备使用当前注册证书的私钥对更新请求进行数字签名。RA 确认这个请求，并传送给 ECA，随后 ECA 对所请求的含有新公钥的注册证书进行签名。

4）由于 ECA 吊销导致的设备吊销：如果 ECA 被吊销，那么设备现在持有无效的注册证书，如此一来，重新注册也就很重要了。作为标准方法，设备应该重启。重新建立持有被吊销 ECA 注册证书的设备会存在向恶意设备颁发新注册证书的风险。

5）根 CA 和 ICA 的吊销：如果根 CA 证书被吊销了，假定通过选举人建立新的根 CA 证书（参见"基于选举人根管理"一节），并且所有相关组件都已在新的根 CA 证书下配置了一个新证书。ECA 需要重新认证，如果有证据表明没有 ECA 妥协，则 SCMS 经理必须允许重新建立持有重新认证 ECA 颁发的注册证书的设备。否则的话，需要重启设备。

4.3.4.2 证书配置

OBE 假名证书的证书配置过程是 SCMS 中最复杂的配置过程，因为它必须保护终端用户的隐私并最大限度地减少资源受限设备所需的计算工作量。下面，我们重点介绍假名证书的配置过程，因为其他类型证书的配置都是相关功能的子集。图 4-3 所示为链接值计算，此过程是为了在抵御内外部的攻击中保护隐私。

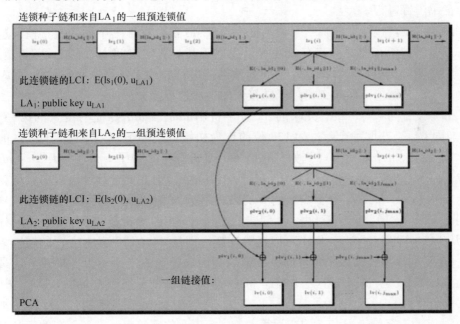

图 4-3　链接值计算

SCMS 的设计确保不存在任何单独组件知道或创建一套完整的数据，从而无法追踪车辆。RA 知晓请求假名证书的设备的注册证书，但即使 RA 给设备发放了假名证书，它也无法读取这些证书的内容，因为 PCA 会将它们加密。PCA 独立地创建了每一个假名证书，但它不知道证书的接收者，也不知道 RA 会将哪些证书发放给同一个设备。LA 生成隐藏的哈希链值，PCA 将它们嵌入到每个证书中作为所谓的链接值。MA 通过发布 CRL 上的密链种子对来使它们显现,该种子对可以有效地链接和吊销设备所有未来的假名证书。但是,单个 LA 无法通过链接证书或吊销设备来追踪设备,LA、PCA 和 RA 在吊销过程中需要进行协作。SCMS 中的隐私机制包括:

1) 隐藏物理地址:LOP 会隐藏终端设备的物理地址来实现对 RA 和 MA 的隐藏。

2) 对 RA 实现证书隐藏:蝴蝶密钥扩展过程确保没人可以将请求中的公钥种子与生成的证书关联。将证书加密可防止 RA 将设备与证书关联。

3) 对 PCA 隐藏接收者和证书链:RA 使用蝴蝶密钥扩展输入请求,并将这些请求拆分为单独证书的请求。然后,它会在所有请求发送给 PCA 之前对这些请求进行随即处理。这可防止 PCA 知道是否有其中两个证书请求属于同一个设备,这将使 PCA 链接证书。RA 应具有可随机处理的参数配置,例如,POC 随机处理 10000 个请求,或者一天的请求,无论先达到二者中的哪一种请求。

下面我们将解释链接值的概念,因为这对了解证书配置过程至关重要,随后将解释证书配置过程。

对于提供给设备的任何一个假名证书,SCMS 都会在证书中插入链接值,这些值可用于吊销所有证书,其有效性等于或迟于某一特定时间 i,例如,当前星期。PCA 通过与链接机构 LA_1 和 LA_2 生成的预链接进行异或来计算这些链接值。LA 可以提前生成预链值。图 4-3 概述了链接值的生成过程。

分别设置与 LA_1、LA_2 关联的 32 位字符串 $laid_1$、$laid_2$。证书设置的第一步,LA_1(同 LA_2)获取一个随机的 128 位的称为初始链接种子 ls_1(同 $ls_2(0)$)的数据串,然后,每个时间段(例如,一周)$i>0$ 计算链接种子 $ls_1(i) \leftarrow H_u[la-id_1 \parallel ls_1(i-1)]$(或者,$ls_2(i) \leftarrow H_u[la-id_2 \parallel ls_2(i-1)]$)。在此连续性过程中,$H_u(m)$ 中的 m 表示 SHA-256 哈希输出的 u 的最大字节,$a \parallel b$ 表示字符串 a 和 b 的串联。我们建议取 $u=16$。请注意,由 LA 创建的链接种子(即哈希链)具有易于正向计算(即从 $ls(i-1)$ 到 $ls(i)$),但不可以逆向计算(即从 $ls(i)$ 到 $ls(i-1)$)的属性。目前,LA 利用伪随机函数来计算前链接值。我们选择在戴维斯-迈耶模式下通过加密功能(如 AES)来实现这一功能。每个 LA 将链接种子加密为 $plv_x(i,j) \leftarrow [E(ls_x(i),(la_{idx} \parallel j)) \oplus (la_{idx} \parallel j)]_v$,$x \in \{1, 2\}$,其中 $E(k, m)$ 是密钥 k 和经 AES 加密的 m,$a \oplus b$ 为字符串 a 和 b 的或运算,$[a]_v$ 表示位字符串 a 的 v 个有效字节。我们建议灵活地使用 v 来计算已布置的设备和底层加密单元在抗碰撞方面的潜在弱点的数量。从目前来看,$v=9$ 就足够了。i 表示时间段(例如一周),j 表示时间段内的证书数量(例如,每周 20 个证书)。每个 LA 计算预链接值的方法相同,但每个都是使用随机选定的初始种子计算的。我们用 plv_1 和 plv_2 表示结果。为了从 LA 中选择一特定的链接链,我们可以使用链接链标识符(LCI)。LCI 是 LA_1 或 LA_2 分别加密的初始链接种子 $ls_1(0)$ 或 $ls_2(0)$,例如 $E[pk_1, ls_1(0)]$,其中 pk_1 是 LA_1

的公钥。

LA 分别为 PCA 加密预链接值,但将其发送给 RA 来与证书请求关联。PCA 异或预链接值来获取链接值,$lv = plv_1 \oplus plv_2$。当设备处理 CRL 时,过程类似。我们将在标题为"撤销和黑名单"的小节中介绍此过程的详细信息以及 CRLG 需要发布的信息。

PCA 通过异或 LA 中的两个预链接值来计算包含在证书中的链接值,这两个 LA 独立生成并对 PCA 进行加密,以防止 RA 与其中任何一个 LA 串通,并将预链接值映射到链接值。因此,单个组件不能够链接单个设备的假名证书。

PCA 创建证书,RA 收集这些证书并提供给设备下载。为了防止 RA 知道哪些证书属于同一个设备,PCA 给设备的每个证书都进行了加密。PCA 和设备使用蝴蝶密钥扩展过程来对每个证书用不同的密钥进行加密。

读者可以查阅文献 [8] 来获得链接值更详细的信息,包括合理长度的讨论。这篇文献还讨论了关于 SCMS 检索证书的错误绑定攻击。

假名证书配置流程的详细说明

下面,我们将详细描述图 4-4 所示的假名证书配置流程。

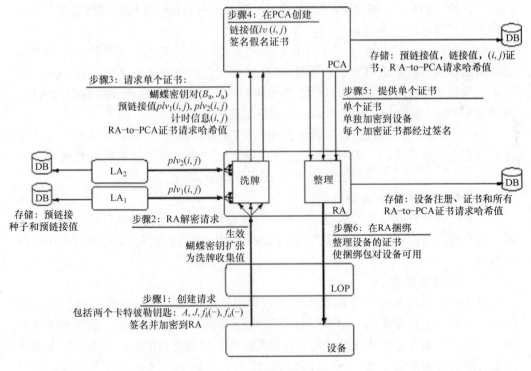

图 4-4 假名证书配置流程

1)步骤 1:设备通过生成蝴蝶密钥种子、使用注册证书对请求签名、附加其注册证书以及将请求加密到 RA 来创建假名证书配置请求。然后,设备通过 LOP 将请求发送到 RA。LOP 充当请求的传递设备。它通过将设备的标识符（例如 IP 地址）替换为自己的标识符，使请求对 RA 来说就像是来自于 LOP。LOP 的功能与许多因特网路由器中实现的伪装功能非常相似。

2）步骤 2：RA 解密请求，验证设备的注册证书，并验证设备是否被吊销。此外，它会检查这是否是设备的唯一请求。如果所有检查都没问题，RA 会如文献 [8] 所述，向设备发送确认信息并执行蝴蝶密钥扩展。否则，RA 将拒绝该请求。RA 收集来自不同设备的几个此类请求以及从 LA 接收到的预链接值集。一旦有足够的此类请求，RA 就会将单独的扩展请求转移到 PCA。请注意，在生成其他假名证书之前，RA 向每个 LA 请求与使用 LCI 的设备相关联的特定初始链接种子的预链接值来识别相应链接链。

3）步骤 3：RA 向 PCA 发送单个假名证书的请求，其中每个请求包括要签名的证书、响应加密公钥、来自每个 LA [$plv_1(i,j)$、$plv_2(i,j)$] 的加密预链接值以及 RA 到 PCA 假名证书请求的哈希值。

4）步骤 4：PCA 解密预链接值并计算链接值 $lv(i,j) = plv_1(i,j) \oplus plv_2(i,j)$。其次，它将链接值添加到要签名的证书中，并签名以创建假名证书，然后创建一个私钥重建值。随后，它使用响应加密密钥对假名证书和私钥重建值进行加密，这是蝴蝶密钥扩展过程的一部分。

5）步骤 5：PCA 对第 4 步中生成的加密数据包进行签名，并将其发送给 RA。对加密数据包进行签名可向设备保证 PCA 加密了数据包，这样可以防止中间人的攻击，即在 RA 的内部人员用 RA 已知密钥的另一把钥匙来替换有效响应的密钥，因此 RA 可能会看到假名证书的内容，包括链接值。

6）步骤 6：RA 收集包含假名证书和相应私钥重建值的加密包，为期 1 周，并将其打包送给给定设备，即所谓的批处理。然后，RA 将批量数据提供给设备以供下载。

4.3.4.3 移除异常设备

以有效方式移除异常设备是一个基本设计目标。我们将设备的移除分为以下阶段：①违规行为报告；②全面违规行为检测；③违规行为调查；④吊销存在违规行为的设备。

1. 违规行为报告

异常或受损设备的 V2V 信息中可能包含虚假或误导性信息。我们要区分违规行为是故意的还是无意的，后者包括设备的所有故障和错误情况。在这两种情况下，良性运行部分忽略异常设备的信息至关重要。实现此目的的一个方法是在设备上运行违规行为检测算法（本地违规行为检测）以识别存在违规行为的点。另一种方法就是向 SCMS 报告存在潜在违规行为的设备。SCMS 将运行违规行为检测算法，然后通知所有运行部分证书已不可信。在违规行为报告过程中，设备通过 RA 向 MA 发送违规行为报告。RA 将来自各部分的报告整合分类，以防 MA 基于报告来追踪报告者的路径。CAMP 项目目前定义了违规行为报告的格式。报告中将包含可疑和警报相关的 BSM 相关的假名证书、违规行为的类型以及报告部分的假名证书和自创建报告时起相应的签名。报告部分将报告加密发送给 MA。下面，我们将重点介绍 OBE 假名证书的全面违规行为检测和吊销过程。

2. 全面违规行为检测

全面违规行为检测（GMBD）是识别系统中潜在的违规行为、调查可疑活动，以及如果确认的话，吊销存在违规行为设备证书的总体过程。MA 拥有并可执行违规行为检测过程。CAMP 研究项目已经开发了一些 GMBD 算法。CAMP 将会将其整合到当前的 SCMS 应用中。但是，随着 V2X 的不断发展，新的威胁和违规行为也不断出现，预计随着时间的推移，还将继续开发和应用其他的算法。违规行为检测方法和算法被认为在 SCMS 生命周期中持续迭代。举一个违规行为的例子，一个恶意行为者故意将发送车辆的位置投射到左侧 3m 处（对于右侧驾驶的国家，则是右侧）。这些信息会对迎面而来的车辆发出警报，对面车辆将会检测到可能的违规行为。接收信息的车辆将会存储这些信息（假设有多个信息），并将其写入违规行为报告以及所有已定义的数据和详细说明中。它将加密报告提交给 MA，并且为了提交给 MA 而发送给 RA。因为其他车辆也检测存在违规行为的车辆，它们也会向 MA 发送违规行为报告。随着报告数量的增加，将会触发违规行为检测算法，并启动违规行为调查，这将可能导致恶意设备的证书被吊销。

值得注意的是，发送的车辆可以在本地处理这种违规行为。我们希望 OEM 和设备开发人员能够从多角度处理设备的违规行为，以此来检测和防止在安全应用中发送或使用恶意信息。

违规行为检测要求 MA 弄清是否众多的违规行为报告都指向同一设备，还要求 MA 收集它发布在 CRL 中的信息以吊销设备的证书。另外，MA 需要给 RA 提供执行黑名单所需的信息，从而阻止被吊销证书的设备获取新证书。SCMS 的设计需要以下组件进行协作以支持引入一种制衡形式的违规行为检测：

1）MA、PCA 和 LA 中的一个需要协作来重建链接信息。

2）MA、PCA、RA 和所有 LA 必须协作才能为 CRL 生成吊销信息。

3）MA、PCA 和 RA 必须协作来确认违规行为设备的注册证书，RA 会将该设备添加到黑名单中。

作为违规行为调查的一部分，MA 执行上述第 1 种协作以确定设备或设备组是否行为异常。MA 将一设备标记为异常后，MA 执行上述第 2 种协作和第 3 种协作作为吊销过程的一部分，以确定 CRL 的吊销信息以及 RA 添加到黑名单的注册证书。

3. 违规行为调查

违规行为调查是确定可疑活动是否真的会导致违规行为并且识别异常设备的过程。MA 中运行违规行为检测算法启动过程，该过程取决于 PCA 和一个 LA 的输入,这两部分将互相制衡。我们建议建立一种机制,限制 PCA 和 LA 接收的请求以及返回 MA 的信息量来尽可能获取最高级别的隐私保护。最后,我们建议 PCA 和 LA 保留每个请求的记录,并且 SCMS 经理定期审核这些日志文件。

下面,我们将介绍此过程的详细说明。请注意,前两个步骤是完整步骤的一部分,涵盖违规行为报告和全面违规行为检测。

1) 步骤 1:MA 接收违规行为报告,包括已报告的链接值为 $lv = plv_1 \oplus plv_2$ 的假名证书。

2) 步骤 2:MA 运行全面违规行为检测算法来确定可能存在的假名证书,即每个假名证书需要进行链接检索。

3) 步骤 3:MA 要求 PCA 将标识的假名证书的链接值 lv 映射到 PCA 数据库中相应加密的链接值(plv_1、plv_2)。PCA 将加密的预链接值返回 MA。

4) 步骤 4:MA 请求 LA_1 或 LA_2 以确定一组加密 plv_1(或 plv_2)是否指向同一个设备。只有当指向同一个设备的加密 plv 数量高于定义的阈值(例如 5 个)时,LA 才会响应。可能会采取其他保护措施,以减少返回给 MA 的信息量。

注:虽然上述步骤说明了基本的违规行为检测过程,但本书编写过程时,违规行为检测和调查过程仍在研究之中,研究重点是优化流程、改进隐私保护、识别恶意或串通举报部分等。

4.3.4.4 吊销和黑名单

如果 MA 在违规行为调查过程中确定设备真的存在异常,将会吊销设备并将其列入黑名单。下面,我们将详细说明与假名证书对应的链接种子和注册证书的识别过程。图 4-5 说明了此过程,前两个步骤与违规行为调查过程相同。

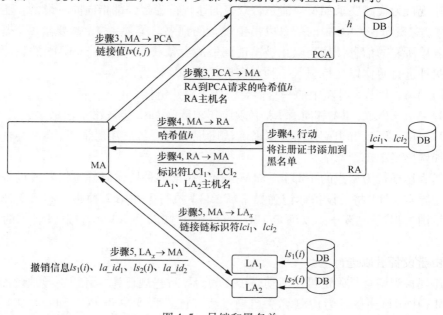

图 4-5 吊销和黑名单

1）步骤 3：MA 请求 PCA 将已确认的假名证书的链接值 lv 映射到 RA 至 PCA 假名证书请求的相应的哈希值。

2）步骤 4：MA 将 RA 至 PCA 假名证书请求的哈希值发送给 RA。RA 可以将哈希值映射到相应的注册证书并将其添加到黑名单中。RA 不向 MA 显示注册证书。MA 从 RA 接收以下信息，然后 MA 使用这些信息收集吊销所需的信息。

① 创建假名证书的关联值所涉及的 LA 的主机名。

② 每个 LA 的 LCI 数组。LA 可以使用 LCI 查找链接链和底层链接种子。RA 仅在设备拥有来自多个独立链接链的证书时才返回多个链接链标识符，我们认为这是一个特殊情况。

3）步骤 5：MA 请求 LA_1（或 LA_2）将 LCI lci_1 或 lci_2 映射到链接种子 $ls_1(i)$ 或 $ls_2(i)$，i 表示当前有效时间周期。两个 LA 都将链接种子返回给 MA。此外，每个 LA 向 MA 提供其链接权限 ID（$laid_i$）。请注意，给定链接种子 $ls_1(i)$ 以及对应的 $laid_i$ 后，只能计算前链接种子（即 $ls_1(j),j \geq i$），从而保持被吊销设备的后端隐私。

4）步骤 6：MA 将链接种子 ls_1 和 ls_2 以及对应的 LA 的 ID $laid_1$ 和 $laid_2$ 添加到 CRL 中。CRL 在全局中规定了当前时间段 i。出于效率的原因，CRL 会将具有相同 LA ID 对的条目分在一组以节省空白字节。

然后，MA 指示 CRLG 签署更新的 CRL 并将其发布。

CRL 的规模随着被吊销部分数量线性增长。假设所有的 OEM 将至少为 10000 个条目提供足够的存储空间，转换为文件大小来表示的话约为 400kB。因此，一个好的 CRL 设计应优先用信息标注这些条目，这些信息可以帮助设备识别这 10000 个条目：例如，这些条目可以用位置信息，或与设备相关联的违规行为的严重性，或私钥已公开的指示器来标注。在编写本书期间，最终版 CRL 仍处于研发中。IEEE 提供了初步设计方案。

注：目前无法撤销吊销命令，只有通过重启才能恢复已吊销的设备。

吊销与追踪

存在多个链接机构的价值在于可以防止内部人员获取可用于追踪车辆的信息，同时允许在受控情况下识别特定设备。在以下两种情况下这是很有用的：

1）吊销：如上所述，LA 通过 CRL 可实现有效吊销。

2）违规行为检测：如果违规行为检测过程中的一部分是检查使用不同证书签名的两条消息是否来自同一个设备，则 LA 可用于以隐私保护的方式支持此内部调查。在何种情况下，LA 应被允许向 MA 提供哪些信息，这仍是一个研究课题。

4.3.4.5 基于选举人的根管理

由于设备可以进行重新注册，那么设备如何在上一个证书有效期结束后或证书需要吊销情况下信任新的根 CA 证书呢？对初始根 CA 证书的信任是不可知的，因为它在设备启动期间安装于通过带外通信的安全环境中。一种方法是让设备重新处于安全环境中，并使用带外通信来安装新的根 CA 证书。但是，这不是最理想的方法，因为所需要的工作量以及在所有设备都安装了证书之前可能会使整个 V2X 系统出现部分障碍。

为了持续管理根 CA 证书和获得抵御任何级别危害的恢复能力，SCMS 需要自我修复能力，这意味着它要能够使自己处于一种状态，在该状态下，它可以承受其他单位的攻击或根 CA 有效期结束的情况。在尽可能保持设备运行的情况下进行恢复，即能够发送、接收和验证 V2X 信息，并能够在无需对设备进行物理访问的情况下复原系统结构。基于选举人的根管理是通过将分布式管理架构安装在 SCMS 根 CA 上来提供这些途径的解决方案。

1. 分布式管理以及选举人

分布式管理，如同民主制，本身包含取代既定等级制度的权力，并且不会屈服于单一的失败。选举人共同拥有改变和管理系统的信任关系的权力，SCMS 设计中添加了这个方案理念。在类似 SCMS 这样的系统中，选举人数应为 $2n+1$，n 是 SCMS 可以承受的选举人同时期满/妥协数。

与民主制度一样，基于选举人根管理引入了具有背书的选票。选民通过签署给定根 CA 或给选民的证书背书来投票。当投票达到有效选民背书的法定人数时，系统的任何部分都可以信任此次投票。

选举人不是 PKI 结构的一部分，因此它们可以使用与 SCMS PKI 不同的加密系统。事实上，每个选举人都可以使用不同的加密系统。在系统仍能进行自我修复的情况下，这增加了根 CA 或选举人证书因损坏的加密而遭到破坏的可能性。

生成的系统可能含有多个自签的根 CA 证书，每个证书都运行在信任链的顶部。通过投票对每个根 CA 证书进行认证，投票至少要达到未被吊销的选民法定票数。设备需要验证信任链直到根 CA 证书，此时它们必须验证未被吊销的选民是否信任该根 CA 证书。

2. 选票和背书

选民可以签署背书。投票包含以下几种背书类型：添加根 CA 证书、添加选民证书、吊销根 CA 证书以及吊销选民证书。

每个投票只包含其中一种背书。SCMS 组件，包括设备，接收通过 PG 发放的证书链文件添加证书的选票。它们通过 CRL 存储区发放的 CRL 接收吊销证书的选票。

所有组件都知道法定人数和初始选民组的证书，因此可以验证选票中的背书。验证选票后，该组件可以按照认可操作，从被信任的存储区添加或删除选票证书。

SCMS 经理将协调选票的制作。

3. 选票的结构

汇总所有独立选民背书的投票是一个 ASN.1 结构。此结构包含以下元素：
1）需要验证的根 CA 或选举人证书。

2）一系列的背书，每个背书包含：背书的类型、要验证证书的哈希 ID、验证的时间以及选举人的签名

注：投票的有效期隐含于已验证证书的有效期中。

4.4 关于 SCMS 概念替代方案的讨论

很多文章讨论了多种 V2X 安全系统的替代方案以及各自的优缺点。我们将给出从最基础的系统到更为详细的系统的综述，并重点介绍为什么 SCMS 是迄今为止唯一可行的方案。其中一些方案是 SCMS 的基本构造模块，经部分更改及完善以获得"V2X 通信安全系统的要求"一节中所阐述的必要特性。

4.4.1 对称密钥管理

对称密钥学使用相同的密钥进行加密和解密。因此，密钥需在参与者之间保持私有并且需要进行预先共享。尽管对称密钥加密算法比非对称密钥算法快得多，但是不适合用于 V2X 的环境中：

1）在具有对称密钥管理的系统中，至少有两个参与者（发送方和接收方）使用相同的密钥。在这样的系统中，真实性和不可否认性是不可能实现的，因为无法追溯到具体设备。这也使得违规行为检测和吊销是不可能实现的。

2）对称密钥可以预先共享，也可根据需要从网络上下载。由于存储空间限制，每对设备都预先共享唯一的密钥不太现实；按需下载它们需要普遍的链接关系。

3）如果对称密钥是预先共享的，它们将成为攻击者最有价值的目标。因为一旦获取访问权限，它们就可以进入系统。一旦发生这种情况，所有使用此密钥的合法设备都需要更改预先共享的密钥。同时，整个 V2X 系统开始变得不安全。

4.4.2 PKI 解决方案

公钥基础设施（PKI）解决方案使用对称密钥加密，并添加必要的基础结构以便可以临时安全地交换公钥：它建立了一个或多个发送方和接收方都信任的机构。权威机构核实发送方为有效参与者，并且确认它确实拥有私钥。它通过给相关联的公钥签名、使用包含公钥的数字证书或者附加信息（例如名称和有效期）以及机构的签名来使发送方合法。此证书体现了数字证书发放者（也被称为证书颁发机构 CA）与被认证的实体（此例中为发件人）之间存在的信任关系。

发送方将证书附加在其数字签名的信息中。接收方验证 CA 证书上的数字签名，只要接收方信任 CA 就可以确定发送方是合法有效的。接收方用证书的公钥验证发送方附加在信息上的签名和信息的合法性与完整性。

PKI 常会加入一些其他结构，例如，将确保只有合法的发送方才会获得证书和

通过发布证书吊销列表（CRL）来吊销的责任进行拆分。这使得它们处于一种证书制度中，其中最高权限为根权限。这样，位于较低级别的每个 CA 都有一个证书，包括一个由较高级别 CA 签名的公钥。根 CA 持有自签名证书，即使用私钥对其证书签名。所有参与到 PKI 中的部分都信任根 CA 以及次级 CA。

从安全角度来看，PKI 将是 V2X 安全系统的替代技术，因为它满足以下条件：
1) 只要发送方保持签名密钥私密，信任就会一直保持。
2) 只有有效的 V2X 参与者获得受信任的 PKI 机构签名的证书才会有效。
3) 接收方可以快速验证获得的信息。
4) PKI 会立即吊销已泄露的发送方。
5) PKI 会及时通知信息接收方吊销活动。

尽管所有的验证特征可能被从证书中删除，有些人称其为假名证书，但因为公钥不会更改，所以公钥仍可以作为验证特征在 V2X 系统中关联特定发送方的位置信息。因此，PKI 不符合附加的隐私要求。

4.4.3 组签名

如 Chaum 和 van Heyst 在文献 [15] 中的介绍，组签名是一种具有显著特征的数字签名：多个潜在签名者被视为组成一个组，每个签名者都可以代表组来签名。用整个群组的公钥来验证这个签名。只有专门的所谓的群组管理者（GM）才能将签名与签名者的身份连接在一起，为群组内的实际签名者以及外部验证者创造一定的匿名性。

在最基础的设置中，组签名系统结构由 GM 和多个群成员构成。GM 负责群组的初始化、许可，以及群组成员的吊销。

如文献 [16] 中的详细说明，在初始化阶段，GM 创建自己的私钥、群组公钥并定义群组参数。GM 使用私钥给群组成员发放特定的成员证书。成员证书代表着相应群组成员秘密签名的密钥，它可用于在任意消息上生成群组签名。有了签名，任何验证方都可以使用群组公钥来验证信息，由此可以验证签名方是否属于群组。在发生争议的情况下，群组管理者可以利用在成员证书配置阶段收集的信息打开组签名并识别签名者。必要的话，GM 可以吊销群组成员的成员证书。

与传统的数字签名相比，组签名扩大了安全性要求：
1) 不可伪造性：只有群组成员才可以创建有效的组签名。
2) 隐私性：没有 GM 私钥的话，单凭信息及其签名是无法确定签名者身份的。
3) 不可连接性：除了 GM，其他各方都不能链接由同一个签名者创建的两个或多个签名。
4) 溯源性：GM 可以通过有效的签名来追踪到创建签名的用户。
5) 无体系：即使所有的其他群组成员和 GM 串通，它们也无法为没有交互在一起的群组成员伪造签名。

6）无法伪造的追踪验证：GM 不可以错误地指控签名者创建了一个他并没有创建的签名。

7）联合抵制：互相串通的群组成员无法生成一个使 GM 链接不到它们的有效签名。

不可伪造性以及溯源性意味着只有 GM 才可以打破用户群组的匿名性。

这个基本概念允许存在多个不同的组签名方案，依据其功能可分为：静态组签名、动态组签名、具有可验证开度的组签名、具有分布式权限的组签名以及具有特殊属性的组签名。

4.4.3.1 静态组签名设计

静态组签名方案具有上述所有特征，但是群组成员的数量是在初始化期间设置的，且后续无法更改。这种类型的方案由四种主要算法组成：

1）密钥生成（由群组管理者执行）：此算法生成群组公钥、群组管理者私钥和群组成员秘密签名的密钥。

2）签名生成（由群组成员执行）：此算法使用群组成员的密钥创建签名。

3）签名认证（由任一验证者执行）：此算法验证签名是由群组成员使用公钥创建的。

4）开放（由群组管理者执行）：此算法使用群组管理者的密钥验证（有效的）组签名的创建者。

4.4.3.2 动态组签名设计

动态组签名方案允许按需接收新成员，并且不需要事先知道成员的数量。动态组签名的密钥生成算法与静态组签名的算法不一样。它只创建群组管理者的密钥和群组的公钥，而不创建成员的签名密钥。这一功能是用另一算法实现的，即加入（发生于群组管理者与潜在群组成员之间）：此算法中，创建签名密钥并将其安全地传送给群组成员。这种改进的加入算法还创建了一些信息，利用这些信息，群组管理者随后可以在打开算法中识别群组成员创建的组签名。

所有其他算法运行方式与在静态设计方案中一样。

动态组签名方案有另一个特性：除了增加群组成员，它们还可以提供通过组员资格吊销来移除群组成员的算法。另外两种算法可以实现此功能：

1）吊销（由群组管理者执行，例如，在执行打开算法识别违规行为的群组成员后）：此算法通过更新部分公共群组信息来指示特定群组成员的吊销。

2）更新（由仍需处理的群组成员实施）：此算法中，剩余的群组成员更新其签名私钥。

具有本地验证器吊销功能的组签名方案以不同的方式处理此操作：GM 发布一个吊销列表，被用于验证方在本地检查已吊销的签名者是否创建了给定的签名。其余成员不需要更新此方案中的密钥。

4.4.3.3 具有可验证开度的组签名

具有可验证开度的组签名方案多了另一个特征：静态和动态组签名方案都没有阻止群组管理者在开放算法期间错误地指控特定签名者创建了签名。因此，这需要完全信任中央机构，即群组管理者。作为对策，具有可验证开度的组签名会修改其开放算法，并要求群组管理者提供一些可公开验证的证明，证明已识别（和可能随后被吊销）的群组成员确实创建了具有争议的签名。此扩展需要其他额外的算法，即判断（由验证方使用群组管理者在开放算法中生成的证据来执行）：此算法用来验证有争议的签名方是否创建了有争议的签名。

许多具有可验证开度的计划利用公钥基础结构和签名者经过认证的公钥以公开可证明的方式识别它。此公钥与其群组成员资格证书相链接，并在执行与 GM 的"加入"算法期间使用。因此，至少需要一个额外算法，即用户密钥对生成（由每个用户实行）：在此算法中，每个用户使用合适的密钥生成算法生成它们的公钥/私钥对。

4.4.3.4 具有分布式权限的组签名

具有分布式权限的组签名机制可以使群组管理者的职责分离，比如，减少对群组管理者的信任度。这些方案允许拆分群组管理者的两个主要任务（管理群组成员和开放签名来验证签名者），因此可以用两个单独的机构分别实现其功能。颁发者是负责组成员身份管理（加入和吊销算法）的颁发机构，而开放者是负责标识签名者的机构。此类方案的安全属性反映了这种职责分离，因此发行方将无法识别签名者，而开放方将无法授予或撤销成员的资格证书。这些方案需要一个分布式密钥生成算法，该算法生成群组公钥、颁发者私钥和开放者的私钥，以及静态方案中群组所有成员生成的签名密钥。

4.4.3.5 具有特殊属性的组签名

还有其他的组签名方案，如群组盲签名、民主式组签名或调解式组签名，但它们不具有对潜在 V2X 安全系统有用的特性，这就是我们不进一步解释它们的原因。有关详细信息，请参考文献 [16]。

4.4.3.6 组签名的不足

从 V2X 系统的角度来看，组签名方案存在以下明显缺陷：

1）签名、密钥和组证书的体积明显大于使用椭圆曲线加密的传统非对称密钥加密方案（ECC）时的体积，这就导致交换信息设备的无线通信能力下降。

2）与 ECC 相比，计算能力要求更高。

3）群组管理者内部存有可通过签名来识别设备的信息，因此在对抗内部攻击时，达不到隐私保护的要求。

4.4.4 基于车辆的安全系统

基于文献 [18-20] 中建议在 V2X 系统中使用组签名的已有研究，有人提出了一种 V2X 安全系统，在此系统中，每个 OBE 都有自己的证书机构（CA）。根据文献［19］的研究，他们提出 OBE 可以通过椭圆数字签名算法（ECDSA）生成短期证书来给 V2X 签名。但是，为了使 OBE 证书颁发机构合法化，他们使用了动态组签名方案。他们将其称为基于车辆的安全系统（VBSS），设备自身可以生成 V2X 交流所需的证书。通过这种办法，他们在设备中获得匿名性，同时具备椭圆曲线加密的效率。他们提出的系统目标是：

1）减小支撑架构的体积并降低其复杂程度。
2）减小证书预配置所需的基础架构依赖关系。
3）通过加密提高假名性以及不可连接性。
4）保证 ECDSA 的性能。
5）无需通过 CRL 促成可拓展的吊销系统。
6）选择的组签名方案必须达到 SCMS 方案加密方案同等加密强度。

基本思想就是车辆通过符合条件的群组管理者执行加入算法而成为群组的一员，并在过程中获得私密签名密钥。

4.4.4.1 信息验证

（1）步骤　VBSS 中信息的创建与验证遵循以下步骤：

1）发送方创建类似于 SCMS 中用于假名证书的公钥/私钥对的 ECDSA 公钥/私钥对。
2）发送方用私密群组密钥给公钥签名来创建假名证书。
3）发送方使用与假名证书相关的私钥给信息签名并附加假名证书。
4）接收方使用附加的假名证书验证信息的签名，并使用群组管理者的群证书来验证假名证书中的组签名。
5）如果验证算法返回有效结果并且接收方信任群组管理者，接收方就建立了对信息的信任。

从群证书到根 CA 的信任链最初是合法的，类似于 SCMS 的信任链。下一小节将概述 VBSS 体系结构、初始信任的建立以及信任链。

（2）优化策略　与 SCMS 信息验证类似，有以下几种优化策略：

1）VBSS 方案可建立假名变更机制，允许发送方短时间（如5min）内使用相同的假名证书，而不是对每条信息都使用新的假名证书。

这允许接收方验证一次假名证书，缓存结果，每当它收到另一条具有相同假名证书的消息时，不再需要验证组签名和整个信任链。

这样一来，发送方就可以不用将假名证书附加到每条信息上，而是使用与 SCMS 系统中相同的速率（例如，2 次/s）来保存无线字节。

2）一旦接收方在特定群组证书中建立了信任，它就可以缓存结果，并且不需要验证整个信任链，直到群组证书来发生变化。

此方法使用组签名的 ECDSA 假名证书实现匿名，并且通过定期更改该证书来实现不可链接性。

4.4.4.2 体系架构

图4-6所示为VBSS体系架构。下面我们从上到下给出各部分的说明。

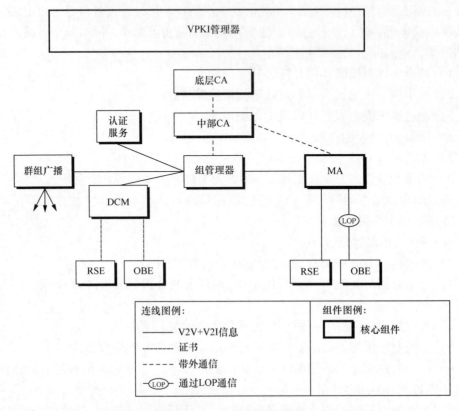

图4-6 VBSS体系架构

1) VPKI管理者（VPM）：与SCMS概念中的SCMS经理一样，是整个系统的管理机构。

2) 根证书颁发机构（RCA）、中间证书颁发机构（ICA）、认证服务（CS）和位置模糊代理（LOP）：等同于对应的SCMS组件。

3) 违规行为管理局（MA）和全球检测（GD）：类似于SCMS MA，区别在于在违规行为调查期间，MA与多个组件之间没有检查和平衡的区别，而只是向群组管理者寻求设备标识。

4) 设备配置管理器（DCM）：类似于SCMS DCM，它向群组管理者证明设备有资格获得群组签名密钥，并在连接算法期间提供所有相关配置设置和证书。

5) 群组管理者（GM）：组签名方案中定义的群组管理者，支持群组管理算法以及可验证开度的算法。更多信息见"群组管理"一节。

6) 群组广播（GB）：分发组凭据更新，例如在发生吊销的情况下。

与SCMS体系结构的相似性允许VBSS在符合其体系结构时接管SCMS的发展，例如，基于选举人的根管理。

4.4.4.3 群组管理

在VBSS中，GM对每辆车用于签署其自产假名证书的群组凭据进行初始化、分配和修改。在加入算法运行期间，GM根据群组划分方案将每辆车分配给单个组，并提供一个私密群组签名密钥，以及一组来自其他群组管理者的群组证书，用来允许车辆对来自其他群组设备的消息进行身份验证。GM通过GB定期更新，以此反映群组组成的变化。

群组划分方案由VPM定义，并将车辆群体划分为不相关联的组，例如按汽车制造商或地理区域划分。

由于GM知道群组成员的身份、密钥，并有权通过签名识别群组成员，因此文献［21］建议将责任和关键数据分开，以防止内部的隐私攻击。他们建议使用"分布式机构进行群组签名"来拆分GM的职责。此外，两个独立的机构应该以一种需要在开放算法期间交互的方式管理在开放算法期间使用的数据。这种方法类似于SCMS组织分离的概念（比较"组织分离"一节）。

VBSS使用广播组证书的策略和更新信息进行吊销。

4.4.4.4 VBSS与SCMS的比较

如"V2X通信安全系统的要求"一节中的定义，所述基于车辆的安全系统满足V2X通信系统所需的所有要求。它通过使用ECDSA签名确保完整性，并使用PKI信任链验证真实性，获得与SCMS类似的消息完整性和真实性。与SCMS比较，VBSS的一个优点是通过"按需"生成假名和完全减少假名的重复使用来更好地保护隐私。然而，根据证书更改策略和每周颁发的证书数量，SCMS要么需要创建许多可能不会使用的证书，要么同意一定程度的重复使用。因此，与SCMS相比，VBSS可以更好地满足在"V2X通信安全系统的要求"一节中的要求。随着群组管理者的拆分以及开放算法由两个不同的对象管理所需的数据拆分，这也满足了其最终需求。

但是，与SCMS相比，VBSS同样也有劣势：

1）获得对单个VBSS控制的攻击者可以无限制地生成证书，并使用它们模拟同一距离或远距离地点的多个车辆，这被称为姬（Sybil）攻击。攻击者可以持续该工作，直到违规行为检测捕获到它，然后从群组凭据中删除其密钥，并且每个设备都要更新其群组凭据。

2）VBSS概念中建议将组管理器拆分为多个部分，以区分加入和开放算法，这需要多方为开放算法进行协作，并防止系统中的某个对象突破隐私保护。但是，群组管理者仍可以只通过更改群组凭据来随意吊销传播媒介，而不需要通过违规行为检测机构。相反，SCMS具有相互制衡和需要交互以生成用于吊销的信息的多个组件。

3）与通过 ECDSA 给空中信息签名的简单群组签名方法相比，VBSS 优化了无线传输带宽。但是，群组证书中的组签名仍比 SCMS 中的 PCA 签名长：SCMS 为带有 ECDSA 签名的假名证书增加了大约 155B 到 BSM 的 39B 中，而 VBSS 为带有组签名的假名证书增加了 322B。这意味着在 VBSS 系统中，无线 BSM 将大约增长两倍。在需要设备以 10Hz 频率发送的 BMS 系统中，即使是只在每 5 条消息中添加完整证书这样的策略，对 SCMS 来说也会导致 700B/s 的结果，而 VBSS 仅为 1034B/s。如果给定了通信通道的容量，这将导致能够在近距离内相互通信的设备的最大数量减少。

4）组签名的硬件支持：有一些具有特定应用集成电路芯片的 HSM 可满足汽车需求，并在每秒至少生成 10 个 ECDSA 签名和 2000 个 ECDSA 验证等，但尚没有针对组签名的此类硬件支持，这导致每个设备需要更高的成本。

5）在编写本书时，学术界对组签名进行了深入的研究，但仍缺少行业和供应商的支持。

4.5 结论

本章介绍了 V2X 通信的安全证书管理系统，解释了该系统必须满足哪些要求，以及所提出的概念如何满足这些要求。此外，还展示了 SCMS 如何管理隐私和安全之间的平衡，并解释了其针对高效工作的独特的设计特点。最后，我们回顾了现有方案，并指出了与 SCMS 相比的优缺点。在编写本书时，SCMS 是 V2X 通信系统的唯一可行方案，也是实际部署的领先技术候选方案。

4.6 致谢

本章作者为 SCMS 做出了很多贡献，但他们更乐意将自己当作 SCMS 的大使而不是发明者。SCMS 是众多团体及个人努力的结晶，其中包括美国交通部（US-DOT）、车祸规避标准度量伙伴关系汽车安全联盟（CAMP）和汽车基础设施整合联盟（VIIC）。SCMS 的主要设计者是 CAMP 的汽车通信安全团队，该团队主要由汽车制造商代表和工业及学术界的专家组成。

4.7 参考文献

1. Bißmeyer, N. et al., 2011. *A generic public key infrastructure for securing car-to-x communication.* s.l., s.n.
2. ETSI, 2010a. *TR 102 893 V1.1.1 (2010-03) Intelligent Transport Systems (ITS); Security; Threat, Vulnerability and Risk Analysis (TVRA)*, s.l.: s.n.
3. ETSI, 2010b. *TS 102 731V1.1.1 (2010-09) Intelligent Transport Systems (ITS); Security; Security Services and Architecture.*, s.l.: s.n.
4. ETSI, 2012. *TS 102 867 v1.1.1 (2012-06) Intelligent Transportation Systems (ITS); Security;*

Stage 3 mapping for IEEE 1609.2., s.l.: s.n.
5. IEEE Vehicular Technology Society, 2013. *1609.2. Annex E.4.1: Why sign data instead of using a message authentication code?*, s.l.: s.n.
6. Kung, A., 2008. *Secure Vehicle Communication. Security Architecture and Mechanisms for V2V/V2I.*, s.l.: s.n.
7. USDOT, 2006. *Vehicle Safety Communications Project. Final Report 2006. Appendix H*, s.l.: U.S. Department of Transportation, National Highway Traffic Safety Administration.
8. Brecht, B. et al., 2018. A Security Credential Management System for V2X Communications. *IEEE Transactions on Intelligent Transport Systems.*
9. Whyte, W., Weimerskirch, A., Kumar, V. & Hehn, T., 2013. *A security credential management system for V2V communications.* s.l., s.n., pp. 1–8.
10. USDOT, U. S. D. o. T. -. I. J. P. O., 2016. *Connected Vehicle Pilot Deployment Program.* [Online] Available at: https://www.its.dot.gov/pilots/ [Accessed 16 October 2017].
11. Saltzer, J. H. & Schroeder, M. D., 1975. The Protection of Information in Computer Systems. *Proceedings of the IEEE 63*, September, 63(9), pp. 1278–1308.
12. Cavoukian, A., 2011. *Privacy by Design. The 7 Foundational Principles.*, s.l.: s.n.
13. Dierks, T. & Rescorla, E., 2008. *RFC 5246 - The Transport Layer Security (TLS) Protocol*, s.l.: IETF - Network Working Group.
14. IEEE, 2016. *IEEE Std 1609.2-2016 - IEEE Standard for Wireless Access in Vehicular Environments–Security Services for Applications and Management Messages*, s.l.: IEEE.
15. Chaum, D. & Van Heyst, E., 1991. *Group Signatures.* s.l., Springer, pp. 257–265.
16. Manulis, M. et al., 2012. *Group Signatures: Authentication with Privacy*, s.l.: s.n.
17. Carter, J. & Zhang, J., 2015. *Analysis of Vehicle-Based Security Operations.* Gothenburg, Sweden, s.n.
18. Boneh, D., Boyen, X. & Shacham, H., 2004. *Short Group Signatures.* s.l., Springer, pp. 41–55.
19. Calandriello, G., Papdimimitratos, P., Hubaux, J.-P. & Lioy, A., 2011. *On the Performance of Secure Vehicular Communication Systems.* s.l., IEEE, pp. 898–912.
20. Malina, L. et al., 2015. Efficient group signatures for privacy-preserving vehicular networks. *Telecommunication Systems*, 58(4), pp. 293–311.
21. Carter, J. & Paul, N., 2016. *Towards a Scalable Group Vehicle-based Security System.* Ann Arbor, MI, USA, s.n.
22. Ateniese, G., Song, D. & Tsudik, G., 2003. *Quasi-Efficient Revocation of Group Signatures.* s.l., Springer, pp. 183–197.
23. Boneh, D. & Shacham, H., 2004. *Group Signatures with Verifier-Local Revocation.* s.l., ACM, pp. 168–177.
24. Camenisch, J. & Lysyanskaya, A., 2001. *Dynamic Accumulators and Application to Efficient Revocation of Anonymous Credentials.* s.l., Springer, pp. 257–265.
25. Nakanishi, T. & Funabiki, N., 2005. *A Short Verifier-Local Revocation Group Signature Scheme with Backward Unlinkability from Bilinear Maps.* s.l., Springer, pp. 533–548.
26. Douceur, J. R., 2002. *The Sybil Attack.* London, UK, UK, Springer-Verlag, pp. 251–260.

第 5 章

V2V安全通信

5.1 V2V 概述

美国高速公路安全管理局（NHTSA）一直对 V2V 通信很感兴趣，并将其作为解决车辆碰撞导致死亡的下一步计划。如今的避撞技术依赖于车载传感器，如摄像头和雷达，为安全应用提供感知输入。这些程序警告驾驶员即将到来的危险，有时甚至可以接替驾驶员采取行动。然而，即使是这样的技术也不能"预测"事故的发生，因为车辆如果不是离得很近或者不在驾驶员驾驶视野中的话，这很难做到。如若存在一种可以"看到"另一辆车或障碍（如建筑物）并预测危险的技术，则可以填补这些空白，这会大大减少车祸数量。与当前的车载传感器相比，V2V 通信可使车辆能够相互通信，从而在更远的距离外看到转弯处和障碍物。据估计，V2X 通信可以避免高达 80% 的碰撞事故。通过规则建议通知（NPRM），NHTSA 正努力实现 V2V 通信的标准化，并可能通过 V2V 系统用 DSRC 播报车辆数据（如 GPS 坐标、速度和加速度）。

车辆需要车载单元（OBU）与同样配备 OBU 的其他车辆建立 V2V 通信，或者与配备路侧单元（RSU）的交通基础设施建立 V2I 通信。通常，OBU 具有用于传输和接收的 DSRC 无线电、GNSS 接收器、处理器和用于获取车辆数据的多个接口（如 CAN、以太网和 GPS）。

V2V 通信中的基本信息称为基本安全信息（BSM）。BSM 是一种广播信息，通常以高达 10 次/s 的频率传输。BSM 的内容包含车辆信息，如车速、位置和制动状态。

安全应用使用来自 BSM 的远程车辆（RV）数据和来自 OBU 接口如 CAN 和 GNSS 的宿主车辆（HV）的数据来预测潜在的碰撞并提醒驾驶员。V2V 消息也可能与雷达、激光雷达和摄像头等车载传感器相结合，从而在一定程度上提高安全应用甚至自动驾驶车辆检测的可靠性。

重要的是要明白，V2V 只能避免涉及不止一辆车的碰撞。提倡使用基于 V2V 技术的主要动机是 NHTSA 估计该技术可以避免大量的撞车事故。在所有碰撞中（约 340 万起），62% 是轻型车之间的碰撞。这些事故造成的经济及综合成本分别约为 1090 亿美元和 319 亿美元。NHTSA 对 2010—2013 年的数据进行分析后，列出了 V2V 可以处理的十大预碰撞方案（表 5-1）。然后确定这 10 种情况可以用以下 6

个安全应用来处理：①前方碰撞警告（FCW）；②电子紧急制动灯（EEBL）；③交叉口移动辅助（IMA）；④禁止通行警告（DNPW）；⑤盲点警告/变道警告（BSW/LCW）；⑥左转辅助（LTA）。这些应用在密歇根大学交通研究所（UMTRI）执行的网联车辆安全试点部署计划中被证明是可以减轻和防止潜在事故的。

表 5-1 与预碰撞相关的安全应用

预碰撞情景	预碰撞组	相关的安全应用
引导车辆停止	后端	前方碰撞警告
引导车辆移动	后端	前方碰撞警告
引导车辆减速	后端	前方碰撞警告/应急电子制动灯
不设交通灯的直行交叉道	交叉路口	交叉口移动辅助
左转穿过路径/反方向	在十字路口左转	左转辅助
反方向/无机动	反方向	禁止通行警告
反方向/机动	反方向	禁止通行警告
变换车道/同一方向	车道变换	盲点警告/变道警告
转向/相同方向	车道变换	盲点警告/变道警告
漂移/相同方向	车道变换	盲点警告/变道警告

5.2 NHTSA 的 V2V NPRM

NHTSA 已提议授权在专用短距离通信（DSRC）的新型轻型车辆上使用 V2V 通信系统，并如文献 [2] 中定义，将基本安全信息（BSM）等信息标准化。标准化 V2V 信息的格式将确保所有车辆都使用"通用语言"，并将使汽车制造商能够开发安全应用，这将对减少事故和死亡人数产生重大影响。

5.2.1 传输要求

要使 V2V 设备可以预防事故的发生，它们应该能够以可相互交换信息的方式进行 V2V 信息的播报。为了确保互通性，NHTSA 提出了基于 DSRC 的性能要求，并归纳见表 5-2、表 5-3 和表 5-4。

表 5-2 DSRC 传输范围和可靠性

项 目	描 述
纵向/横向范围	最小 300m 的传输范围
高程传输性能	所有方向的传输（360°） 仰角 -6° ~ +10°
数据包错误率（PER）	低于 10%
车辆上的天线位置，天线极化和发射功率	足够满足范围要求

表 5-3 信道和数据速率

项 目	描 述
频道使用情况	通道 172 上的基本安全消息传输
所需的数据速率	设备需要 6Mbit/s
建议的备用数据速率	信道忙碌率低于 50%：9Mbit/s 信道忙碌率高于 50%：18Mbit/s，直到信道忙碌率低于 20%

表 5-4 DSRC 传输性能的其他方面

项 目	描 述
BSM 传输的时间（由数据单元监控，在 BSM 内为 DE_DSecond）	DE_DSecond 应精确到与 UTC 时间相差 1ms 内 从传输 BSM 的 UTC 时间起，DE_DSecond 的值应小于 150ms
传输频率	在非拥挤的条件下 10 次/s

5.2.2 V2V 基本安全信息

基本安全信息（BSM）的内容需要明确定义，以确保应用程序设计人员知道可用的确切信息集以及其单元和每个信息元素的准确程度。SAE J2735 标准详细说明了信息集、数据帧和数据元素，以支持 DSRC 应用程序之间的互通性。SAE J2735 标准中定义的 BSM 的抽象语法符号 1（ASN.1）表示形式如下所示。

BasicSafetyMessage ::= SEQUENCE{
　--Part Ⅰ, Sent at all time with each message
CoreDataBSMcoreData, --Part Ⅱ Content
Part Ⅱ　　　　SEQUENCE（SIZE（1..8）OF
Part Ⅱ content {{BSMpart Ⅱ Extension}} OPTIONAL,
　Regional　　SEQUENCE（SIZE（1..4））OF
RegionalExtension {{REGION. Reg - BasicSafetyMessage}} OPTIONAL,
　…
}

在每条消息中都包含有 BSM（BSM 核心数据）的第一部分（Part Ⅰ）数据，ASN.1 第一部分数据的表示形式如下所示。第二部分（Part Ⅱ）数据是可选的，并根据需要包含在 BSM 中。

BSMcoreData ::= SEQUENCE{
msgCntMsgCount,
id　　　　　TemporarayID,
secMarkDSecond,

```
    lat             Latitude,
    long            Longitude,
    elev            Elevation,
    accuracy        PositionalAccuracy,
    transmission    TransmissionState,
    speed           Speed,
    heading         Heading,
    angle           SteeringWheelAngle,
    accelSet        AccelerationSet4Way,
    brakes          BrakeSystemStatus,
    size            VehicleSize
    }
--BSM PartⅡ content support
PARTⅡ-EXT-ID-AND-TYPE ::= CLASS {
&id       PartⅡ-Id UNIQUE,
&Type
}WITH SYNTAX {&Type IDENTIFIED BY &id}
PartⅡ content    { PARTⅡ-EXT-ID-AND-TYPE:Set } ::= SEQUENCE {
partⅡ-Id         PARTⅡ-EXT-ID-AND-TYPE.&id ({Set}),
partⅡ-Value      PARTⅡ-EXT-ID-AND-TYPE.&Type ({Set}{@partⅡ-Id})
}
PartⅡ-Id ::= INTEGER (0..63)
vehicleSafetyExtPartⅡ-Id ::= 0 -- VehicleSafetyExtensions
specialVehicleExtPartⅡ-Id ::= 1 -- SpecialVehicleExtensions
supplementalVehicleExtPartⅡ-Id ::= 2 -- SupplementalVehicleExtensions
--NOTE :new registered PartⅡ content IDs will be denoted here
--In a given message there may be multiple extension present
--but at most one instance of each extension type.
BSMpartⅡExtension    PARTⅡ-EXT-ID-AND-TYPE ::= {
  {VehicleSafetyExtensions          IDENTIFIED BY vehicleSafetyExt }|
  {SpecialVehicleExtensions         IDENTIFIED BY specialVehicleExt}|
  {SupplementalVehicleExtensions    IDENTIFIED BY
    supplementalVehicleExt},
  ...
}
```

有关上述每个数据元素的详细信息见文献[2]。下面给出几个关键的 BSM 内容要求，见表 5-5。

表 5-5 关键的 BSM 内容要求

数据元素	要 求
时间	一分钟内几毫秒（UTC 标准） – 实际时间 ±1ms 内
位置（经纬度）	在 HDOP <5 且绝对误差为 1sigma 时，经纬度在实际位置 1.5m 范围内
位置（海拔）	在实际位置 3m 内
速度	精度 0.28m/s（1km/h）内
朝向	速度 >12.5m/s，精度在 2°以内 速度 <12.5m/s，精度在 3°以内
加速度（纵向和横向加速度）	纵向和横向精确到 0.3m/s²，垂直加速度精度 1m/s²
加速度（偏航率）	精度在 0.5°/s 内
舵轮角度	显示舵轮角度方向在实际舵轮角度误差 5°以内
车辆大小	车长和车宽在标准值允许 0.2m 误差内
车辆安全扩展（路径历史）	提供简明的车辆最近行驶状态，精度最少 23 点，并要求通过 BSM 传输
车辆安全扩展（路径预测）	垂直距离 –1m；半径误差 –2%；传输时间 4s

5.2.3 V2V 通信中的安全和隐私

V2V 通信需要解决多个安全和隐私方面的挑战。违规行为极有可能在后续出现。黑客可以在车载网络中发送错误信息，从而影响其他驾驶员的行为。他们还可以通过使用虚假身份来假装是其他车辆。黑客攻击网络的另一种方式是通过信道干扰和主动注入假消息。对于安全应用来说，获得准确的信息以预测碰撞的可能性至关重要。不准确的信息可能会触发错误警报，并可能导致驾驶员对警报系统的信任降低。此外，错误警报还可能会增加安全风险。隐私是另一个需要解决的问题。车辆广播信息，如其当前位置、行驶方向和速度，此类信息不应与车辆识别相关联，这样隐私才可以得到保护。

NHTSA 建议使用公共密钥基础设施（PKI）方法进行消息身份验证。此方法基于安全证书管理系统（SCMS），该系统使用 PKI 数字签名来签署和验证基础安全消息。发送设备给 BSM 签名来验证自己是准确的信息来源。另一方面，接收设备会验证 BSM，以确保它们是由经过身份验证的源发送的。对于签名，发送设备使用消息内容、时间戳和私钥的组合来生成签名，首先创建消息内容和时间戳的哈希值，然后使用椭圆曲线数字签名算法（ECDSA）对它们进行编码。设备还附加了与用于签名消息的私钥、签名的有效期和假名证书颁发机构（PCA）的签名对应的公钥。SCMS 中称为假名证书的 PCA 的签名允许消息接收方验证发送方是否有权发送 BSM。接收方还需要验证假名证书没有列在证书吊销列表（CRL）中。

5.3 DSRC 协议栈和底层标准

图 5-1 所示为 DSRC 协议堆栈及相关标准。标准定义了数据如何从一个 V2V 设备到另一设备的传输以及编译。

从下至上,DSRC 协议堆栈从无线电级别开始,并展示了原始数据如何通过 V2V 无线网络传输。这一层也给下一层提供接收的数据,然后下一层将数据整理成网络帧。在 IEEE 802.11p 中有说明这两层。IEEE 1069 WAVE 堆栈是基于 IEEE 802.11p 构建的,并且定义了更高级别的标准。

图 5-1 DSRC 协议堆栈及相关标准

下面简要介绍基于 DSRC 的车辆安全基础的基本标准。

1. IEEE 1069.0:车辆间的无线网络传输(WAVE)架构指南

IEEE 1069.0 标准是一个架构指南。它描述了整组 1609 标准及它们之间的关系,还有其他的一些相关标准,如 IEEE 802.11p 和 SAE J2735。这份指南描述了 1069 标准应该如何协调工作,还提供了有关协议体系架构、接口、频谱分配和设备角色的指导。

2. IEEE 1069.2:应用程序和管理信息的安全服务

安全应用程序基于交换的 V2V 信息,因此避免信息受到诸如窃听、欺骗、修改和重播等攻击非常重要。这个标准定义了安全信息的框架以及步骤,也定义了不安全信息交换的环境,以及根据交换目的如何处理这些信息。

3. IEEE 1069.3:网络服务

这个标准定义了网络和传输层服务,包括寻址和路由。它详细说明了应用程序和用于传输或接收的 IEEE 1069.4 之间如何组合,打包和处理各种信息类型(如 WAVE 短信息、WAVE 服务通知、WAVE 路由通知)。它还介绍了如何构建、路由、处理和解释 WAVE 低延迟信息，以及其他基于已知协议（如用户数据报协议（UDP）和 Internet 协议版本 6（IPv6）的信息。

4. IEEE 1069.4：多通道操作

此标准描述 WAVE 的多通道无线电操作。它描述了如何实现一些功能，例如用户优先访问媒体、在带有所需传输参数的正确通道上传输数据包，以及协调控制通道和服务通道之间的交换能力。

5. IEEE 1069.12：标识符分配

此标准描述提供程序服务标识符（PSID）的格式和使用，并标明已分配给 WAVE 系统使用的标识符值。

6. IEEE 802.11p：WAVE 的中部访问控制和物理层规范

此标准定义了支持 V2V 安全应用所需的 802.11 增强功能。它详细说明了以 5.9GHz 运行的 DSRC 的物理层。对于 V2V 应用来说，需要考虑高速行驶的车辆之间的信息交换。为了适应车辆之间的快速信息交换，IEEE 802.11p 是 802.11 的修订版，可以无须设置基本服务集来运行。

7. SAE J2735：信息集字典

SAE J2735 标准详细说明了消息集、数据帧和数据元，专门用于 WAVE 通信系统的 5.9GHz DSRC 的应用程序。此标准的目的是支持 DSRC 应用程序之间的互通性。

8. SAE J2945/1：V2V 安全系统的车载要求

这个标准详细说明了轻型车辆的车载 V2V 交互系统要求，其中包括标准配置、功能要求以及性能要求。通过满足车载系统要求，以确保在 V2V 安全系统中 BSM 的交换提供互通性和数据完整性，从而支持设想安全应用的性能。

5.4 系统架构

图 5-2 所示为典型的基于 DSRC 的 V2V 车载系统架构。硬件至少包括处理器、用于传输和接收 V2V 消息的 DSRC 无线电、用于接收位置信息的 GPS 模块以及用于支持整个系统的较少的外围设备和接口。车载装置使用 CAN 模块引入车辆数据，如速度、倾斜率和方向盘角度。硬件安全模块（HSM）是 OBU 管理车辆安全证书、防止设备篡改和总线探测所需的另一个重要模块。某些 GPS 单元集成了惯性管理单元（IMU）或连接 IMU 的接口，可以提供速度、滚动、颠簸和航向等信息。

主板支持包（BSP）是负责硬件执行指定操作使 OS 正常开机运行的软件。BSP 和驱动程序为硬件组件提供支持，并为中间件堆栈提供可访问的途径。中间件堆栈负责提供信息编码和解码、签名和验证 BSM、网络和传输服务等上层标准。它以程序开发人员可以理解的方式将接收的 V2V 信息数据提供给应用程序层。它还为程序层使用底层服务提供程序接口（API），并且使程序员开发变得更为简易。

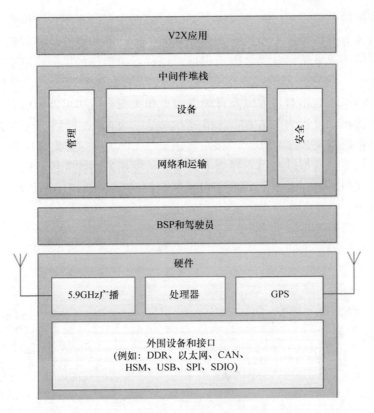

图 5-2 基于 DSRC 的 V2V 车载系统架构

5.5 V2V 安全应用的程序流程和所需组件

图 5-3 所示为 V2V 安全应用程序流程，展现了多线程环境下的两个主要过程。对于发送 BSM，DSRC 堆栈可能每 100ms 提供一个回调函数（或在两条 BSM 中指定一段时间），也可以设置一个计时器，每 100ms 超时一次并调用一个函数。然后可以从 GPS 和 CAN 接口检索车辆信息，需要计算路径记录（PH）等数据元的值。一旦数据都可用，基本安全信息将按照文献［2］生成。然后，消息在每一层进行编码，并由堆栈基于按标准规定的 ASN.1 数据包编码规则在 DSRC 上传输（例如，SAE J2735 指定有效负载的 UPER ASN 编码）。

图 5-3 中显示的程序流程的另一部分负责接收 BSM 和碰撞可能性的确定。DSRC 软件堆栈提供了一个回调函数，该函数在每次接收到 BSM 时执行回调的功能。该堆栈还生成了一个可供应用程序开发人员使用并且包含与远程车辆（RV）对应的所有 BSM 数据元素的结构。宿主车辆（HV）数据可从 GPS 和 CAN 等车载接口获取。一旦获取宿主和远程车辆的信息，就可以执行检测碰撞可能性的算法。

任何安全应用的主要要求之一为目标分类,对临近主车的车辆进行位置和方向的基本分类。目标分类需要进一步执行如路径预测半径计算和道路预测置信度计算。行驶记录也可用于改进目标分类,因为根据对以往习惯操作的推断可以更准确地预测下一步操作。

根据远程车辆的相对位置以及行驶方向,相关安全应用可能会启动。例如,如果远程车辆的相对位置为"左前",相对方向是"反向",随后唯一相关的安全应用程序是禁止通行警告(DNPW)和左转辅助(LTA)。一旦我们从所有安全应用程序中获得结果,就可以在用户界面上向驾驶员发出最高优先级的警告。例如,前方碰撞警告(FCW)的优先级将高于电子紧急制动灯(EEBL),因为 FCW 应对碰撞的时间较短。

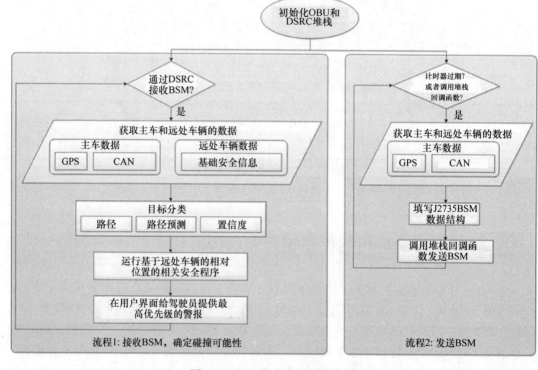

图 5-3　V2V 安全应用程序流程

5.5.1　路径记录

路径记录(PH)是用一组简略数据表示的 HV 的实际路径。这组简略数据是所选实际元素的采样子集,因此实际车辆路径上任意两点或横梁连接的两点之间的垂直距离小于校准参数(1m)。包含简略数据的缓冲区的大小应确保使用缓冲区元素计算出的 PH 距离至少要达到另一标准参数(300m)定义的某一最小长度。标准 SAE J2945/1 规定了三种计算行驶路径样点的方法。

图 5-4 所示为车辆实际路径和简略路径记录数据，计算这些数据至少需要堆栈中 300 个车辆的实际数据信息。

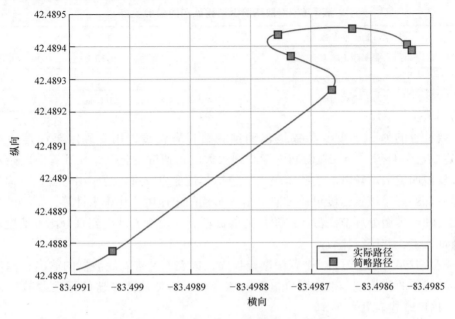

图 5-4　车辆实际路径和简略路径记录数据

5.5.2　宿主车辆路径预测（HVPP）

路径预测是一种判断车辆行驶方向的方法。预测车辆未来行驶轨迹对于给远程车辆的相对位置进行分类很有用。轨迹可以用圆表示，半径为 R，原点在 $(0, R)$ 处。从车辆行驶角度观察，右侧曲率 R 为正数。半径为 32767 时可以看作是直线。

可以从车辆运动学中计算车辆未来的行驶轨迹。曲率半径可以通过速度和方向变化的速度（角速度）来计算。然后就可以推算出曲率来计算车辆未来的行驶路径。如果车辆顺时针行驶，则半径为正，逆时针行驶则为负。

可以用基本公式来计算半径

$$半径(m) = 速度(m/s)/横摆角速度(rad/s) \tag{5-1}$$

曲率半径的计算受道路、传感器和驾驶员干扰（车道偏离）的影响。

在应用程序使用这个半径数据前，需要过滤掉这些干扰。在将信号作为输入传递到离散的二阶低通滤波器之前，计算半径的倒数。

$$曲率(1/m) = 1/半径 \tag{5-2}$$

如果车速小于校准阈值（1m/s）或计算半径大于校准阈值（2500m），则假定半径的值为 36767m（直道）。此外，在这些计算过程中，应注意避免除以零的情况。

如果曲率被过滤掉,可以再次通过取倒数获得半径。离散二阶低通滤波器的标准参数见表5-6。

表5-6 离散二阶低通滤波器的标准参数

过滤校准参数	默认值
曲率截止频率	0.33Hz
曲率阻尼系数	1
曲率采样周期	100ms

要计算的另一个重要参数是车辆预测路径置信度,用于确定车辆是否处于"稳定状态"环境。当在短时间内检测到较大的角速度变化时,校准置信度指示器将报告说明置信度较低。这些情况可能包括车道变更、进入或驶出弯道、弯道过渡和障碍躲避等。该置信度可通过监测宿主车辆的角速度变化率来计算。车辆的角速度被反馈给带微分环节离散的二阶低通滤波器,输出结果映射到百分比置信度表示的查询表上,并进行比较。

SAE J2945/1 定义了一个置信度查找表,该表通过查看滤波器的输出来输出从0%~100%的置信度。带有微分电路的离散化二阶低通滤波器的标准参数见表5-7,置信度查找表见表5-8。

表5-7 带有微分电路的离散化二阶低通滤波器的标准参数

过滤校准参数	默认值
曲率截止频率	1Hz
曲率阻尼系数	1
曲率采样周期	100ms

表5-8 置信度查找表

输入:滤波/微分角速度/[(°)/s^2]	25	20	15	10	5	2.5	2	1.5	1	0.5	0
输出:置信度(%)	0	10	20	30	40	50	60	70	80	90	100

5.5.3 目标分类(TC)

目标分类提供了360°相对车道级别的分类,用于远程通信车辆相对于宿主车辆的位置和行驶方向。TC 模块的输出包括相对位置、相对行程方向、横向偏移、经度偏移和坐标。它使用 BSM 中的车辆信息,如纬度、经度、海拔、速度、方向、角速度、路径记录和路径预测。

图5-5 所示为相对于 HV 的 RV 区域。TC 模块可将 RV 位置分类为图5-5 所示的 14 个区域。该模块还提供相对 RV 的行驶方向,有图5-6 所示的四种可能。

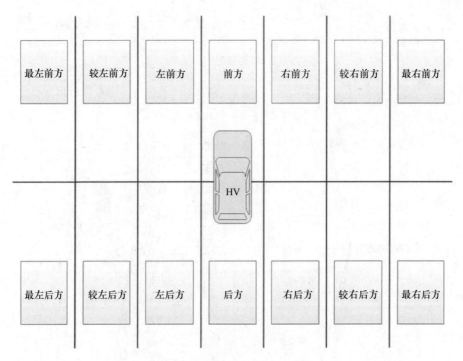

图 5-5　相对于 HV 的 RV 区域

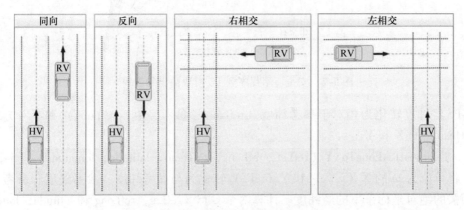

图 5-6　相对 RV 的行驶方向

根据从 TC 模块获得的相关区域和方向，执行相关的安全应用并对其输出进行监控。然后，通过 HMI 向驾驶员显示来自最高优先级安全应用的警告。图 5-7 所示为安全应用程序到 TC 模块输出的映射。

5.5.3.1　横向和纵向偏移计算

图 5-8 所示为目标分类所涉及的术语，解释了用于计算 HV 和 RV 之间的横向偏移和纵向偏移的术语及它们之间的关系。

下文列出了目标分类所需的一些模块。但本章未介绍这些模块是如何工作的。

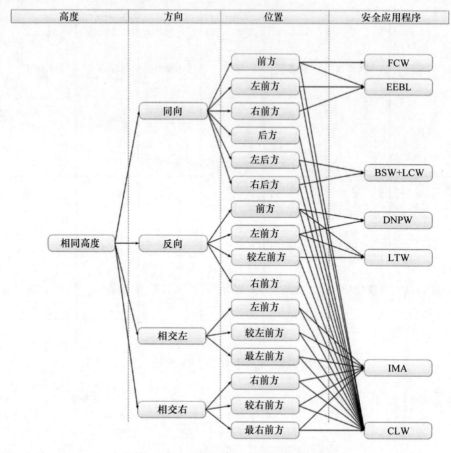

图 5-7　安全应用程序到 TC 模块输出的映射

将 GPS 经纬度转化为相对于参考纬度（refLat）、参考经度（refLong）和参考方向（refHead）的 X 和 Y。

$$\text{convertLatLongToXY}(\text{refLat}, \text{refLong}, \text{refHead}, \text{latitude}, \text{longitude}) \quad (5-3)$$

将单位为 m 的 X（relX）和 Y（relY）转化为与参考纬度、参考经度和参考方向相关的绝对坐标系下的经纬度。计算两个 GPS（refLat，refLong 和 latitude，longitude）位置间的绝对距离（m）。

$$\text{convertXYtoLatLong}(\text{refLat}, \text{refLong}, \text{refHead}, \text{relX}, \text{relY}) \quad (5-4)$$

$$\text{calcGpsDist}(\text{refLat}, \text{refLong}, \text{latitude}, \text{longitude}) \quad (5-5)$$

在目标分类和安全应用的开发过程中，这些内容有助于各种计算。

图 5-8 中使用的每个术语说明如下：

HV：宿主车辆。

RV：远程车辆。

[HV_lat, RV_lon]：宿主车辆的 GPS 坐标。

第 5 章 V2V 安全通信

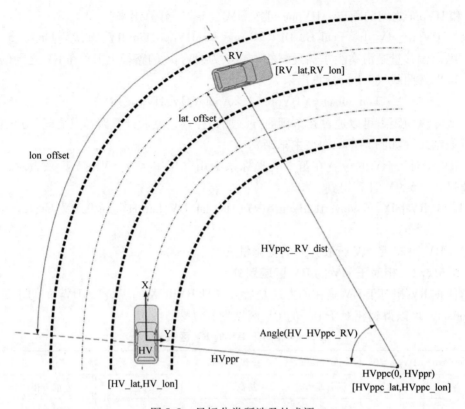

图 5-8 目标分类所涉及的术语

[RE_lat, HV_lon]：远程车辆的 GPS 坐标。

HVppr：宿主车辆的道路预测半径。

HVppc：宿主车辆道路预测中心点。

(0, HVppr)：HVppc 的笛卡儿坐标系。

[HVppc_lat, HVppc_lon]：HVppc 的 GPS 坐标。

HVppc_RV_dist：HVppc 与 RV 之间的距离。

Angle（HV_HVppc_RV）：HV、HVppc、RV 之间的角度。

lat_offset：HV 的预测路径与 RV 之间的横向偏移量。

lon_offset：HV 预测路径上 HV 和 RV 之间的纵向偏移量。

宿主车辆可通过行车路径预测算出行驶半径，路径预测中心的笛卡儿坐标为 (0, HVppr)。路径预测中心的绝对坐标可以通过 convertXYtoLatLong 公式（5-6）算出。

$$[HVppc\_lat, HVppc\_lon] = convertXYtoLatLong(HV\_lat, HV\_lon, HV\_head, 0, HVppr) \quad (5\text{-}6)$$

式中，HV_head 是 HV 前进方向（°）。

宿主车辆的预测路径与 RV（lat_offset）之间的横向偏移量就是 HVppc_RV_

dist 和 HVppr 之间的距离，HVppc 可按照式（5-7）计算出来。

$$HVppc\_RV\_dist = calcGpsDist(HVppc\_lat, HVppc\_lon, RV\_lat, RV\_lon) \quad (5-7)$$

纵向偏移量是沿宿主车辆预测的中心点为 HVppc 的路径上 HV 和 RV 之间的弧长，可以按照式（5-8）计算出来。

$$Lon\_offset = (HVppr^*) \times Angle(HV\_HVppc\_RV) \quad (5-8)$$

实际纵向距离可以通过在车辆前方添加路径点，然后计算路径点之间的距离得到近似结果（如图 5-8 中的宿主车辆）。

RV 相对于 HV 的位置在笛卡儿坐标系中用（RVRelX，RVRelY）来表示，可以通过式（5-9）计算得到。

$$[RVRelX, RVRelY] = convertLatLongToXY(HV\_lat, HV\_lon, HV\_head, RV\_lat, RV\_lon) \quad (5-9)$$

式中，HV_head 是 HV 行驶方向的变化量（°）。

5.5.3.2 相对于 HV 的 RV 区域划分

依据 RV 相对于 HV 是在前方还是后方（即 RVRelX 的正负）、HVppr 的正负和 lat_offset，可以得到相对于 HV 的 RV 区域划分（表 5-9）。

表 5-9 相对于 HV 的 RV 区域划分

RVRelX≥0?	HVppr≥0?	纵向偏移	区 域
是	是	纵向偏移≤-2.5×路宽	左前方很远处
是	是	-2.5×路宽＞纵向偏移≤-1.5×路宽	左前方较远处
是	是	-1.5×路宽＞纵向偏移≤-0.5×路宽	左前方
是	是	-0.5×路宽≥纵向偏移≤-0.5×路宽	前方
是	是	0.5×路宽≥纵向偏移＜1.5×路宽	右前方
是	是	1.5×路宽≥lat_offset＜2.5×路宽	右前方较远处
是	是	纵向偏移≥2.5×路宽	右前方很远处
是	否	纵向偏移≤-2.5×路宽	右前方很远处
是	否	-2.5×路宽＞纵向偏移≤-1.5×路宽	右前方较远处
是	否	-1.5×路宽＞纵向偏移≤-0.5×路宽	右前方
是	否	-0.5×路宽≥纵向偏移≤-0.5×路宽	前方
是	否	0.5×路宽≥纵向偏移＜1.5×路宽	左前方
是	否	1.5×路宽≥纵向偏移＜2.5×路宽	左前方较远处
是	否	纵向偏移≥2.5×路宽	左前方很远处
否	是	纵向偏移≤-2.5×路宽	左后方很远处
否	是	-2.5×路宽＞纵向偏移≤-1.5×路宽	左后方较远处

（续）

RVRelX≥0?	HVppr≥0?	纵向偏移	区域
否	是	-1.5×路宽＞纵向偏移≤-0.5×路宽	左后方
否	是	-0.5×路宽≥纵向偏移≤-0.5×路宽	后方
否	是	0.5×路宽≥纵向偏移＜1.5×路宽	右后方
否	是	1.5×路宽≥纵向偏移＜2.5×路宽	右后方较远处
否	是	纵向偏移≥2.5×路宽	右后方很远处
否	否	纵向偏移≤-2.5×路宽	右后方很远处
否	否	-2.5×路宽＞纵向偏移≤-1.5×路宽	右后方较远处
否	否	-1.5×路宽＞纵向偏移≤-0.5×路宽	右后方
否	否	-0.5×路宽≥纵向偏移≤-0.5×路宽	后方
否	否	0.5×路宽≥纵向偏移＜1.5×路宽	左后方
否	否	1.5×路宽≥纵向偏移＜2.5×路宽	左后方较远处
否	否	纵向偏移≥2.5×路宽	左后方很远处

5.5.3.3 相对于 HV 的预估航向变化和 RV 行驶方向分类

绝对增量航向及预测增量航向如图 5-9 所示，其中 $\theta 1$ 是 HV 的前进方向，$\theta 2$ 是 RV 的前进方向。请注意，车辆的行驶方向是相对于绝对北向给出的；顺时针为正，逆时针为负。HV 和 RV 之间的绝对航向差为

$$\Delta\theta = \theta 1 - \theta 2 \tag{5-10}$$

但是，从 HV 和 RV 的行驶轨迹来看，因为 HV 和 RV 行驶在同一路径上，所以人们希望航向差可以接近 0。基于路径预测模块得到的主车路径预测半径，行驶方向的航向差可计算得较为准确。如果"R"代表路径预测模块中获取的 HVppc，并且车辆行驶在图 5-9 所示的路径上，那么理想情况下，绝对增量航向差（$\Delta\theta$）就等于 HV、HVppc 和 RV 之间的圆心角（φ）。预测的行驶方向航向差可以通过式 (5-11) 得到。

$$\text{PredicterDeltaHeading}(\Delta\theta) = \Delta\theta - \varphi = \theta 1 - \theta 2 - \varphi = \\ \text{HVHeading} - \text{RVHeading} - \text{CentralAngle} \tag{5-11}$$

很容易就可证明 $\Delta\theta = \varphi$（图 5-9），证明如下：
对于图 5-9 中的 $\triangle ADR$ 有

$$\angle RAD + \angle ADR + \angle DRA = 180° \text{（三角形内角和）}$$
$$\angle RAD + 90° + \varphi = 180° \tag{5-12}$$
$$\angle RAD = 90° - \varphi$$

同样，对于 $\triangle ACB$ 有

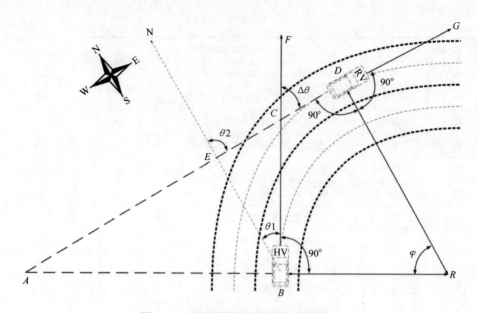

图 5-9　绝对增量航向及预测增量航向

$$\angle BAC = \angle RAD = 90° - \varphi \tag{5-13}$$

$$\angle ACB = \angle FCD = \Delta\theta（互余角）\tag{5-14}$$

$$\angle CBA = 90° \tag{5-15}$$

$$\angle BAC + \angle ACB + \angle CBA = 180° \tag{5-16}$$

将式（5-13）~式（5-15）代入式（5-16）可得

$$(90° - \varphi) + \Delta\theta + 90° = 180° \tag{5-17}$$

$$\Delta\theta = \varphi \tag{5-18}$$

一旦我们获得预测的航向差，RV 相对于 HV 的行驶方向就可以根据表 5-10 轻易得出。

表 5-10　RV 相对于 HV 行驶方向的划分

预测的航向角增量（$\widehat{\Delta\theta}$）	HV 和 RV 的相对方向
$-25° \leq \widehat{\Delta\theta} \leq 25°$	同向
$25° < \widehat{\Delta\theta} < 155°$	右相交
$155° \leq \widehat{\Delta\theta} \leq 180°\ \mathrm{or}\ -180° \leq \widehat{\Delta\theta} \leq -155°$	反向
$-155° \leq \widehat{\Delta\theta} < -25°$	左相交

5.5.3.4　通过路径记录来改进横向偏移量计算

通过计算 HV 的预测行驶路径和简略的路径记录采样点之间的横向偏移平均值可以对横向偏移量进行微调。如果 HV 和 RV 行驶在同一条路线上，则可根据平均横向偏移量划分 RV 区域。图 5-10 所示为 HV 预测路径与 RV 路径记录点之间的横向偏移量。

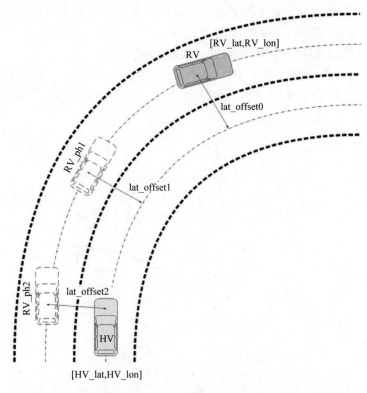

图 5-10 HV 预测路径与 RV 路径记录点之间的横向偏移量

用于计算平均横向偏移量的伪代码如下：
NUM_OF_RVPH_POINTS_AHEAD_OF_HV = 0
AVG_LAT_OFFSET = 0
FOR（n = 0 to NUM_OF_PH_POINTS_AVAILABLE − 1）
IF RV_PH（n）AHEAD OF HV THEN
COMPUTE LAT_OFFSET（n）
　　AVG_LAT_OFFSET = AVG_LAT_OFFSET + LAT_OFFSET（n）
NUM_OF_PH_POINTS_AHEAD_OF_HV = NUM_OF_PH_POINTS_AHEAD_OF_HV + 1
ELSE
BREAK LOOP
END IF
END FOR
AVG_LAT_OFFSET = AVG_LAT_OFFSET/NUM_OF_PH_POINTS_AHEAD_OF_HV
这里，LAT_OFFSET（n）是 HV 预测路径与 RV 路径记录点 n 之间的横向偏移量。

如果满足下述条件，则平均横向偏移值可以提高目标分类的准确性：
1）RV 和 HV 在同一条路线上平稳行驶。
2）HV 行驶不稳定（道路预测置信度低于阈值）。

图 5-11 所示为不同路线上 HV 和 RV 行驶的横向偏移量。尽管预测的航向差接近 0，但是可通过查看 RV 路径记录点来判断二者是否行驶在同一路径上。

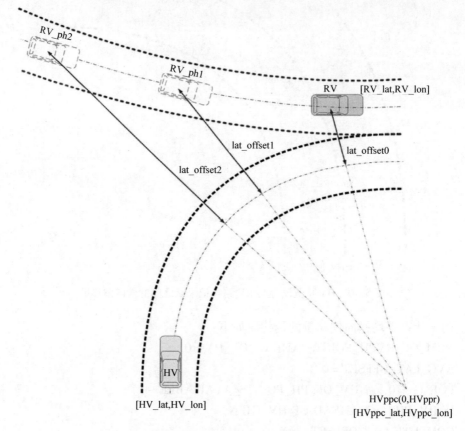

图 5-11 不同路线上 HV 和 RV 行驶的横向偏移量

在图 5-11 中：
Diff1 = lat_offset0 − lat_offset1
Diff2 = lat_offset0 − lat_offset2
IF ｛｜Diff1｜ < Threshold AND｜Diff2｜ < Threshold｝
THEN RV is driving steadily on the same route as the HV
END IF

其中，标定的阈值小于路宽，一般取 3.7。

如果 HV 路径预测的置信度低于标准阈值，则意味着 HV 没有按照既定路线行驶（例如，行驶车道发生了变化）。这会导致横向偏移量变化较大，这时使用平均横向偏移量可能会提高 RV 区域划分的准确度。

另一种改进目标分类的方法是运用 2-D 位置进行外推。位置外推是一种基于车辆位置、方向和速度来计算车辆当前位置的方法。如果没有及时获得车辆信息的更新方法，那么位置外推就可用于将横向和纵向偏移量分类。

5.6 V2V 安全应用

车辆的位置和动力学信息，如纬度、经度、海拔、方向、速度和角速度等，可用于预测车辆的行驶路径，并计算后续发生碰撞的可能性。本节考虑的安全应用适用于车尾被撞、与对面车辆相撞、路口会车和车道变化发生的碰撞场景。

5.6.1 前方碰撞警告（FCW）

FCW 给驾驶员发出 HV 前端和 RV 追尾的碰撞警告。只有当 HV 和 RV 都行驶在同一方向且位于同一车道上（RV 进行停车、减速或以比 HV 慢的速度行驶）时，才有可能发生此类碰撞。图 5-12a 所示为 FCW 目标分类区域，图 5-12b 所示为 FCW 发生场景。

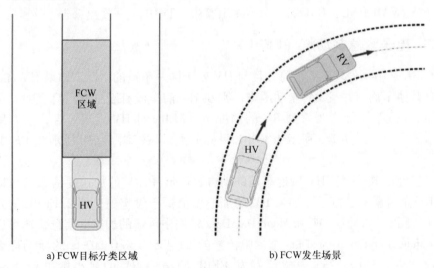

a) FCW 目标分类区域　　　　b) FCW 发生场景

图 5-12　FCW 目标分类区域及发生场景

目标分类（TC）模块输出的结果用于确定 RV 是否与 HV 处于同一车道。TC 还提供纵向偏移量，这可以结合车辆动态信息一起来确定是否会发生前部碰撞。预测前部碰撞的最简单方法是计算距发生碰撞前所剩下的时间（TTC），并将其与标准阈值相比较。下面给出了一组用于实现 FCW 的简单伪代码：

FCW_WARNING = FALSE

IF（(RV_ZONE is AHEAD) AND (RV_DIRECTION is EQUIDIRECTIONAL)）
THEN IF（HV_SPEED > RV_SPEED）THEN
　　TTC = LONGITUDINAL_OFFSET/（HV_SPEED - RV_SPEED）
　　IF（TTC < K_TTC_THRES）THEN
　　FCW_WARNING = TRUE
　　END IF
　　END IF
　　END IF
　　其中，
　　RV_ZONE：TC模块中获取的RV相对位置区域。
　　RV_DIRECTION：TC模块中获取的RV方向。
　　HV_SPEED：HV的速度。
　　RV_SPEED：RV的速度。
　　LONGITUDINAL_OFFSET：TC模块中获取的纵向偏置量。
　　TTC：距碰撞发生的时间。
　　K_TTC_THRES：FCW据碰撞发生时间的标准阈值。
　　FCW_WARNING：FALSE——不发出警告，TRUE——发出警告。

5.6.2　电子紧急制动灯（EEBL）

　　EEBL是用来处理RV在前方且与HV处于同一车道的情况。如果HV和RV之间还有其他车辆，并且RV制动困难，则在HV前车没有看到制动灯亮时，碰撞在所难免。在HV不能直观看到RV的情况下，EEBL对HV发出警告，这有助于避免碰撞的产生。图5-13a所示为EEBL目标分类区域，图5-13b所示为EEBL发生场景。

　　一旦确定RV位于HV所处车道的前方，BSM中RV的加速度信息就可以用来确认RV是否采取了制动。如果RV的加速度值低于设定值，那么EEBL就发出警报。HV不仅可以通过DF_BSMcoreDataData结构中传输的加速度信息，还可以通过DF_VehicleSafetyExtensionsData结构中传输的DF_BSMcoreDataData的活动标识信息来发现这点。SAE J2735中建议触发EEBL警报的RV的最小标准值为 -0.4g（-3.92m/s^2）。EEBL的程序如下：
　　EEBL_WARNING = FALSE
　　IF（(RV_ZONE is AHEAD) AND (RV_DIRECTION is EQUIDIRECTIONAL)）THEN
　　IF（LONGITUDINAL_OFFSET < K_MAX_EEBL_ZONE_LEN）THEN
　　IF（(HV_SPEED > K_HV_MIN_SPD_THRES) AND (RV_ACCEL < K_EEBL_ACCEL_THRES)）THEN
　　EEBL_WARNING = TRUE

END IF
END IF
END IF

其中，

RV_ZONE：TC 模块中获取的 RV 相对位置区域。

RV_DIRECTION：TC 模块中获取的 RV 方向。

HV_SPEED：HV 的速度。

RV_ACCEL：RV 的速度。

LONGITUDINAL_OFFSET：TC 模块中获取的纵向偏移量。

K_MAX_EEBL_ZONE_LEN：HV 和 RV 之间最大纵向偏移量（300m）。

K_HV_MIN_SPD_THRES：HV 最小速度阈值（1 m/s）。

K_EEBL_ACCEL_THRES：EEBL 最小加速度阈值（-3.92m/s^2）。

EEBL_WARNING：FALSE——不发出警告，TRUE——发出警告。

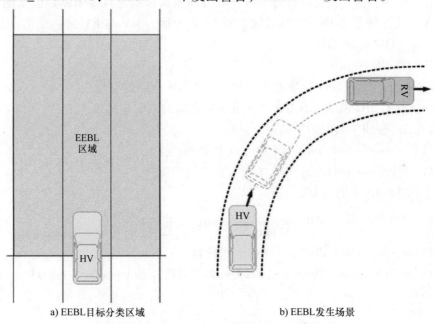

a) EEBL 目标分类区域　　　　　　b) EEBL 发生场景

图 5-13　EEBL 目标分类区域及发生场景

5.6.3　交叉口移动辅助（IMA）

在 HV 进入交叉路口有较高概率与其他车辆发生碰撞这一不安全情况下，IMA 安全应用程序将会发出警报来提醒 HV 的驾驶员。该程序对 HV 和 RV 到达交叉口的时间进行估算，如果时间相近，则发出警报。图 5-14a 所示为 IMA 目标分类区域，图 5-14b 所示为 IMA 发生场景。

这个模块可以根据车辆位置、速度和方向信息发出"路口辅助左转"及"路

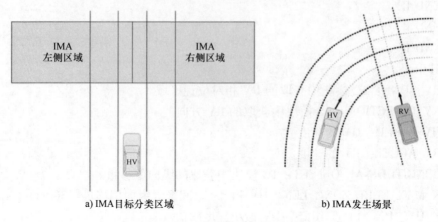

图 5-14 IMA 目标分类区域及发生场景

口辅助右转"警报。根据目标分类区域和方向数据来确定其他车辆是位于图 5-14a 的 IMA 右侧区域还是 IMA 左侧区域。图 5-15 所示为 HV 与 RV 到达交汇点预估时间的计算（IMA 左侧区域）。

图 5-15 中：

lat_offset：TC 模块中获取的 HV 和 RV 之间的横向偏移量。

lon_offset：TC 模块中获取的 HV 和 RV 之间的纵向偏移量。

$\Delta\theta$：TC 模块中获取的航向差。

HV_to_intersection_dist：HV 和交点 B 之间的弧长。

RV_to_intersection_dist：RV 和交点 B 之间的弧长。

对于图 5-15 中的 $\triangle ABC$，有

$$BC = \frac{AC}{\tan(\Delta\theta)} \Rightarrow BC = \frac{\text{lat\_offset}}{\tan(\Delta\theta)} \tag{5-19}$$

HV_to_intersection_dist 可以通过下式计算

$$\text{HV\_to\_intersection\_dist} = \text{lon\_offset} + BC \Rightarrow \text{HV\_to\_intersection\_dist} = \text{lon\_offset} + \frac{\text{lat\_offset}}{\tan(\Delta\theta)} \tag{5-20}$$

同样，可以得到 RV_to_interection_dist 为

$$\text{RV\_to\_intersection\_dist} = \frac{\text{lat\_offset}}{\sin(\Delta\theta)} \tag{5-21}$$

如果 HV 走完 HV_to_intersection_dist 花费的时间与 RV 走完 RV_to_intersection_dist 花费的时间的差值在标准误差范围内，就向 HV 驾驶员发出警报。下面给出实现 IMA 的一组简单伪代码：

IMA_LEFT_WARNING = FALSE

IMA_RIGHT_WARNING = FALSE

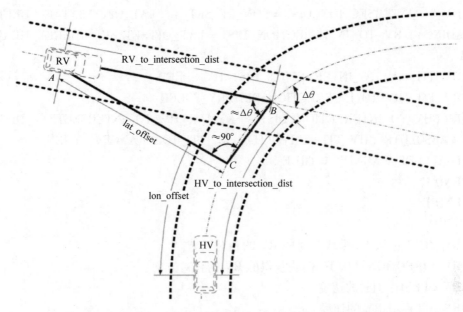

图 5-15　HV 与 RV 到达交汇点预估时间的计算（IMA 左侧区域）

　　IF（（RV_DIRECTION is INTERSECTING_RIGHT）AND
（（RV_ZONE is AHEAD）OR
（RV_ZONE is AHEAD_RIGHT）OR
（RV_ZONE is AHEAD_FAR_RIGHT）OR
（RV_ZONE is AHEAD_FAR_FAR_RIGHT）））THEN
HV_TO_INTERSECTION_DIST = LON_OFFSET ＋（LAT_OFFSET/
TAN（DELTA_HEADING））
RV_TO_INTERSECTION_DIST = LAT_OFFSET/SIN（DELTA_HEADING）
HV_TTI = HV_TO_INTERECTION_DIST/HV_SPEED RV_TTI = RV_TO_INTER-
ECTION_DIST/RV_SPEED
　　IF（（HV_TO_INTERECTION_DIST ＜ K_MAX_HV_TO_INTERSECTION_DIST）
AND（ABSOLUTE（HV_TTI − RV_TTI）＜ K_TTI_TOLERANCE））THEN IMA_
RIGHT_WARNING = TRUE
　　END IF
　　END IF
　　IF（（RV_DIRECTION is INTERSECTING_LEFT）AND
（（RV_ZONE is AHEAD）OR
（RV_ZONE is AHEAD_LEFT）OR
（RV_ZONE is AHEAD_FAR_LEFT）OR
（RV_ZONE is AHEAD_FAR_FAR_LEFT）））THEN

HV_TO_INTERSECTION_DIST = LON_OFFSET + (LAT_OFFSET/TAN (DELTA_HEADING)) RV_TO_INTERSECTION_DIST = LAT_OFFSET/SIN (DELTA_HEADING)

HV_TTI = HV_TO_INTERECTION_DIST/HV_SPEED

RV_TTI = RV_TO_INTERECTION_DIST/RV_SPEED

IF ((HV_TO_INTERECTION_DIST < K_MAX_HV_TO_INTERSECTION_DIST) AND (ABSOLUTE (HV_TTI – RV_TTI) < K_TTI_TOLERANCE)) THEN

IMA_LEFT_WARNING = TRUE

END IF

END IF

其中，

RV_ZONE：从 TC 模块获得的 RV 的相对区域。

RV_DIRECTION：从 TC 模块获得的 RV 的相对方向。

HV_SPEED：HV 的速度。

RV_SPEED：RV 的速度。

LAT_OFFSET：从 TC 模块获得的横向偏移量。

LON_OFFSET：从 TC 模块获得的纵向偏移量。

DELTA_HEADING：HV 和 RV 之间的绝对航向差值。

HV_TO_INTERSECTION_DIST：HV 和交汇点之间的距离。

RV_TO_INTERSECTION_DIST：RV 和交汇点之间的距离。

HV_TTI：HV 到达交汇点所花费的时间。

RV_TTI：RV 到达交汇点所花费的时间。

K_MAX_HV_TO_INTERSECTION_DIST：HV 和 IMA 交点之间的最大规定距离。

K_TTI_TOLERANCE：HV_TTI 和 RV_TTI 之间规定的标准误差值。

ABSOLUTE ()：返回绝对值的函数。

IMA_RIGHT_WARNING：FALSE——不发出警告；TRUE——发出 IMA 右侧警告。

IMA_LEFT_WARNING：FALSE——不发出警告；TRUE——发出 IMA 左侧警告。

5.6.4 禁止通行警告（DNPW）

当前方有移速缓慢的车辆而无法进行超车时，DNPW 将会对 HV 驾驶员发出警告，因为此时超车区域被对方来车占据了。该模块可以通过分析驾驶员的超车意图来提供建议或发出警告。通过观察车辆 CAN 上的左转信号是否激活来完成判断。图 5-16a 所示为 DNPW 目标分类区域，图 5-16b 所示为 DNPW 发生场景。DNPW 仅适用于 RV 行驶在 HV 左前车道且相对于 HV 反向行驶的情况。DNPW 区域长度可以用如图 5-17 所示的三个不同距离相加来表示：加速距离，超车距离，返回距离。加速距离是 HV 加速至另一车道时行驶的距离；超车距离是指 HV 超过低速行驶车辆的距离；返回距离指超车结束后返回原车道所行驶的距离。

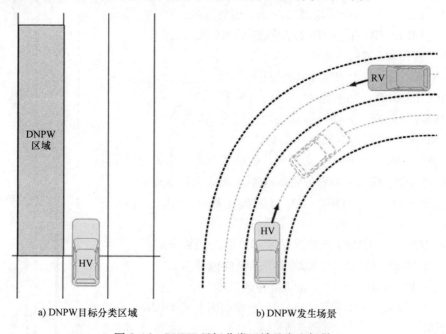

a) DNPW目标分类区域　　　　b) DNPW发生场景

图 5-16　DNPW 目标分类区域及发生场景

DNPW 区域长度可以通过简单地将图 5-17 中的三个距离相加得到。如果 HV 和 RV 的纵向偏移距离加上缓冲区的距离小于 DNPW 区域的长度和 RV 标准超车时间内行驶距离的话，就发出警告。

$$加速距离 = (HV 速度 \times 加速时间) + \frac{1}{2} \times HV 纵向加速度 \times 加速时间^2$$

(5-22)

$$超车距离 = (HV 速度 + \Delta 速度) \times 超车时间 \qquad (5-23)$$

$$返回距离 = (HV 速度 + \Delta 速度) \times 返回时间 \qquad (5-24)$$

式中，Δ 速度是 HV 超车的速度增量。

可通过以下一组简单伪代码来实现这一功能：
DNPW_WARNING = FALSE
　　IF ((RV_ZONE is AHEAD_LEFT) AND (RV_DIRECTION is REVERSE)) THEN
DNPW_ZONE = ACCEL_DIST + OVERTAKING_DIST + RETURN_DIST
　　TIME_TAKEN = K_ACCEL_TIME + K_OVERTAKE_TIME + K_RETURN_TIME
　　IF (LON_OFFSET < (DNPW_ZONE + TIME_TAKEN * RV_SPEED + K_BUF_ZONE) THEN DNPW_WARNING = TRUE

END IF
END IF
其中，
RV_ZONE：从 TC 模块获得的 RV 相对区域。
RV_DIRECTION：从 TC 模块获得的 RV 相对方向。
RV_SPEED：RV 的速度。
DNPW_ZONE：DNPW 区域长度。
ACCEL_DIST：加速距离，见式（5-22）。
OVERTAKING_DIST：超车距离，见式（5-23）。
RETURN_DIST：返回距离，见式（5-24）。
TIME_TAKEN：HV 完成超车并返回其车道所需的时间。
K_ACCEL_TIME：HV 行驶加速距离所需的校准时间。
K_OVERTAKE_TIME：HV 行驶超车距离所需的校准时间。
K_RETURN_TIME：HV 返回原车道所需的校准时间。
LON_OFFSET：从 TC 模块获得的纵向偏移量。
K_BUF_ZONE：允许校准的缓冲区长度。
DNPW_WARNING：FALSE——不发出警告；TRUE——发出警告。

5.6.5 盲点警告（BSW）/变道警告（LCW）

BSW 安全应用程序会提供建议性警告，或者在其他车辆占用 HV 盲点的相邻车道时向驾驶员发出警告。该应用程序根据驾驶员想驶入被占车道的意图来进行判断。驾驶员通过打转向灯表明自己的意图，这个信息可以通过车辆 CAN 线输入系统。

变道警告是盲点警告的扩展，如果 HV 的盲点目前还未被 RV 占用，但很快就会被快速接近的车辆占据，且如果 HV 变道而无法躲避碰撞，则会生成警告。显然，这个应用模块只有当 RV 在相邻车道同向行驶和 HV 驾驶员想要变道的情况下才有意义。图 5-18a 所示为 BSW/LCW 目标分类区域，图 5-18b 所示为 BSW/LCW 发生场景。

随着 HV 的速度以及 RV 相对 HV 的速度的提高，TTC 将会缩短。为了补偿 TTC 的缩短，可以随着 HV 速度和相对速度的增加来增加 BSW 区域的长度。实现 BSW/LCW 功能的一段简单伪代码如下：

BSW_WARNING = FALSE

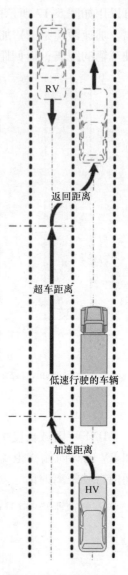

图 5-17 构成 DNPW 区域的距离

```
IF ((RV_DIRECTION is EQUIDIRECTIONAL) AND
((RV_ZONE is BEHIND_LEFT) OR
(RV_ZONE is BEHIND_RIGHT))) THEN
REL_SPEED = RV_SPEED - HV_SPEED
IF (REL_SPEED > 0) THEN
BSW_ZONE = K_BSW_ZONE_MIN_LEN + K_SPD_MULT * HV_SPEED + K_REL_SPD_MULT * REL_SPEED
ELSE
BSW_ZONE = K_BSW_ZONE_MIN_LEN + K_SPD_MULT * HV_SPEED
END IF
IF (LON_OFFSET < BSW_ZONE) THEN
IF (RV_ZONE is BEHIND_LEFT) THEN
IF LEFT_TURN_SIGNAL is ACTIVATED THEN
BSW_WARNING = BSW_LEFT_WARN
ELSE
BSW_WARNING = BSW_LEFT_ADVISORY
END IF
END IF
IF (RV_ZONE is BEHIND_RIGHT) THEN
IF RIGHT_TURN_SIGNAL is ACTIVATED THEN
BSW_WARNING = BSW_RIGHT_WARN ELSE
BSW_WARNING = BSW_RIGHT_ADVISORY
END IF
END IF
ELSE
TTB = (LON_OFFSET - BSW_ZONE) / REL_SPEED
IF (TTB < K_LCW_TTB_THRESHOLD) THEN
IF (RV_ZONE is BEHIND_LEFT) THEN
IF LEFT_TURN_SIGNAL is ACTIVATED THEN
BSW_WARNING = LCW_LEFT_WARN
END IF
END IF
IF (RV_ZONE is BEHIND_RIGHT) THEN
IF RIGHT_TURN_SIGNAL is ACTIVATED THEN BSW_WARNING = LCW_RIGHT_WARN END IF
END IF
```

END IF
END IF
其中，

RV_ZONE：从 TC 模块获得的 RV 相对区域。

RV_DIRECTION：从 TC 模块获得的 RV 相对方向。

RV_SPEED：RV 的速度。

HV_SPEED：HV 的速度。

REL_SPEED：相对速度。

BSW_ZONE：盲点警告区域长度。

K_BSW_ZONE_MIN_LEN：校准的最小 BSW 区域长度。

K_SPD_MULT：校准的 HV 速度倍数。

K_REL_SPD_MULT：校准的相对速度倍数。

LON_OFFSET：从 TC 模块获得的纵向偏移量。

LEFT_TURN_SIGNAL：从车辆 CAN 总线获得的左转信号状态。

RIGHT_TURN_SIGNAL：从车辆 CAN 总线获得的右转信号状态。

TTB：RV 进入 HV 的盲点所需的时间。

K_LCW_TTB_THRESHOLD：触发 LCW 的校准最大 TTB 阈值。

BSW_WARNING：FALSE——不触发警告；BSW_LEFT_WARN——左盲点警告；BSW_LEFT_ADVISORY——左盲点警告预警；BSW_RIGHT_WARN——右盲点警告；BSW_RIGHT_ADVISORY——右盲点警告预警。

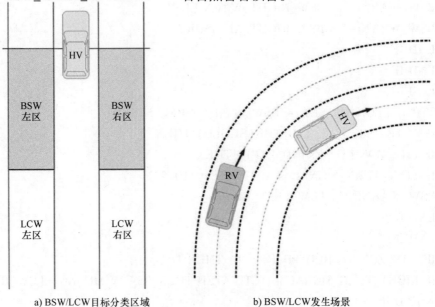

a) BSW/LCW 目标分类区域   b) BSW/LCW 发生场景

图 5-18　BSW/LCW 目标分类区域及发生场景

5.6.6 左转辅助（LTA）

LTA 模块辅助 HV 驾驶员在交叉口进行左转。V2V 和 V2I 的信息都可以用来判断交叉口左转是否安全。两类信息，地图数据（MAP）和信号相位及时间（SPaT）都可以通过路侧单元（RSU）进行播报。一般来说，MAP 每秒播报一次，SPaT 每 100ms 播报一次。MAP 描述了交叉口的物理几何形状。SPaT 信息用于提醒驾驶员前方信号灯的当前状态和变化，以及下一阶段信号的变化情况。它同时提供附近车辆的信息来对信号灯系统进行更优化的分析。MPA 中路口的几何信息框架与车辆位置信息相结合可以用来确定 HV 是否处于可左转的车道上。SPaT 信息提供了 HV 当前所处车道的信号灯状态（SPaT 中移动状态数据部分）。当 HV 所处车道允许左转并且信号灯处于"绿灯""黄灯""黄灯常亮"和"黄灯闪烁"状态时，如果 RV 从 HV 前方快速接近，那么该模块就会发出警告。HV 到达路口所要行驶的距离可以用 MPA 中的路口几何信息和 HV 的当前位置算出，然后与规定的 HV 转弯行驶到既定路线上的总距离结合起来进行分析。图 5-19a 所示为 LTA 目标分类区域，图 5-19b 所示为 LTA 发生场景。

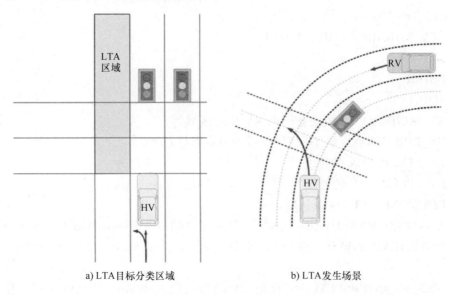

a) LTA 目标分类区域　　　　b) LTA 发生场景

图 5-19　LTA 目标分类区域及发生场景

虽然 LTA 模块与 DNPW 类似，但是有很多方面是不同的。不同于 DNPW，任何迎面而来的 RV 都与此模块有关。此外，车道和信号灯状态应允许 HV 小心左转。下面给出实现这一功能的简单伪代码：
IF （（（（ALLOWED_MANEUVER is MANEUVER_LEFT_ALLOWED）OR
（ALLOWED_MANEUVER is YIELD_ALWAYS_REQUIRED））） AND

(LEFT_TURN_SIGNAL is ACTIVATED) AND

((MOVEMENT_PHASE_STATE is PERMISSIVE_MOVEMENT ALLOWED)

OR (MOVEMENT_PHASE_STATE is PROTECTED_MOVEMENT_ALLOWED) OR (MOVEMENT_PHASE_STATE is PERMISSIVE_CLEARANCE) OR (MOVEMENT_PHASE_STATE is PROTECTED_CLEARANCE) OR

(MOVEMENT_PHASE_STATE is CAUTION_CONFLICTING_TRAFFIC))) OR ((ALLOWED_MANEUVER is MANEUVER_LEFT_TURN_ON_RED_ALLOWED) AND (LEFT_TURN_SIGNAL is ACTIVATED) AND

(MOVEMENT_PHASE_STATE is STOP_THEN_PROCEED))) THEN

IF ((RV_DIRECTION is REVERSE) AND

((RV_ZONE is AHEAD_LEFT) OR (RV_ZONE is AHEAD_FAR_LEFT))) THEN

LTA_ZONE = DIST_TO_INTERSECTION + K_INTERSECTION_TURN_LEN LEFT_TURN_TIME = LTA_ZONE/HV_SPEED

IF (LON_OFFSET < (LTA_ZONE + LEFT_TURN_TIME * RV_SPEED + K_BUF_ZONE)) THEN

LTA_WARNING = TRUE END IF

END IF

END IF

其中，

RV_ZONE：从 TC 模块获得的 RV 相对区域。

RV_DIRECTION：从 TC 模块获得的 RV 相对方向。

HV_SPEED：HV 的速度。

RV_SPEED：RV 的速度。

LTA_ZONE：LTA 区域长度。

ALLOWED_MANEUVER：文献 [2] 中定义的 DE_AllowedManeuversas 数据。

MOVEMENT_PHASE_STATE：文献 [2] 中定义的 DE_MovementPhaseSTate 数据。

DIST_TO_INTERSECTION：使用 HV 的当前位置和 MAP 信息中的路口几何数据计算出到路口的距离。

K_INTERSECTION_TURN_LEN：路口转弯所需的校准距离。

LEFT_TURN_TIME：转弯所需的总时间。

LON_OFFSET：从 TC 模块获得的纵向偏移量。

K_BUF_ZONE：允许的缓冲区校准长度。

LTA_WARNING：FALSE——不发出警告；TRUE——发出 LTA 警告。

5.6.7 控制损失警告(CLW)

当 HV 失控时,如果同一车道或相邻车道的前方有 RV,则 CLW 模块将会发出警告。以下情况可以定义为车辆失控:防抱死制动系统(eventABSactivated),牵引力控制系统的损失(eventTractionControlLoss),或者车辆失衡(eventStabilityControlactivated)。如果 RV 检测到车辆失控,它会在 DE_VehicleEventFlags 数据中设立对应标志,并在 BSM 中播报。J2735 将 ASN.1 中的这部分信息定义如下:

Vehicle EventFlags :: = BIT STRING {
　eventHazardLights
　eventStopLineViolation
　eventABSactivated
　eventTractionControlLoss
　eventStabilityControlactivated
　eventHazardousMaterials
　eventReserved1
　eventHardBraking
　eventLightsChanged
　eventWipersChanged
　eventFlatTire
　eventDisabledVehicle
　eventAirBagDeployment
} (SIZE (13, ...))

如果 RV 处于 HV 同一车道或相邻车道的前方,并且它的相对方向为同向或反向,则 RV 与 CLW 应用程序相关。一旦接收到 RV 的 BSM 信息,如果此时 HV 判定车辆处于图 5-20a 所示的 CLW 区域并且设立了失控标志,那么当 TTC 计算值低于校准的阈值时,将会发出警告。图 5-20a 所示为 CLW 目标分类区域,图 5-20b 所示为 CLW 发生场景。

图 5-20 下面是实现此功能的一组简单伪代码:

```
CLW_WARNING = FALSE
IF(( (RV_DIRECTION is EQUIDIRECTIONAL) OR
(RV_DIRECTION is REVERSE)) AND
((RV_ZONE is AHEAD_LEFT) OR
(RV_ZONE is AHEAD) OR
(RV_ZONE is AHEAD_RIGHT))) THEN
IF((EVENT_ABS_ACTIVATED) OR
      (EVENT_TRACTION_CONTROL_LOSS) OR
      (EVENT_STABILITY_CONTROL_ACTIVATED)) THEN
```

```
IF (RV_DIRECTION is EQUIDIRECTIONAL) THEN
    IF (HV_SPEED > RV_SPEED) THEN
        TTC = LON_OFFSET/ (HV_SPEED – RV_SPEED)
        IF (TTC < K_CLW_TTC_THRESHOLD) THEN
            CLW_WARNING = TRUE
        END IF
    END IF
ELSE
    TTC = LON_OFFSET/ (HV_SPEED + RV_SPEED)
    IF (TTC < K_TTC_THRES) THEN
        CLW_WARNING = TRUE
    END IF
    END IF
END IF
END IF
```

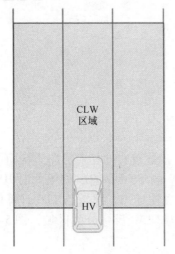
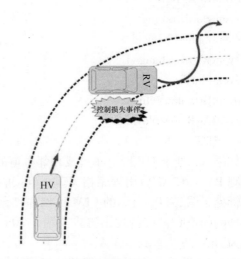

a) CLW目标分类区域   b) CLW发生场景

图 5-20 CLW 目标分类区域及发生场景

其中，

RV_ZONE：从 TC 模块获得的 RV 相对区域。

RV_DIRECTION：从 TC 模块获得的 RV 相对方向。

HV_SPEED：HV 的速度。

RV_SPEED：RV 的速度。

EVENT_ABS_ACTIVATED：文献 [2] 中定义的 eventABSactivated 事件标志。

EVENT_TRACTION_CONTROL_LOSS：文献 [2] 中定义的 eventTractionControlLossevent 标志。

EVENT_STABILITY_CONTROL_ACTIVATED：文献［2］中定义的 eventStabilityControlactivatedevent 标志。

TTC：距离碰撞的时间。

K_TTC_THRES：CLW 碰撞时间校准阈值。

LON_OFFSET：从 TC 模块获得的纵向偏移量。

CLW_WARNING：FALSE——不发出警告；TRUE——发出 CLW 警告。

5.7 参考文献

1. National Highway Traffic Safety Administration (NHTSA), Department of Transportation (DOT), "Notice of proposed rulemaking (NPRM)," Federal Motor Vehicle Safety Standards; V2V Communications, Tech. Rep. 49 CFR Part 571, 2016.
2. SAE International, "Dedicated Short Range Communications (DSRC) Message Set Dictionary" SAE J2735 Standard, March 2016.
3. IEEE standard for wireless access in vehicular environments–security services for applications and management messages. *IEEE Std 1609. 2-2016 (Revision of IEEE Std 1609. 2-2013)* pp. 1–240. 2016. DOI: https://doi.org/10.1109/IEEESTD.2016.7426684.
4. M. Raya and J. Hubaux, "The Security of Vehicular Networks," EPFL Technical Report IC/2005/009, March 2005.
5. CAMP LLC - Vehicle Safety Communication 5 (VSC5), "Security Credential Management System Proof–of–Concept Implementation – *EE Requirements and Specifications Supporting SCMS Software Release 1.0*"," January 11, 2016.
6. IEEE guide for wireless access in vehicular environments (WAVE) - architecture. *IEEE Std 1609. 0-2013* pp. 1-78. 2014.. DOI: https://doi.org/10.1109/IEEESTD.2014.6755433.
7. IEEE standard for wireless access in vehicular environments (WAVE) – networking services. *IEEE Std 1609. 3-2016 (Revision of IEEE Std 1609. 3-2010)* pp. 1-160. 2016.. DOI: https://doi.org/10.1109/IEEESTD.2016.7458115.
8. IEEE standard for wireless access in vehicular environments (WAVE) – multi-channel operation. *IEEE Std 1609. 4-2016 (Revision of IEEE Std 1609. 4-2010)* pp. 1-94. 2016.. DOI: https://doi.org/10.1109/IEEESTD.2016.7435228.
9. IEEE standard for wireless access in vehicular environments (WAVE) - identifier allocations. *IEEE Std 1609. 12-2016 (Revision of IEEE Std 1609. 12-2012)* pp. 1-21. 2016.. DOI: https://doi.org/10.1109/IEEESTD.2016.7428792.
10. IEEE standard for information technology– local and metropolitan area networks– specific requirements– part 11: Wireless LAN medium access control (MAC) and physical layer (PHY) specifications amendment 6: Wireless access in vehicular environments. *IEEE Std 802. 11p-2010 (Amendment to IEEE Std 802. 11-2007 as Amended by IEEE Std 802. 11k-2008, IEEE Std 802. 11r-2008, IEEE Std 802. 11y-2008, IEEE Std 802. 11n-2009, and IEEE Std 802. 11w-2009)* pp. 1–51. 2010.. DOI: https://doi.org/10.1109/IEEESTD.2010.5514475.
11. SAE International, "On-Board System Requirements for V2V Safety Communications" SAE J2945/1 Standard, March 2016.
12. ITU-T: OSI networking and system aspects – Abstract Syntax Notation One (ASN.1), "Information technology – ASN.1 encoding rules: Specification of Packed Encoding Rules (PER)".
13. ISO/TC 204/SC/WG 18, Intelligent transport systems — Cooperative Systems — SPAT (Signal Phase and Timing) message, MAP (Intersection topology) message, Draft versions 2013.
14. Harding, J., Powell, G., R., Yoon, R., Fikentscher, J., Doyle, C., Sade, D., Lukuc, M., Simons, J., & Wang, J. (2014, August). *Vehicle-to-vehicle communications: Readiness of V2V technology for application.* (Report No. DOT HS 812 014). Washington, DC: National Highway Traf c Safety Administration.

第 6 章

V2I安全通信

6.1 V2I 概述

V2I 通信是解决许多车联网问题的一种很有吸引力的方案。近年来，V2I 技术是大量智能交通系统（ITS）研究和工作部署的重点。这项活动使得大规模部署及采用的技术准备实现了增长。V2I 的技术优势如下：

1）前期补贴：对早期车辆网联技术使用者的补贴应该是近年来在美国进行 V2I 研究及部署的主要推力。展望未来，假设所有新车从此时开始装备 DSRC，从这一具体日期开始发展到市场 50% 的占有率起码得花 10 年。客户可能会因为买了搭载 V2V 技术的车辆，而当前很难碰见同样搭载 V2V 技术的车辆，从而受益有限。V2I 技术可以通过与基础结构的交互代替车辆间的交互，来给早期采用 V2V 的顾客解决这一问题。

2）与道路基础设施之间的链接：车辆在日常通勤中会接触到不同的道路基础设施。这个范围从信号灯和道路标志一直到人行道标记。通过添加车辆和道路基础设施之间的通信链路可以增强交互，这样的话车辆可以获取更多的道路基础设施信息，反过来，这又给车辆带来了安全性与机动性。

3）将网联车辆优势扩展到人口稀少的地区：V2I 可用于在郊区和农村地区传输安全信息（如现场天气信息），而 V2V 通信可能做不到这一点。基础设施可以与车辆共享自身信息，例如红绿灯控制器数据或从安全传感器收集的数据。或者，基础设施可以转发最近通过某一地区过往车辆的信息（例如，通过牵引力系统信息推断出路面湿滑的信息）。

4）有助于日后的自动驾驶功能：若将自动驾驶汽车也添加进来的话，V2I 通信功能不再只是提供安全性和机动性价值，而是成为一种必需品。自动驾驶汽车操作需要有关道路的某些信息，例如最新的高清地图，这可由基础设施提供。

工业界及科研界正在研究一些支持 V2I 通信的无线通信技术。这些技术包括 DSRC、蜂窝通信、卫星通信和红外通信。每一项技术都有成本、可用性和技术性能方面的优缺点。值得注意的是，5G 蜂窝通信作为有望未来可以与 DSRC 竞争的技术，发展势头强劲。请注意，本章将用"路侧单元（RSU）"来代指含有 DSRC 的基础结构端的计算设备，并且负责通过空中下载（OTA）来收发信息。

6.2 V2I 消息

本章主要介绍有关已被美国汽车工程师学会 SAE J2735 标准化或正处于标准化过程中的现有 V2I 信息的详细信息。请注意，这些信息可能在不同版本中的描述不一样。本书提供了较高层次方面的信息结构及其意义的叙述。读者可以查看最新版本的标准来获取信息数据单元的详细信息。请注意，本书采取了与 SAE J2735 标准同样的命名方式，其中前缀"DE_"代指数据元素，"DF_"代指数据框架。

6.2.1 地图数据（MAP）

该数据给接收方提供一个路口或多个路口的几何信息的完整描述。该信息能够使道路使用者，例如车辆、摩托车或者行人可以精确定位到自己所处车道的位置信息。多个应用支持在路口或车道实现精确到道路级别的定位，例如，闯红灯警告，这将在下一章进行详细讨论。

信息架构

图 6-1 所示为 MAP 信息架构，包括总览以及其中的一些重要因素。该标准定义了附加的可选和"占位符"数据框架和元素，如果有兴趣，读者可以在 SAE J2735 文件中进一步研究它们。

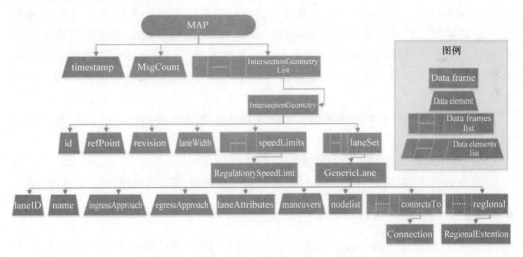

图 6-1　MAP 信息架构

MAP 信息可以通过 DF_IntersectionGeometry 数据结构描述多种交叉路口，每个都有独一无二的身份验证信息（DE_IntersectionID）。RSU 传输 MAP 时也需要使用 DE_MsgCount 来传递信息的版本号。在 DF_IntersectionGeometry 更底层，我们可以发现以下用于描述道路几何信息的字段：

1) refPoint：WGS-84 坐标系下的位置信息，包含经度、纬度和可选择的海拔。这个位置作为一个参考点，通过使用这种方法可以用距参考点的距离来描述路口信息，而不需要使用该点的完整坐标信息。这种使用距参考点的距离表示几何信息的方法，减少了 MAP 信息的规模，从而提高了效率。

2) laneWidth：一个可选字段，用来提供路口所有道路的宽度，单位为厘米（cm），除非下述数据帧/元素中另有说明。

3) speedLimits：一个可选字段，用来提供路口的所有道路的规定速度，除非道路描述中进行了详细说明。

4) laneSet：这是强制内容列表，包含与路口所有道路有关的详细信息。lane Set 在标准中是通过 DF_LaneList 来表示的，是一串最大长度为 255 的 DF_GenericLane 信息。每个 DF_GenericLane 包含路口的一条道路的信息：

① laneID：分配给交叉路口相应道路的唯一 ID。

② name：可用于调试目的的可选描述性名称。

③ ingressApproach and egressApproach：用于在交叉路口分别通向进出口的不同道路可选的唯一指标。

④ laneAttributes：含有道路特征的字段，包括道路弯曲程度和限速的数据。

⑤ maneuvers：可选内容，用于指定道路上可进行的操作，包括直行、右转、左转、红灯时左转或右转、变道、禁停、让路、完全停下后移动和缓慢起步。

⑥ nodeList：节点列表，每个节点包含纵向偏移量、横向偏移量和可选的高度偏移量和路宽，是道路几何信息的体现。这是 MAP 信息中的关键数据，车辆将使用该数据将自己映射到所处的具体车道以及车道内的位置。这样的位置信息可以被众多应用使用，其中包括红灯违规警告（Red Light Violation Warning, RLVW），这个将会在下一节讨论。

⑦ connectsTo：一个可选字段，包含在停止栏之外连接到这个特定车道的车道列表。

⑧ overlays：与当前车道有重叠的道路数据信息。

⑨ regional：这是为可能需要对消息添加某些内容的区域保留的附加可选字段。

6.2.2 信号相位和时间（SPaT）

SPaT 信息旨在传递交通信号的状态，包括不同车道所对应的信号灯相位、下一相位及其时序。这个信息可以传输一个或多个信号交叉路口的信息。当与 MAP 相关联时，SPaT 可在其他可能的应用中支持多种 V2I 情形，包括红灯违规警告、紧急车辆和过境车辆的道路优先权及占道权、生态通行，以及提供绿灯状态下最佳通行道路的速度建议（也被称为绿波）。

信息架构

本节将提供 SPaT 信息中有限字段的详细描述，以解释其功能，同时避免不必要的重复。读者可以参考 SAE J2735 标准来获取 SPaT 的更多信息。

与标准化的 DSRC 信息类似，SPaT 以特有的 msgID 开始 [13（十进制）或 "0D"（十六进制）]。如之前提到的，SPaT 可以支持多种交叉路口。这可以通过使用 "intersection" 字段来完成，该字段是一列 DF_IntertsectionState 数据帧，每帧都含有一个或多个交叉路口的信号相位信息和时间数据。假定该数据帧包含 SPaT 信息的核心数据，下面将列出 DF_IntersectionState 部分字段的详细信息：

1) id：分配给特定路口的独有的标识符，与 MAP 路口信息标识符相匹配。
2) revision：信息修订的编号。当信息内容变化时，编号会随之更新。
3) status：提供交叉路口交通信号灯控制器的状态信息，如仅进行固定时间内操作（没有触发交通控制）和从控制器获取的 SPaT 信息。
4) timestamp：一种可选的以世界协调时间（UTC）表示的毫秒时间戳，在该时间构造当前的 SPaT 数据块。
5) enabledLanes：行驶在当前路口的可通行车道的可选列表。这被用来描述在路口驾驶操作的不同调整状态。此类调整状态的一个例子是，在一天中不同的时间，最右侧车道右转红灯的亮灭。
6) states：路口不同行进状态的信息列表和当前的相位状态（可能还有未来相位）。

① signalGroup：当前行进状态下显示的车道群组标识符。
② state – time – speed：这个数据包含 SPaT 的核心信息，其中包含最多 16 种行进活动。
③ eventState：与不同阶段（红灯、绿灯和黄灯）有关的多个状态（例如允许通行、停车和前进、停车和保持）的表示形式。图 6-2 所示为信号交叉口不同相位的状态图。
④ timing：提供当前行进事件中显示的相位计时的详细信息的一个可选字段。时序信息一般包括相位的开始时间、最小和最大结束时间（考虑到激活的交通信号中的结束时间可能会延长），以及下一阶段何时开始的估计时间。准确预测非固定时间流量控制器的相位时序非常具有挑战性，因为从这些不同时间可以推导出，此类控制器的 V2I 应用程序开发变得很复杂。
⑤ speeds：一个可选元素，用于给支持特定类型的生态出行/绿波交通车流应用的车辆提供速度建议。
⑥ regional：一个额外的、可选的、为可能需要添加到相应移动事件的区域保留的字段。
⑦ maneuverAssistList：一个可选的列表，为不同的操作提供额外的信息，以帮助车辆导航到相应的车道。这些信息包括队列的长度（如果存在的话），以及侦测到在这些车道上横穿的行人或自行车。
⑧ regional：为可能需要添加到相应移动状态的区域保留的附加可选字段。

7）maneuverAssistList：这是与 DF_MovementList 中相同的机动辅助列表字段。如果在交叉口级别有关于不同车道的公共信息，则可以在 DF_IntersectionState 中提供该信息。

8）priority：任何活动的优先级状态。这个字段是可选的。

9）preemption：任何主动的抢占状态。这个字段是可选的。

10）regional：为可能需要在相应的交叉路口添加某些内容的区域保留的附加可选字段。

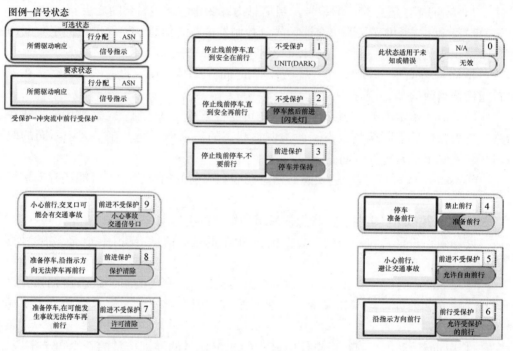

图 6-2 信号交叉口不同相位的状态图

6.2.3 旅行者信息消息（TIM）

此信息旨在为道路旅行者提供道路标志类型的信息和警告。这些信息可以包括广泛的用例，从安全警告到餐馆和休息区的出口标志。

信息架构

TIM 大量使用了 ITIS 代码，不同的代码和语句可以表示不同旅行者的信息。该信息开始于 msgID（类似于其他 DSRC 信息），可选字段如报文计数和指向源址的 URL。TIM 被分为三部分，每部分都有不同的作用，下面进行详细解释。

1. 第一部分——帧头

这部分作为 TIM 的帧头，包含信息类型及时序等一般信息。下面给出了第一部分某些字段的例子：

1) frameType：该字段提供了 furtherInfoID 或 roadSignID 字段的选择。furtherInfoID 可以使 TIM 与其他信息链接，这些消息可能提供有关该事件的额外信息。roadSignID 提供了有关路牌的信息，包括路牌的位置、面对路牌时车辆的行驶方向和其他可选内容。

2) startYear：可选字段，表示事件开始时的年份。如果 startYear 丢失的话，则用当前年份代替。

3) startTime：事件开始时的分钟信息。

4) durationTime：信息的有效期，用分钟计量。整数 32000 表示信息永久有效。

2. 第二部分——适用区域

这部分提供了信息适用区域的详细信息：

1) commonAnchor：可选的 WSG-84 参考系，信息中其他位置的表示可参考它。

2) commonLaneWidth：表示信息中车道宽度的可选字段，除非在信息底层另有所指。

3) regions：信息适用的地理位置的几何表示。

3. 第三部分——内容

此处描述了有关 TIM 中特定事件的详细内容。注意，TIM 中的所有内容都是 SAE J2540-2 提供的 ITIS 代码和文本，且 TIM 允许多达 10 个 ITIS 代码或文本的序列来给道路使用者提供可用信息。下面提供了在限速字段描述如何在弯道处提供速度建议的一个例子。

第三部分提供的 TIM 内容被分为五大类，以便在车辆无法解码相应代码时提供常规咨询服务。

1) advisory：ITIS 代码或文本，可用来给驾驶员提供相关具体道路情况的咨询建议。ITIS 中事件文本和代码的示例，可用来提高道路使用者的状态感知，其中包括 falsh_flood（3073）、wildfire（3084）和 checkpoint（3755）。

2) workZone：这是有关在道路上即将出现的工作区域标识的 ITIS 代码。这样的代码例子包括道路施工（1025）和车道合并（777）。

3) genericSign：该字段提供了在 ITIS 代码中编码的通用标志，例如休息区（7986）和即将到达路口（12316）标志。注意，尽管 SAE J2540-2 提供了这些标志的编码，但它们的定义和使用信息收录于统一交通控制装置手册（MUTCD）中。

4) speedLimit：用 ITIS 代码表示的速度限制显示。例如，弯道限速 20mile/h（1mile=1.609km）可以用下列 ITIS 文本和代码表示：

① 文本：advice, on a curve, speed limit, n20, mph

② 代码：7712, 8026, 268, 12564, 8720

5) exitService：可提供的路边服务，例如住宿和餐饮的 ITIS 代码（文本为 lodging，代码为 13069）

TIM 的第三部分也包含了一个可选的 URL，该 URL 可以链接到关于事件和消息 CRC 的其他信息。

6.2.4 基本信息/基础设施信息（BIM）

此消息旨在支持从基础设施到道路用户的信息共享，以促进不同的 V2I 应用程序开发和提供即将发生的交通事件的数据。该信息最成熟的开发已经由 CAMP 完成。但是，BIM 的详细信息在任何 SAE，或其他组织和标准中不可用，因为信息仍处于 SAE DSRC 技术委员会所推进的标准化阶段。

信息架构

在编写本书时，关于 BIM 的 CAMP 版本，也就是所谓 BIM 推进的文献资料非常有限。因此，此处将使用互联网上的材料对 CAMP BIM 进行简要概述。

BIM 遵循基于容器的逻辑。这意味着数据根据使用情况进行分类，然后分配到不同的容器中进行组合。因此，信息结构的定义中可能包含大量与不同应用程序（或事件）相关的容器。然而，基于特定事件，从 RSU 发送来启用应用程序的消息将包含有限数量的容器，这些容器用于描述所讨论的事件。

例如，弯道速度警告应用程序需要一个公共容器，其中包括消息标识符、弯道位置、计时信息等消息。随后，包含在消息中的弯道容器将会传递有关弯道的信息（如弯道几何形状、斜坡角度、道路摩擦系数、路面状况）。CAMP BIM 结构如图 6-3 所示。

接收到此消息的车辆可以使用该数据知道自己正在接近弯道，利用 GPS 位置将自己映射到弯道几何位置，如果通过坡度、路面摩擦系数和路面状况发现处于危险车速就发出必要警报/建议。这也适用于其他情形（如工作区域），在这些情形下，公共容器将包含全部信息，事件容器将会提供启动相应应用程序的必要事件信息（如工作区域减速警告）。

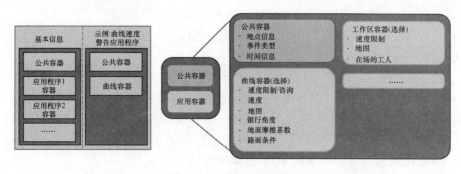

图 6-3 CAMP BIM 结构

6.3 用例和应用程序概念

本节提供了重点突出该技术潜在优势的多个 V2I 用例和应用程序。其中一些概念已经发展成原型应用程序，并在各种条件下进行了测试，但是其他概念仍处于研究初期阶段。因此，以下为每种不同概念提供解释的详细程度将有很大差异。值得注意的是，将在后面部分讨论的 V2I 部署包含多个成熟的 V2I 应用程序的计划。

美国联邦公路管理局（FHWA）将 8 份 V2I 申请确定为进一步研究的重中之重。基于对碰撞因素的分析而选中了这些应用程序，因为它们具有潜在优势。此分析使得 V2I 通信可以以经济高效的方式解决识别高优先级碰撞类型的问题。因此本书将讨论作为典型 V2I 通信使用案例的 8 个应用程序的概念。读者可以参阅文献[7]来获取其他的 V2I 事例。注意，由于技术成熟度的关系，这 8 个应用中只有 3 个应用程序将会被详细讨论，分别是红灯预警、弯道速度预警和限速施工区域预警。其余 5 个应用程序只进行总体概述。

6.3.1 红灯预警（RLVW）

RLVW 可被认为是 V2I 通信技术中使用最多的情形，该应用通过了多轮研究、发展、改进和部署。早期研究和开发工作之一是在 CAMP 协会的 CICAS–V 项目中进行的。此后，该应用被纳入部署活动/计划以及 CAMP V2I 协会的工作计划中，促使 FHWA 出台了相关性能要求文件。

此应用程序的目的是防止接近信号交叉口的车辆闯红灯。如果车辆确定红灯违规的概率很高，则驾驶员应收到警告。RLVW 场景如图 6-4 所示。

RLVW 应用实现

RLVW 的功能可以通过 V2I 通信从路边基础设施向周围车辆发送信号相位和时间（SPaT）以及路口几何信息（MAP）来实现。如上一节所述，SPaT 和 MAP 是 SAE J2735 中已标准化的信息。SPaT 信息中包括路口不同车道对应的交通信号灯的相位（绿、黄、红）。具体相位信息是可选的，不一定存在于 SPaT 信息中被发送出去。另一方面来说，MAP 信息包含路口对应车道的三维模型图像，纬度、经度和海拔（可选），以及每个停止线的位置信息。存在连接 SPaT 和 MAP 信息的特定装置可以使接收车辆确定信号相位和时间所对应的车道。

在接收了 MAP 信息后，车辆会定位到自己在十字路口所处的车道，并且通过车辆 GPS 位置计算出离停止线的距离。然后，车辆会从 SPaT 信息中查找自身所处车道的信号灯的相位和时间信息。如果算法确定当车辆保持当前速度及加速度时，将会在红灯时越过停止线，那么将会对驾驶员发出警告来进行制动，使汽车及时停住。

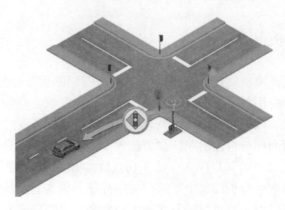

图 6-4　RLVW 场景

6.3.2　弯道速度预警（CSW）

该应用程序的目的在于减少车辆高速转弯时在弯道处打滑或翻车的情况发生。一般来说，美国的弯道都张贴有速度建议标志。由于这些速度是为不良天气条件下重型汽车设计的，不强制一定要遵循此速度。因此，驾驶员通常会在弯道处以高于建议的速度驾驶汽车。根据速度、车型和天气状况，这可能会导致严重的事故。

CSW 应用被用于在驾驶员以较危险速度接近弯道时向他们发出警报，如图 6-5 所示。

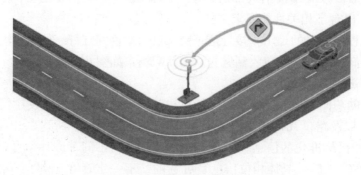

图 6-5　CSW 场景

CSW 应用实现

此应用程序有许多不同的运行方式的变化，包括以下两点：

1）基础设施将建议的速度从自身发送给车辆。然后，车辆警告驾驶员车速超过了建议速度的标准。

2）基础设施给接近的车辆发送多个信息，包含弯道形状和可能的天气状况。如果车速超出限速，那么车辆就计算出临界速度并警告驾驶员。考虑到当前天气情况和车辆运动状态，这是一种更为复杂的实现 CSW 功能的方法，我们将基于文献

[5，10] 中 CAMP 的发展情况进行详细说明。

CSW 中的 CAPM 装置假设了基础设施存在多种弯道信息，例如，弯道几何形状、坡道角度、弯道半径和摩擦系数（或可以推算出摩擦系数的道路材质和状况）。该信息包含在基础信息（BIM）中。值得注意的是，这是 BIM 消息运用的一个 CAMP 具体事例，在编写本书时，其已经处于 SAE DSRC 技术委员会的标准化进程中。

车辆根据从基础设施接收的几何数据来定位自身。然后，车辆可以使用自身的运动学模型、弯道半径、坡道角度和摩擦系数来计算数据较小时车辆打滑或侧翻的速度。

驾驶员会在车速超出临界速度以下某一阈值时收到警报。这个阈值可以基于程序设计的余量来进行调整。高阈值的话，会导致警告速度较低，从而获得更多的余量，达到更保守、更安全的设计效果。但是，如果警告速度相比于临界计算速度降低太多，这可能会导致驾驶员受到干扰。

6.3.3　限速施工区域预警（RSZW）

该应用程序旨在给车辆提供即将到来的工作区的信息。这可使驾驶员保持在工作区所告示的限速范围内，并且避免行车道封闭。施工区域道路工作人员的安全是道路持有者和施工单位所关注的主要方面。此外，这些区域车道的关闭可能会给这些机构带来额外的堵塞问题。目前，根据统一交通控制装置手册（MUTCD），每个工作区域都配备有速度限制和车道关闭标志。无论如何，驾驶员可能会缺少某些信息来对工作区情况进行判断。例如，"有工人在场区域的低速标志"可能存在，但是驾驶员可能很难根据道路形状、照明状况和天气状况来判断是否有工人出现。此外，在违反工作区域法规的情况下，车辆发出的警告可能会比警告标志对驾驶员产生更大的影响。图 6-6 所示为 RSZW 场景。

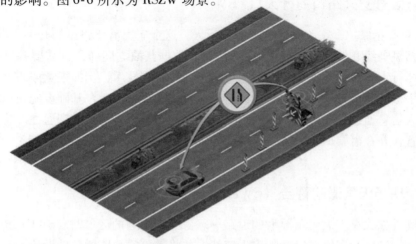

图 6-6　RSZW 场景

RSZW 应用实现

在这里讨论 RSZW 的 CAMP 应用的概念。选择该应用程序是因为在本书编写阶段，该应用程序的技术最为成熟。

为了使程序运行，基础设施需要传递工作区相关的信息，例如几何信息、区域起始点的参考点、封闭车道的位置信息和工作人员的出现。在 CAMP 应用中，上述提到的 BIM 被用来将此数据发送给车辆。

车辆可以使用 GPS 坐标和行车记录来将自身映射到工作区几何信息中。然后，车辆可以确定自身是否正在向工作区行驶。当车速高于区域速度限制或正在封闭车道上行驶时，车辆可以警告驾驶员。工人出现区域的标志也可通过人机交互（HMI）传递给驾驶员，以此来加强情况感知。

6.3.4 停止标志差距辅助（SSGA）

SSGA 用于应对小型/主要路口的潜在事故。小型道路上的驾驶员可能会误判路口道路两侧的可用间隙，进而进入路口导致事故。此应用程序功能可以通过 V2V 通信实现，其中小型道路上的车辆通过使用主路上其他车辆传输的位置数据，以及可能存储的道路几何数据来估计可用间隙，并在可能导致事故发生时警告驾驶员。但是，由于 DSRC 市场渗透率低，早期部署期间只有很少的收益。此外，车辆维护更新的地图应该不是运行 SSGA 的限制因素。

也可实施 V2I 方案，其中路侧基础设施使用范围探测器（如雷达或激光雷达）来检测迎面而来的车辆并计算可用间隙距离。然后，在间隙不足的情况下，使用 V2I 向小型道路上的车辆发出警告。或者，可以通过路侧标牌进行警告，这使得解决方案完全依赖于基础设施。

6.3.5 信号交叉路口的行人（PCW）

PCW 旨在保护十字路口穿越马路的行人。这个应用需要路口的几何形状信息，其中包括斑马线几何信息，这可以通过 MAP 数据获取。同样，也需要基础设施信息来判断行人是否处于斑马线上。这可通过一些感知技术，例如视觉或雷达，或通过行人手机与基础设施之间的无线通信的应用来实现。然后，基础设施可以将过马路的行人信息通过 V2I 通信传输给车辆。最终，车辆将自己映射到通往对应人行横道的位置，并在需要时警告驾驶员。PCW 的不同应用可以在文献［13］中找到示例。

6.3.6 现场天气影响警告（SWIW）

在驶近如大雾、大雨及湿滑的道路等恶劣天气影响的区域时，SWIW 会向驾驶员预警。行驶中的车辆可以推断出天气情况并将其传输给路侧基础设施，基础设施再把该信息传给正在接近的车辆。或者基础设施中配备有可以探测危险天气状况的气象站。

通过 TIM 消息，SAE J2735 标准支持 SWIW。之前讨论的 TIM 消息包含各种表示不同天气状况的选项。车辆通过 V2I 通信接收 TIM，并在接近危险区域时向驾驶员提供警报。

在道路天气管理方案中，某些项目研究了网联汽车恶劣天气报告和响应概念。这些项目旨在使基础设施收集来自车辆的天气数据，然后通过手机/网站与公众分享数据或改变道路限速的对应方法来应对。这些工作凸显了今后标准化工作的巨大潜力。

6.3.7 超大型车辆警告（OVW）

该应用旨在警告尺寸过大的车辆避免与道路障碍（如桥梁、隧道）的碰撞。尺寸过大包括高度、宽度和长度方面数据。FHWA 资助的项目为该系统提供了操作概念与系统要求，但是，据我们所知，具体的 OVW 应用还没有成型。

6.3.8 铁路道口违规警告（RCVW）

RCVW 通过在有火车接近时给驾驶员提供警告来解决穿越铁路方面的问题。这需要基础设施含有接近火车的信息，其中包括到达铁路交叉口的估计时间。反过来，基础设施通过 V2I 将信息传递给周边车辆。

6.4 美国的 V2I 部署活动

近年来，随着 V2X 技术的成熟，美国各地 V2X 的部署数量持续增加。这始于 2012 年密歇根州安娜堡（Ann Arbor）安全飞行模型的部署，并随着诸如网联车辆互联部署程序和智慧城市计划的活动而继续发展出多种部署形式。本节将会重点介绍 V2I 方面的主要运用，其他章节涵盖的内容就不再介绍。

6.4.1 安全试点模型部署（SPMD）

从 2012 年开始，SPMD 是 V2X 部署的先行者，帮助该技术向大规模应用迈出了第一步。这项部署开展于密歇根州东南部安娜堡，直到编写本书时仍以不同级别的操作运转。这项活动的重点就是 V2V 通信。然而，在数量有限的 V2I 应用中，系统部署了许多路侧单元（RSU）来收集数据并进行测试。这项部署中一共设立了 29 个基础设施点，这些点处的 RSU 从周边车辆收集 BSM 来进行数据分析。此外，不同的 RSU 根据所涉及的 RSU 的位置传输 MAP、SPaT 和 MIT 消息。图 6-7 所示为 SPMD 中 RSU 的位置信息。

在该项部署中测试的 V2I 应用示例如下：

1) 弯道速度预警（CSW）：如在本章前面部分所述，CSW 协助驾驶员安全通过弯道。该应用通过使用 SPMD 中的 TIM 启用,其将与弯道提示速度标志相同的建议速度发送给周围的车辆。启用了 V2I 功能的汽车反过来将速度建议显示给驾驶员。总共三条弯道都配备了支持 CSW TIM 传输的 RSU。

2) 结冰警告系统:在 SPMD 中一个部署在交叉路口的 RSU 上进行了该应用程序的开发和测试。该系统由液体检测传感器、路面温度传感器和测量传感器组成。这些传感器一起工作,以确定道路结冰状况。该信息会通过 TIM 发送给车辆。

3) SPaT 和 MAP 通信:在 Ann Arbor,SPaT 和 MAP 消息在路口中被传递。共有 21 个信号路口配备了 RSU。如前所述,这些消息可用来运行 RLVW 应用。

图 6-7 SPMD 中 RSU 的位置信息

6.4.2 网联车辆试点计划

在 2016 年 2 月,美国运输部(USDOT)与纽约市交通局、坦帕-希尔斯伯勒高速公路管理局和怀俄明州交通局签署了三项合作协议,以进行大规模网联车辆的部署。与 SPMD 相反，这些部署更侧重于与基础设施相关的活动。值得注意的是，在编写本书期间，这些部署仍处于设计/构建/测试阶段。在试点基地部署后，还计划建立 18 个周期的维护/操作试点。

6.4.2.1 纽约市交通局（NYCDOT）试点

该试点的目的是为了通过网联车辆提高纽约乘客的安全性和机动性。纽约由于城市环境复杂，对于车辆定位提出了挑战。因此，NYCDOT 的结果将会被列入城市复杂环境下的 V2X 系统研究中。在横穿纽约的 353 个地点将设立 RSU，这是迄今为止美国最大的基础设施部署。图 6-8 所示为 NYCDOT 试点部署区高空俯视图。

RSU 将暂定为以下部署方案：曼哈顿大道部署 202 个，曼哈顿十字路口部署 79 个，弗拉特布什大道部署 28 个，罗斯福快速道部署 8 个，支持的地点（机场、河口等）部署 36 个。

根据其位置和功能，这些回复单元将发送以下消息的组合：

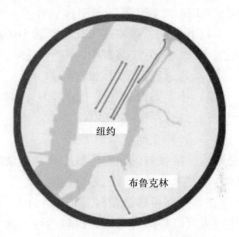

图 6-8　NYCDOT 试点部署区高空俯视图

1）TIM。

2）优先级请求/状态（SRM/SSM）：SRM 是车辆传输给路口 RSU 的一种消息，用来查询优先级或信号灯的顺序。SSM 包含着有关信号优先级和优先权请求的状态信息，其中包括确认和拒绝。

3）位置校正（RTCM）：用于封装差分全球定位系统（DGPS）校正以提高 GPS 接收器的定位精度的消息。

除了发送上述信息外，RSU 还收集通过车辆传输的 BSM。值得注意的是，RSU 将被用于车载 DSRC 单元（OBU）的无线更新（OTA）。下列 V2I 应用计划在 NYC-DOT 试点项目中运行与测试：

1）RLVW。

2）速度合规性：向超速的驾驶员提供警告的应用。该应用通过与车辆位置信息有关的 TIM 发送限速信息。

3）弯道速度合规性：该应用与先前讨论的 CSW 概念类似，只是命名有所差别。

4）速度合规性/工作区：与前面章节中介绍的 RSZW 类似的应用程序，但此应用程序可同时支持静态和动态工作区域（例如，路面维修人员）。

5）尺寸过大车辆合规性：与 OVW 用例相同。

6）紧急通信和疏散信息：此应用旨在向道路使用者通过基础设施发送紧急状

况、疏散和限制通行的信息。该信息从纽约应急管理办公室（NYC OEM）和 NYC-DOT 应急响应办公室（OER）获取。

6.4.2.2 坦帕-希尔斯伯勒高速公路管理局（THEA）试点

THEA 试点旨在防止车辆碰撞，提高车辆机动性和减少温室气体排放，改变坦帕市中心道路使用者的体验。在坦帕市中心计划安装总共 41 个 RSU 以支持各种应用，THEA 试验部署区如图 6-9 所示。

以下提供了将被在 THEA 部署中运行和测试的 V2I 应用。注意，这里应提供应用的全称，因为该部署中的应用可能与文献应用含有相同的名字，但缩写不同。

1）弯道速度预警（CSW）。
2）十字路口斑马线上的行人（PED – X）。
3）红灯预警（RLVW）。
4）智能交通信号灯系统（I – SIG）：该应用旨在改善路口的交通。通过使用基础设施接收的网联车辆数据和基础设施中待定义的感知结构检测到的未装备的车辆，以此来改进交通信号灯控制。
5）行人可移动信号（PED – SIG）：该应用旨在通过使用 V2I 通信的路口来收集行人可以移动过的信息，包括行人动态请求信号、告知行人可以通过马路以及在某些情况下，残疾人优先通行的请求。

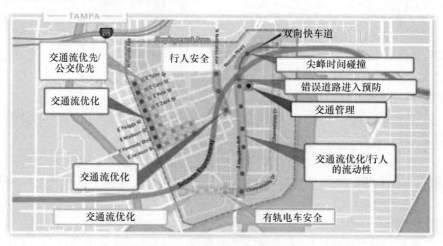

图 6-9　THEA 试验部署区

6.4.2.3 怀俄明州交通局（WYDOT）试点

WYDOT 的目的是改善怀俄明州 I – 80 州际公路上的安全性和机动性。这一部署的主要重点是通过提供旅行者信息，特别是处于危险天气条件下和通过工作区的情况，协助车队管理员、货车驾驶员和客车驾驶员安全地在高速公路上行驶。因此，高速上的驾驶员可以利用 V2V 和 V2I 通信共享的数据信息，以便在寻找替代路线、停车场或调整速度时,可以做出更好的选择。

试点关注的重点是一段402mile的I-80路段,在恶劣天气下,该公路会对货车车队造成严重危害,一定程度上也会对乘用车造成危害,如图6-10所示。为了应对恶劣天气的影响,这使得WYDOT试点具有独特的部署,其重点在于货车的安全,相比之下,城市部署侧重于乘用车和重要用户的安全,如NYCDOT和THEA试点。

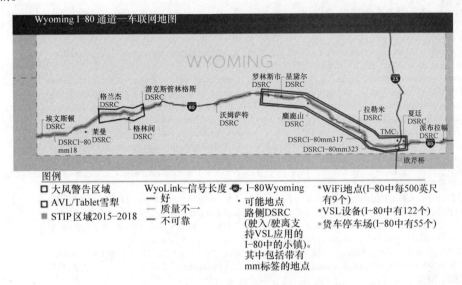

图6-10　WYDOT试验部署区(见彩插)

上述路段沿线的"热点"处将要安装75个RSU,这些点是通过统计日平均车流量、货车的占比、天气状况和道路几何信息确定的。WYDOT试点将要运用和测试下列V2I应用:

1) 基础设施-车(I2V)的态势感知(SA):此应用程序使RSU能够向沿I-80州际公路行驶的车辆传输下游信息,如天气、限速和路况信息。这种态势感知有助于车辆避免危险,预测前方路况,并遵守交通法规。

2) 工作区警告(WZW):此应用程序类似于前面各节中讨论的RSZW用例。

3) 区域天气影响警告(SWIW):用例在之前已经描述过。

4) 遇险通知:启用此程序的车辆在手动激活或被传感器检测出事件时发送协助请求。

6.4.2.4　哥伦布智能城市(SCC)

SCC专注于为作为美国试点城市的哥伦布市引进新型智能城市技术。这包括V2V/V2I和其他技术,比如电动汽车、智能汽车和社区改进项目。迄今为止,SCC计划仍处于起步阶段。提议的V2I计划是在哥伦布市中心为175个路口配备RSU以支持各种应用。以下列表提供了此部署提议的应用程序示例:

1）紧急车辆和运输车辆的信号抢占和优先权。

2）包括 RLVW 和行人检测的路口安全应用程序。

3）学校区域减速。

值得注意的是，因为此部署仍处于早期规划阶段，关于这些应用程序的有限的详细信息可以在 SCC 发布的材料中找到。

6.5 参考文献

1. J. Chang, "Market penetration analysis for VSC-A safety benefit opportunities estimation," *Discuss. Doc. Prep. ITS Jt. Progr. Off.*, 2010.
2. Society Automotive Engineers International, "Dedicated Short Range Communications (DSRC) Message Set Dictionary: J2735." Society Automotive Engineers International, 2016.
3. Society Automotive Engineers International, "ITIS Phrase Lists (International Traveler Information Systems): J2540/2." Society Automotive Engineers International, 2009.
4. FHWA, "Manual on Uniform Traffic Control Devices for Streets and Highways," 2009.
5. J. Parikh and C. Andersen, "Development of Vehicle-to-Infrastructure Safety Applications in the United States," *23rd World Congress on Intelligent Transport Systems*, 2016. [Online]. Available: https://www.its.dot.gov/presentations/world_congress2016/WC_TP79_ParikhAndersen.pdf.
6. J. Chang et al., "Estimated Benefits of Connected Vehicle Applications: Dynamic Mobility Applications, AERIS, V2I Safety, and Road Weather Management Applications," 2015.
7. K. K. Hartman, "Connected Vehicle Applications," *United States Department of Transportation*. [Online]. Available: https://www.its.dot.gov/pilots/cv_pilot_apps.htm.
8. M. Maile and L. Delgrossi, "Cooperative intersection collision avoidance system for violations (CICAS-V) for avoidance of violation-based intersection crashes," *Enhanc. Saf. Veh.*, pp. 118–2009, 2009.
9. R. L. V. Warning, "Vehicle-to-Infrastructure (V2I) Safety Applications."
10. M. Shulman and S. Geisler, "Development of Vehicle-to-Infrastructure Applications Program Second Annual Report," 2016.
11. L. Alexander et al., "The Minnesota mobile intersection surveillance system," in *Intelligent Transportation Systems Conference, 2006. ITSC'06. IEEE*, 2006, pp. 139–144.
12. G. Cordahi et al., "Connected Vehicle Pilot Deployment Program Phase 1, Application Deployment Plan–Tampa (THEA)," 2016.
13. R. E. Zimmer, M. Burt, G. J. Zink, D. A. Valentine, and W. J. Knox Jr, "Transit Safety Retrofit Package Development," 2014.
14. D. R. Stephens, T. J. Timcho, R. A. Klein, and J. L. Schroeder, "Vehicle-to-Infrastructure (V2I) Safety Applications Concept of Operations Document," 2013.
15. K. Gay and V. Kniss, "Safety Pilot Model Deployment: Lessons Learned and Recommendations for Future Connected Vehicle Activities," 2015.
16. D. Bezzina and J. Sayer, "Safety pilot model deployment: Test conductor team report," *Rep. No. DOT HS*, vol. 812, p. 171, 2014.
17. C. V. INFRASTRUCTURE, "Lessons Learned from Safety Pilot and Other Connected Vehicle Test Programs," 2014.
18. K. K. Hartman, "Program Overview." [Online]. Available: https://www.its.dot.gov/pilots/pilots_overview.htm.
19. M. Talas, I. Morel-Dziengeleski, F. Esposito, E. Flanigan, D. Benevelli, and R. Rausch, "Connected Vehicle Pilot Deployment Program Phase 1, Partnership Status Summary–New York City," 2016.
20. Tampa Hillsborough Expressway Authority, "TAMPA CONNECTED VEHICLE PILOT — FACT SHEET," 2017. [Online]. Available: https://www.tampacvpilot.com/wp-content/uploads/2017/03/2672-Tampa-Connected-Vehicle-Pilot-Fact-Sheet-20170815-rgb.pdf.

21. D. Gopalakrishna *et al.*, "Connected Vehicle Pilot Deployment Program Phase 1, Concept of Operations (ConOps), ICF/Wyoming," 2015.
22. "Connected Vehicle Pilot Deployment Program: WYOMING," 2017. [Online]. Available: https://wydotcvp.wyoroad.info/assets/promotion/ WyomingCVPilot_Factsheet_v2_020817.pdf.
23. D. Gopalakrishna *et al.*, "Connected Vehicle Pilot Deployment Program Phase 1 Comprehensive Pilot Deployment Plan, ICF/Wyoming," 2016.
24. "BEYOND TRAFFIC: The Smart City Challenge Phase 2," 2016.

# 第 7 章
V2P安全通信

7.1 V2P 概述

本章提供了车辆与行人合作安全应用、启动技术和现场测试结果的概述。我们将描述其体系结构及基本概念。首先，我们将讨论基于 V2P 安全应用研究的 DSRC 的动机；然后比较 DSRC 和基于视觉的 V2P 碰撞检测系统；接着，我们将介绍 V2P 系统架构和车辆警告策略；接下来是测试设置的说明；最后，对通信结果和应用性能进行描述。

7.2 动机

每年，全世界约有 125 万人死于道路交通事故。此外，有 2000 万~5000 万人遭受非致命伤害。几乎一半是易受伤害的道路使用者：包括行人、骑自行车者和摩托车驾驶员。在世界上较贫穷的经济体中，行人死亡率较高。据报道，美国 22% 的道路死亡人数是发生在行人当中。而在非洲道路死亡人数中有 39% 是行人。因此，这就需要发展价格合理的设备和技术来解决行人死亡的问题。美国交通部发布了拟议规则制定通知（NPRM），NPRM 概述了 V2V 专用短程通信（DSRC）安全通信系统的潜在任务。DSRC 是高可用性和低延迟的广播通信技术。美国车辆中的 V2V 应用可以解决 70% 以上的车辆碰撞问题。此外，可以对 V2V 系统进行扩展以解决行人安全问题，这将由车辆和行人设备交换安全信息。2013 年，本田研发展示了世界上第一个 V2P DSRC 安全系统。该系统使用一台配备了改装的 Wi-Fi 收发器的现成智能手机与配备了 DSRC 的车辆进行交互。2016 年 3 月，国际自动机工程师学会（SAE）发布了世界上第一个 V2P 行人安全信息（PSM），它是安全通信标准 J2735 的一部分。2017 年 3 月，SAE 发布了世界上第一个行人安全通信系统推荐实践标准 J2945／9。在本章中，我们将描述 V2P 系统，该系统提高了车辆对附近行人的意识。此外，我们还将展示该系统如何改善行人安全，对 PSM 内容和推荐用途进行描述。在最后，我们将讨论 V2P 系统生产部署面临的挑战和机遇。

全世界每年有超过 270000 起与行人交通事故相关的死亡事故，这个问题超越了经济和区域边界。例如，34 个经济合作与发展组织（经合组织）成员国的年度行人道路死亡人数超过 2 万。近年来，美国的行人死亡人数呈上升趋势。图 7-1 所示为美国的交通死亡人数趋势，图 7-1 和图 7-2 的数据来自 FARS 数据库和 2015 年机动车交通事故 USDOT 报告。图 7-2 所示为行人死亡人数占总数的百分比，从图中可以看出，在 2015 年，行人死亡占美国机动车交通事故中所有交通事故死亡

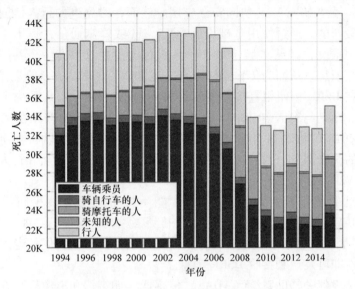

图 7-1 美国的交通死亡人数趋势

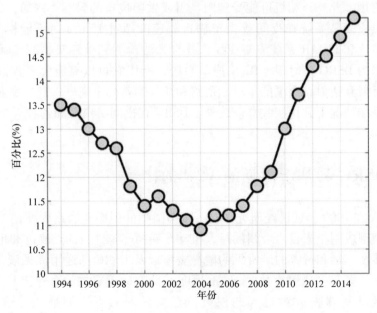

图 7-2 行人死亡人数占总数的百分比

人数的15%以上。自2004年以来，行人死亡人数占总人数的百分比不断上升。大部分死亡事故（74%）发生在城市环境和夜间（从下午6点到早上5点59分）。专用短程通信（DSRC）是用于汽车的双向无线通信，通过相应的协议和标准集实现互操作性和标准化。汽车行业、无线行业、美国交通部（USDOT）和学术界自1999年以来一直在研究V2V协同安全应用。然而，对先进的行人协同安全应用的研究是相对较新的。通过使用基础设施、Wi-Fi或蜂窝通信，提出了各种协同的V2P安全应用系统，详见文献[9-11]。所有这些提议都有一个共同点：使用基础设施来中继消息，从而为传输添加中介。这增加了延迟，并且难以扩展。

因此，在DSRC中使用直接专用和许可的通信频段是V2P系统生命安全应用的可行方案。车辆与行人（V2P）协同安全系统原型的实施首先在文献[12]中提出，并在2013年和2014年智能交通系统（ITS）世界大会上向USDOT和公众展示。在本章的其余部分，我们将介绍智能手机作为DSRC收发器和行人警告设备的使用，以及V2V的广泛部署。

智能手机的使用很普遍，DSRC在智能手机中的发展是我们的动力。由于DSRC基于IEEE 802.11，大多数智能手机都配备了Wi-Fi，能够发送和接收DSRC信号。因此，智能手机中已经存在所需的硬件。对于我们的老式手机，它只需要修改固件即可发送和接收DSRC消息。

传统的高级驾驶辅助系统（ADAS）传感器（如雷达和摄像机）在某些道路和天气条件下效率低下。用于行人检测的车载摄像机通常在白天、特定的车速和特定的视角最有用。此外，相机可能受到雨、雪或太阳位置的影响。例如，文献[16]中的现货供应商品系统在夜间或当车辆行驶速度超过15m/s时不能检测到行人。摄像机、雷达和LiDAR系统需要视线，并且无法检测到被建筑物或车辆完全阻挡的行人。因为DSRC是射频（RF）通信系统，所以它可以克服大多数挑战。由于多径——反射和衍射，周围的车辆、道路和建筑物基础设施——来自发射器的信息可以在非现场情况下到达接收器。此外，DSRC在夜间、白天和各种天气条件下都能正常工作。

7.3　DSRC和基于视觉的V2P的比较

NHTSA在1996年就已经研究了行人碰撞类型的频率和严重程度，该研究将基本的行人类型应用于来自六个州的行人机动车碰撞样本，目的是改进和更新碰撞类型分布。涉及车辆和行人的最常见的碰撞类型以及DSRC的适用性见表7-1，显示了碰撞类型、频率（碰撞次数）、严重程度（所有碰撞事故的百分比）、重大碰撞事故的数量以及驾驶员对行人的视野。有关场景的更详细描述，请参见文献[17]。

表 7-1 涉及车辆和行人的最常见的碰撞类型以及 DSRC 的适用性

碰撞类型	碰撞次数	碰撞百分比（%）	严重或致命的百分比（%）	严重或致命的数量	视野受阻	用 V2P DSRC 解决	用 COTS 视觉解决	注释
其他路口	548	10.8	49	269	未知	容易	容易	a
车辆转弯/合并	497	9.8	18	89	未知	是	容易	d
路口碰撞	442	8.7	37	164	否	是	不一定	b
不在道路上	404	7.9	28	113	未知	容易	容易	a
沿着路走	375	7.4	37	139	未知	是	是	
其他交叉路口	364	7.2	42	153	未知	容易	容易	a
交叉点	363		34	123	是	是	否	c
倒车	351	6.9	23	81	未知	是	容易	e
交叉路口的驾驶员违规	259	5.1	28	73	未知	是	是	f
路口冲出	232	4.6	32	74	是	是	否	c
残疾人专用车	124	2.5	42	52	是	是	否	c
无人驾驶车辆	104	2.1	38	40	—	不一定	否	g

注：a—不清楚的场景描述。
　　b—大多数碰撞发生在高于 50km/h 的车速下，视觉系统可能无法及时警告驾驶员。
　　c—驾驶员对行人的视野一直被遮挡，直到撞击前一瞬间。
　　d—行人方向的角度可能会影响基于视觉的系统的性能。
　　e—如果存在后置摄像头系统，行人在视野内且不受遮挡，则基于视觉的系统将解决此事故。
　　f—通常情况下，两个系统的运行速度都很低。
　　g—如果车辆正在广播 BSM，智能手机可以警告行人有车辆接近。

如前所述，基于 DSRC 的 V2P 警告系统的主要优点是能够在夜间、恶劣天气条件下以及无视线的情况下工作。一些最危险的类型隐含了这些不利情况。虽然没有足够的细节来映射这些条件，即基于视觉的系统效果不佳，但我们常见的驾驶经验表明："Midblock Dash"情景是 DSRC 可能优于视觉的情况，因为来自行人的 DSRC 消息可以在这种突然没有视线的危险情况下被接收。在这种情况下，基于视觉的系统将无法检测到行人，直到行人突然出现在车辆的视线中，但这在许多情况下可能为时已晚。

我们知道 DSRC 解决方案要求车辆和行人都配备 DSRC 收发器，而基于视觉的系统不依赖于发射设备并且可以自主工作。因此，至少在 DSRC 市场渗透达到足够高水平，并且有望提高 V2P 防撞性能系统之前，传感器融合系统是非常理想的。

7.4　V2P 系统架构

在本节中，我们将讨论我们开发的系统，其中包括为驾驶员设计的车辆应用程序和为行人设计的智能手机应用程序。我们使用与文献［12］中描述的相同的设备。

7.4.1 车辆系统设计

车辆安装包括处理、通信和定位硬件，它们也被称为板载设备（OBE）。图 7-3 所示为车辆逻辑设置。OBE 的输入包括来自宿主车辆控制器局域网（CAN）、GPS 和 DSRC 接收器的信号。在我们的系统中，OBE 向驾驶员输出音频和视觉警告。此外，OBE 广播车辆识别消息，并由配备 DSRC 智能手机的行人使用。

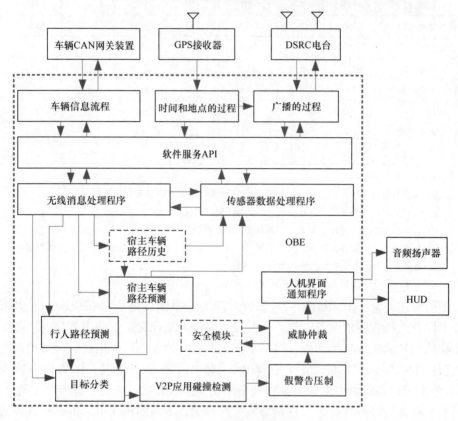

图 7-3　车辆逻辑设置

为了计算车辆的路径，V2P 系统使用车辆的偏航率、速度和定位。车载系统还通过从智能手机接收的识别消息计算行人的路径。首先，V2P 系统计算车辆和行人预测路径；其次，系统对碰撞威胁级别进行分类；然后，系统决定车辆是否在与行人的碰撞路径上，可以有很多目标，威胁仲裁过程选择具有最高碰撞可能性的目标；最后，如果需要的时候，系统会警告驾驶员。人机交互（HMI）通知程序会针对此最高碰撞威胁修改警告状态。系统将可视警告显示在透明的平视显示器

（HUD）上，并通过车辆扬声器发出声音警告。为了警告行人车辆的位置、速度和状态，OBE 定期通过 DSRC 信道发送 BSM。

7.4.2 智能手机系统设计

我们在 Android 智能手机上开发的 V2P 原型，配备了 Qualcomm Wi-Fi 解决方案。我们的设计目标是提供始终在线、高度准确和低延迟的行人碰撞警告系统，该系统不应该为智能手机引入重要的硬件或处理开销。为此，我们在智能手机软件堆栈的不同层实现了不同的模块，如图 7-4 所示。特别地，下层是固件和驱动程序层，用于处理来自通信链路和传感器数据的 I/O 操作。在该系统设计中，我们的主要工作是在 Wi-Fi 芯片上启用 DSRC 无线电。中间层是服务层，实现了 V2P 系统所需的三个必要组件，即环境感知、DSRC 管理器和安全服务。我们使用环境感知模块来控制 DSRC 操作以实现节能和信道拥塞控制；DSRC 管理器包括 DSRC 上层堆栈，并对传入或传出的 BSM 消息进行排队。我们在上层为行人中实现了人机交互（HMI）。

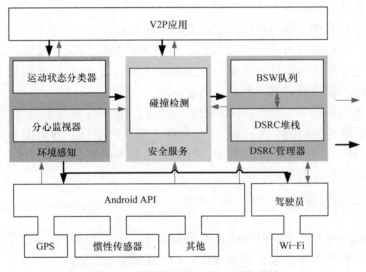

图 7-4 智能手机中的 V2P 系统设计

7.4.2.1 固件和驱动程序修改

主要的挑战是在不向手机添加新硬件的情况下启用 DSRC 操作。特别地，我们修改了 Qualcomm Wi-Fi 芯片组固件和驱动程序软件。修改允许：①DSRC 频带操作（5.85~5.925GHz）；②发送和接收定义为 BSM（基本安全消息）的 DSRC 分组，而不需要与接入点建立关联。对于①，我们将 DSRC 信道添加到现有 Wi-Fi 信道并修改 Wi-Fi 驱动器以调整 RF 前端以在 DSRC 频带中操作。由于 DSRC 频段与传统的 5GHz Wi-Fi 频段相邻，因此无须进行硬件修改。对于②，我们再次修改了 Wi-Fi 驱动程序，使得在 DSRC 信道中接收的所有分组都被传递到上层进行处理，而无须检查设备是否与任何接入点相关联。

7.4.2.2 服务

在服务层，我们实施了几个关键的启用模块，以实现高效的 DSRC 操作。我们实施了环境感知模块，特别地，我们采用了一种运动状态分类器，可以检测行人是静止、行走还是跑步，系统根据行人的运动状态进行打开/关闭 DSRC 操作。运动分类器使用来自智能手机的三维加速度计数据，在模型的实施过程中，如果行人静止，则完全禁用 BSM 和 GPS 信号的接收。因此，环境感知模块是降低电池消耗速度的关键，环境感知功能可在智能手机中实现始终在线的 V2P 功能。

运动状态分类器使用传感器来控制行人安全消息（PSM）的传输并启用其他硬件块的操作。为了提高性能，我们可以融合其他传感器以进一步优化功耗。例如，使用 GPS 和音频来检测一个人是在室内还是室外；使用精确的地图和相机来检测一个人是在路边还是在街上行走。该环境感知仅在必要时才能传输 PSM，这避免了行人使用智能手机安全应用程序引入的大量 V2P 数据包，从而减少了 DSRC 信道中的信道拥塞。

此外，分心监视器作为环境感知服务的一部分运行，该模块检测行人的分心活动。分散注意力的活动可能包括发短信、听音乐或电话交谈，这些信息作为 PSM 消息的一部分被发送到车辆。根据行人分心的类型，车辆的 V2P 系统可以调整安全算法，并向驾驶员发送不同的警告消息。

安全服务根据行人位置运行碰撞检测算法，行人的位置信息在 PSM 中。为 V2P 设计可靠的碰撞检测算法比设计 V2V 算法更具挑战性。这是因为车辆以一种比行人更可预测的、运动的方式移动。行人运动的不确定性主要有两个来源：GPS 定位误差和运动轨迹的变化。

7.4.3 V2P 消息传递

在我们的原型中，车辆以 100ms 的间隔发送 SAE J2735 中定义的基本安全消息（BSM）。BSM 包括车辆信息，例如速度、GPS 位置和偏航率。

汽车消费级 GPS 接收器在车顶上有一个天线，GPS 接收器通常与加速度计和里程表传感器耦合，这提供了更准确的 GPS 读数。在开阔的天空条件下，当前的汽车级 GPS 接收器提供亚米级精度，它们能够每 100ms 输出一次 GPS 解决方案。携带智能手机的行人也经常发送行人安全信息（PSM），PSM 包括行人的位置、速度、方向、时间、设备状态和行人类型等信息。其中，设备状态包括通过电话交谈、发短信和听音乐，行人类型包括步行者、自行车骑手和轮椅使用者。PSM 是该 V2P 原型新发明的消息，如 V2V BSM。目前，SAE DSRC 技术委员会正在制定捕获 PSM 的标准草案（道路使用者中的弱势群体安全通信的性能要求 J2945.9），我们的 V2P 工作影响了标准草案的制定。

通常，智能手机每秒获取一次 GPS 位置读数，并且提供的位置信息不如车辆报告的位置信息精确。精确度会发生变化但在良性条件下通常小于 2~3m，例如之前在文献 [12] 中报道的那样。

内置于智能手机的加速度计可确定行人是走路、站立还是骑自行车。手机知道用户是在发短信、浏览互联网、听音乐还是打电话，换句话说，环境感知能够确定行人是否分心，所有关于行人的信息都嵌入在 PSM 模型中并通过空气传送。PSM 数据元素见表 7-2。

表 7-2　PSM 数据元素

变量	详细信息	描述
MSGID	行人安全信息	一个新的消息 ID
msgCnt	0~127	旋转消息计数器
Id	4B	发送设备的临时 ID
DSecond	整数（0.65535），单位为 ms	获得即时 GPS 的时间（s）
Latitude	微度	对象的地理纬度
Longitude	微度	对象的地理经度
Elevation	dm	参考椭球上方或下方的地理位置
Heading	0.0125°	发送设备的当前标题
PositionalAccuracy	半主要精度 半次要精度 半长轴方向	用于模拟相对于每个给定轴的位置确定精度的质量
速度	m/s	行人的速度
AccelLong	m/s^2	纵向加速度数据
AccelLat	m/s^2	横向加速度数据
AccelVert	m/s^2	垂直加速度数据
PedSize	宽度（cm） 长度（cm）	行人占领的空间尺寸（矩形）
PedType	例如：行人、骑自行车的人、轮椅使用者	行人类型
PedDeviceState	例如：说话、发短信、听音乐	设备状态
PathHistory	走过的地方（类似于车辆）	行人走过的地方
PathPrediction	曲率（类似于车辆）	描述路径预测的曲率

7.4.4　车辆中的 V2P 算法

图 7-5 所示为车辆中的简化 V2P 算法。车辆和智能手机独立地计算碰撞概率，如果碰撞的可能性很大，则系统会警告驾驶员和行人。车辆基于当前位置和所经过

的道路预测路径,同样,手机也能预测行人的未来路径。如果这两条路径相交并且碰撞时间低于某个阈值,则有可能发生碰撞,系统会警告驾驶员和过路行人。然而,大多数时候,行人的路径是随机的,相应预测也是随机的。例如,行人可以在踏上道路之前随时行走和停止,这种行走行为可能会引发对驾驶员和行人不必要的警告。

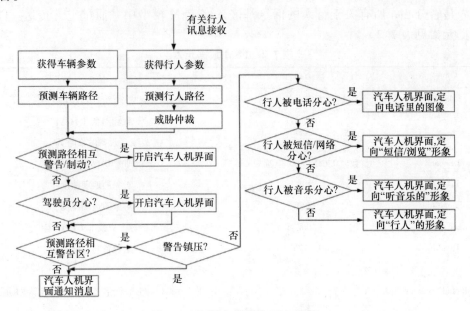

图 7-5　车辆中的简化 V2P 算法

7.4.5　车辆警告策略

图 7-6 所示为车辆警告策略,车辆可以计算行人的相对位置和方向。在我们的系统中,行人可能位于车辆前方或后方。在该系统中,对于向前行驶的车辆,只有被归类为前方的行人需要注意。根据距离和车辆速度,行人可以进一步分类为通知(INFORM)、警报(ALERT)或警告(WARN)区域。系统在平视显示器(HUD)上显示区域和分类,如图 7-6 左下角所示。

例如,如果行人在 INFORM 区域中,则系统向驾驶员显示静态 INFORM 图像。此外,智能手机的环境感知可以确定行人是否分心,分心的状态信息成为连续广播的 PSM 的一部分。车辆读取行人分心状态信息,当行人在 ALERT 区域中时,V2P 系统向驾驶员提供适当的 ALERT 图像。如果驾驶员未对警报做出反应,则车辆会发出更强烈的声音和视觉警告。最后,当行人进入 WARN 区域时,系统会向驾驶员显示闪烁的"制动"图像。以类似的方式,当车辆退出停车场时,如果有行人和智能手机在其将要驶过的路径上,车辆会根据与行人的距离,使用频率变化的"哔哔"声通知驾驶员,一旦驾驶员对任何警告采取行动并施加制动,V2P 警告就

第 7 章　V2P 安全通信

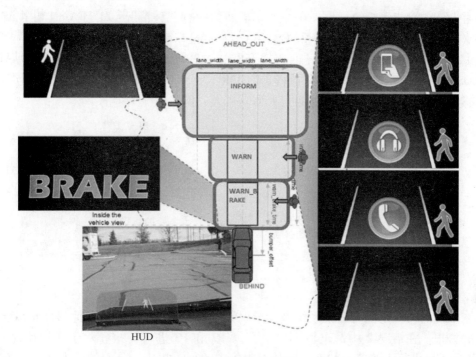

图 7-6　车辆警告策略

会消失。V2P 系统中的所有参数均可自定义，出于评估 V2P 应用的目的，使用标称应用参数值（表 7-3），该参数值仅用于评估目的，不应将这些值视为应用程序部署的建议值。

　　关于分心的行人状态信息可用于更成熟的系统，行人分心状态信息对于行驶声音很小的车辆非常有用。例如，接近的电动车辆对于行人来说不太容易引起注意，如果行人正在通过耳机听音乐时，那么通过前照灯闪烁警告行人可能是比鸣喇叭更好的选择；如果行人正在发短信，那么使用喇叭可能更合适。

表 7-3　标称应用参数值

名称	值	单位
lane_width	3.5	m
inform_time	10.5	s
alert_time	7.5	s
warn_time	3.3	s

7.5　测试设施

　　图 7-7 所示为 V2P 测试设施。我们使用了一辆装有 DSRC OBE 的车辆和四个

带有 DSRC 智能手机的行人，在一个车辆回路中有三种情况：①行人 P1 在视线以外（NLOS）以垂直于车辆行驶的路径行走，被拖车和几个建筑物遮挡；②两个行人 P2 和 P3 在平行于车辆路径的道路旁行走；③注意力分散的行人 P4 在视线内（LOS）以垂直于车辆行驶的路径行走。DSRC 在 NLOS 情况中最有价值，因为自主传感器可能无法检测到视野外的行人或骑车人，例如情况 1 中的 P4。

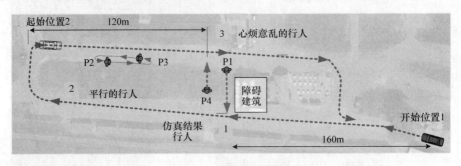

图 7-7　V2P 测试设施

准确的相对定位有助于系统减少错误警报，此外，系统还可以抑制行人并行行走的警报。在情况 2 中，车辆不应对行人 P2 和 P3 进行警报。除了碰撞检测外，DSRC 还提供行人的分心状态。与注意力集中的行人相比，分心的行人可以以不同的方式对接近的车辆做出反应。智能手机（P4）根据位置信息向车辆发送行人的分心状态，如情况 3 所示。

车辆行驶速度为 11.2m/s，行人步行速度为 1.5m/s。车辆为行人 P1 和 P4 停止，但在遇到行人 P2 和 P3 时没有停止。携带智能手机的车辆和行人每 100ms 发送一次信息，我们从 16 次运行中收集了车辆端的数据日志。

可以将分析分为两部分，即通信性能和应用程序性能。

7.5.1　通信性能

接收器处的接收信号强度（RSS）是来自由行人发送并由车辆接收的成功解码的消息。图 7-8a 所示为不在视线内（NLOS）的行人 P1 在不同 V2P 距离处的 RSS 值，图 7-8b 所示为在视线内（LOS）的行人 P4 在不同 V2P 距离处的 RSS 值。

图 7-9 所示为合并的平均 RSS 值与 V2P 距离的关系，单位长度是 10m。例如，$x=15m$，$y=-69dBm$ 的倒三角形表示 RSS 值为 69dBm。该值是来自 LOS 行人信号的平均值，该行人距离车辆 10~20m。

图 7-10 所示为由行人 P1 和 P4 发送并由车辆接收的分组在接收器处的合并平均分组错误率（PER），单位长度的大小和平均值计算与图 7-9 中的 RSS 相同。通常情况下，LOS RSS 值高于 -95dBm 并且车辆能够解码大多数分组；此外，LOS 所有距离的 PER 都接近 0，如图 7-10 所示。超过 75m 的 NLOS RSS 值低于 -95dBm，

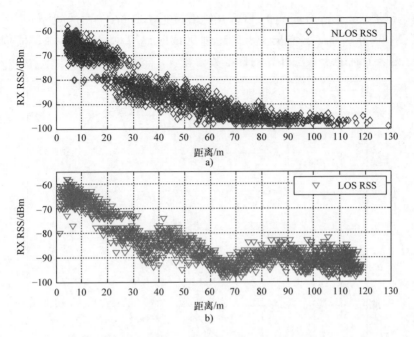

图 7-8　NLOS 和 LOS 场景下 RSS 值与 V2P 距离的关系

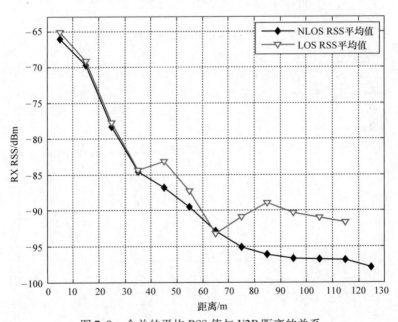

图 7-9　合并的平均 RSS 值与 V2P 距离的关系

因此，车辆无线电能够解码所有分组，如图 7-10 所示。图 7-11 所示为由行人 P1 和 P4 发送并由车辆接收的消息在接收器处平均分组的分组间隙（IPG）。单位长度的大小和平均值计算与 RSS 和 PER 相同。IPG 是接收器处两个连续接收的消息的时间戳差异的度量。所有距离的 LOS IPG 值接近 100 ms（发送间隔）。距离超过 75m 时，NLOS IPG 值显著增长。距离超过 90m 时，NLOS IPG 和 PER 值均不是很可靠，这是因为有助于平均计算的样本数量较少。

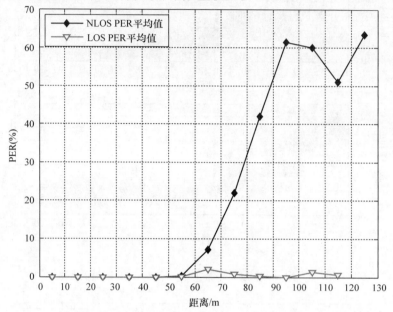

图 7-10　不同 V2P 距离下的 PER 平均值

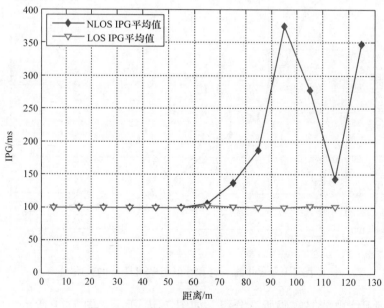

图 7-11　不同 V2P 距离下的 IPG 平均值

7.5.2 应用程序性能

运行 16 次 NLOS 和 LOS 方案的通知、警报和警告时间见表 7-4。V2P 系统在第 9 次运行中错过了一个 NLOS 通知显示消息；在第 15 次运行中错过了一个 LOS 警告显示消息；未能在第 3 次运行中为 LOS 方案发出显示消息。

显示计时配置的标称值的平均值、标准差、标称值和偏移量见表 7-5。

表 7-4 运行 16 次 NLOS 和 LOS 方案的通知、警报和警告时间

运行序号	NLOS			LOS		
	通知	警报	警告	通知	警报	警告
1	10.34	7.50	3.37	10.61	6.27	3.26
2	9.55	7.45	2.40	10.55	7.54	3.14
3	9.29	7.42	3.19	—	—	—
4	8.24	7.30	3.19	9.87	7.41	3.35
5	8.47	7.48	3.32	10.24	5.86	3.24
6	9.18	7.42	3.33	10.45	7.52	3.30
7	8.00	7.25	2.64	10.48	7.53	3.26
8	7.69	7.45	3.21	10.38	7.45	3.28
9	—	7.21	3.25	10.50	7.47	3.28
10	9.20	7.53	2.30	10.36	7.56	3.30
11	9.47	7.36	2.63	10.48	7.41	3.27
12	6.04	7.06	3.26	10.29	7.53	3.28
13	9.61	7.42	3.34	10.47	7.40	3.31
14	9.70	7.53	3.41	10.45	7.41	3.21
15	8.01	7.24	3.33	10.44	7.45	—
16	9.34	7.28	3.39	10.50	7.34	2.27

表 7-5 显示计时配置的标称值的平均值、标准差、标称值和偏移量

	NLOS			LOS		
	通知	警报	警告	通知	警报	警告
平均值	8.74	7.37	3.10	10.41	7.29	3.19
标准差	1.08	0.13	0.37	0.17	0.49	0.25
标称值	10.50	7.50	3.30	10.50	7.50	3.30
偏移量	1.76	0.13	0.20	0.09	0.21	0.11

表 7-3 显示了 INFORM、ALERT 和 WARN 次数的配置标称值。图 7-12 用黑色圆点表示这些值，该图显示了车辆端的 V2P 应用性能，也显示了应用程序时序与

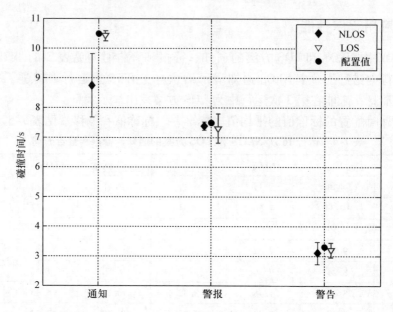

图 7-12　V2P 应用性能：比较配置的标称时序值和测试期间实现的时序值（见彩插）

配置的标称值的匹配程度。蓝色菱形表示不同预警阶段的平均预警时间，蓝色条表示标准偏差。对于 LOS 和 NLOS 场景，警告和警报阶段非常接近标称值（分别为 3.3s 和 7.5s）。此外，LOS 的通知阶段非常接近标称值 10.5s。然而，由于通知范围（84~117m）的高 PER 值，NLOS 的通知阶段被延迟。

在 NLOS 环境（3/4 开放交叉口）中，单个障碍物阻挡行人的视野，对于 DSRC 来说是非常具有挑战性的。典型的郊区/城市交叉口具有许多充当信号反射器的建筑物。因此，通信和应用程序性能将优于此测试中实现的性能。

7.6　未来工作

部署 DSRC V2P 应用程序并非易事。然而，使 V2P 具有吸引力的论点值得我们去面对挑战。下面，我们列出主要问题，并对克服它们的可能方法进行讨论。

7.6.1　提高定位精度

Wi-Fi 测距使用飞行时间信息来估计发射器和接收器之间的距离，有助于提高 GPS 精确度。除了 DSRC 之外，该技术还要求智能手机和车辆通过宽带 Wi-Fi 信道进行通信。我们不在此处详述。

7.6.2　虚警抑制

V2P 系统需要虚警抑制算法来抑制不必要的警告。我们实施了以下虚警抑制技术：
- 一旦驾驶员踩下制动器，取消警告。
- 利用横摆率进行车辆路径预测（路径预测是与横摆率成反比的曲线）。
- 考虑行人与车辆路径的正常距离的变化率（如果变化率增加，则意味着行人正在远离交叉点并且不可能与车辆发生碰撞）。
- 仲裁威胁（如果有许多行人，则车辆系统只向驾驶员警告最具威胁的行人）。

未来的误报方法可能包括：
- 驾驶员分心监控（如果车辆确定驾驶员正在看向行人方向，就会取消警告）。
- 地图辅助的人行横道确定（车辆可以使用不同级别的警告来指示标记的人行横道或中间碰撞）。
- 与 LOS（如摄像机、雷达或 LiDAR）行人检测系统融合（以获得更好的相对位置估计）。

7.6.3 频段和信道拥堵：潜在的碰撞警告选项

信道 Ch172 主要用于 V2V 通信，虽然在 Ch172 中会出现其他消息，例如信号相位和时间（SPaT）和地图数据（MAP），但大多数 Ch172 通信都是 BSM 通信。在 300～400m 通信范围内可能存在数千辆车辆，信道拥堵是一个需要考虑的问题。向 V2V 通信信道添加数千个移动设备，只会导致通信拥堵问题。接下来，我们将讨论几种缓解拥堵的技术。有几种可能的 V2P 通信策略对信道拥堵有不同的影响：

1) 移动设备和车辆依靠 Ch172 发送和接收计算碰撞概率，并分别警告行人和驾驶员。

2) 移动设备仅依靠 Ch172 计算碰撞概率并警告行人。由于没有行人信息，车辆不会警告驾驶员（不推荐使用，因为车内警告比手机警告更有效）。

3) 移动设备依靠 Ch172 计算碰撞概率，警告行人，并仅发送一些消息通知车辆存在高碰撞概率，然后车辆可以采取行动警告驾驶员。所有冲突检测逻辑都驻留在移动设备上。

4) 第 2 种策略的变形是在不同的连续（V2P 专用）服务信道上发送警告消息（已经在移动设备中计算的冲突概率），例如 Ch182。

5) 另一种变化可以是车辆在 Ch172 上发送 BSM 并从专用服务信道 Ch182 上接收 PSM。类似地，移动设备在 Ch182 上发送 PSM 并从 Ch172 上接收 BSM。

6) 第 3 种策略的另一个细微变化是 V2P 服务信道仅在移动设备检测到冲突时被激活。该解决方案可能由于处理和信道切换而引入额外的延迟。移动设备需要发布 V2P 服务通告来控制信道 Ch178，然后在预定义的服务信道上向车辆提供关于潜在碰撞的信息。

7）在第 3~5 种策略的情况下，移动设备在服务信道上发送消息。这样，消息不会与 V2V BSM 争用信道访问。该方法要求车辆和移动设备具有两个无线电设备。在第 1 种或第 5 种策略中，车辆和移动设备都独立地计算碰撞概率。对于所有策略，尤其是第 1 种策略，PSM 的数量可以通过环境感知来减少：移动设备仅在行人行走、靠近道路或在危险情况下发送。通过发送频率降低的 PSM 可以进一步减少拥堵，例如一秒一次。通过发送功率较低的 PSM（例如 12dBm），可以限制 PSM 的受影响范围。

7.7 结论

在本章中，我们描述了本田研发和高通研发之间的联合原型和研究工作的进展。该研究涉及基于 DSRC 的协同行人安全系统，该系统由行人和车载部件组成。我们介绍了该原型的通信和应用性能分析，此外，我们讨论了"行业需要为 V2P 部署做些什么"。即使在视觉传感器可能无法执行的 NLOS 情况下，也可以进行行人检测。尽管初始阶段"通知"对于 NLOS 案例具有挑战性，但其他警告阶段在 LOS 和 NLOS 案例中都运行良好。在我们的测试中，该应用程序警告驾驶员 31 次，只有 1 次未能警告。这是由于运行错误——手机没有传输 PSM。我们观察到，DSRC 实现了良好的延迟性能。

7.8 参考文献

1. World Health Organization, "Global Status Report On Road Safety 2015", 2015, online: http://www.who.int/violence_injury_prevention/road_safety_status/2015/GSRRS2015_Summary_EN_final2.pdf?ua=1
2. Notice of Proposed Rule Making: V2V Communications, January 2017, Available: https://www.federalregister.gov/documents/2017/01/12/2016-31059/federal-motor-vehicle-safety-standards-v2v-communications
3. World Health Organization, "Pedestrian safety: a road safety manual for decision-makers and practitioners", 2013, online: http://www.who.int/roadsafety/projects/manuals/pedestrian/en/
4. Traffic Safety Facts – Pedestrians, DOT 812375, February 2017, Available: https://crashstats.nhtsa.dot.gov/Api/Public/ViewPublication/812375
5. Fatality Analysis Reporting System (FARS) Database, Available: https://www-fars.nhtsa.dot.gov
6. Traffic Safety Facts – Research Note: 2015 Motor Vehicle Crashes: Overview, DOT 812318, August 2016, Available: https://crashstats.nhtsa.dot.gov/Api/Public/ViewPublication/812318
7. J. Kenney, "Dedicated short-range communications (DSRC) standards in the united states," Proceedings of the IEEE, vol. 99, no. 7, pp. 1162–1182, July 2011.
8. U.S. Department of Transportation, "Vehicle Safety Communications Applications (VSC-A) Final Report," U.S. Department of Transportation, Tech. Rep., 2011.
9. R. Yamaguchi, D. Ikeda, Y. Nakanishi, T. Wada, and H. Okada, "A cooperative reflect transmission scheme using road infrastructure in vehicle pedestrian communications," in Vehicular Technology Conference, 2008. VTC 2008-Fall. IEEE 68th, Sept 2008, pp. 1–5.

10. C. Sugimoto, Y. Nakamura, and T. Hashimoto, "Development of pedestrian-to-vehicle communications system prototype for pedestrian safety using both wide-area and direct communication," in Advanced Information Networking and Applications, 2008. AINA 2008. 22nd International Conference on, March 2008, pp. 64–69.
11. A. Al Masud, M. Mondal, and K. Ahmed, "Vehicular communication system for vehicle safety using rfid," in Communications (MICC), 2009 IEEE 9th Malaysia International Conference on, Dec 2009, pp. 697–702.
12. X. Wu, R. Miucic, S. Yang, S. Al-Stouhi, J. Misener, S. Bai, and W. hoi Chan, "Cars talk to phones: A DSRC based: Vehicle-pedestrian safety system," 2014, 4 manuscript submitted for publication in 2014 IEEE80th Vehicular Technology Conference.
13. K. Buchholz, "Honda works to prevent vehicle-to-pedestrian accidents," September 2013, [Online; posted 30-September-2013]. [Online]. Available: http://articles.sae.org/12408/g
14. Savari. (2013) Mobiwave. [Online]. Available: http://www.savarinetworks.com/productsn mobiwave.html
15. Y. L. Morgan, "Managing dsrc and wave standards operations in a v2v scenario," International Journal of Vehicular Technology, vol. 2010, p. 18, 2010. [Online]. Available: http://www.hindawi.com/journals/ijvt/2010/797405/cta/
16. Mobileye 5-Series User Manual. [Online]. Available: http://www.mobileye.com/wp-content/uploads/2012/01/UM-Series-5 BOOK ALL.pdf
17. J. C. Stutts, W. W. Hunter, and W. E. Pein, "Pedestrian crash types: 1990s update," Transportation Research Record: Journal of the Transportation Research Board, vol. 1538, p. 6, 1996. [Online]. Available: http://trb.metapress.com/content/
18. Society of Automotive Engineers, "SAE J2735 Dedicated Short Range Communications (DSRC) Message Set Dictionary," PA SAE, Nov. 19, 2009
19. Federal Communications Commission, "Memorandum Opinion and Order: Amendment of the Commission's Rules Regarding Dedicated Short-Range Communication Services in the 5.850-5.925 GHz Band (5.9 GHz Band)," FCC 06-110, online: https://apps.fcc.gov/edocs_public/attachmatch/FCC-06-110A1.pdf

第8章 5.9GHz频段共享

8.1 概述

1999年，美国联邦通信委员会（FCC）为智能交通应用所需的基于DSRC的车辆与车辆（V2V）和车辆与基础设施（V2I）的通信分配了5.9GHz频段（75MHz频谱）。所提出的通信技术采用IEEE 802.11p PHY层和MAC层模型，而较高层采用IEEE 1609和SAE技术委员会定义的标准，该技术实现了车辆之间以及车辆与基础设施之间低延迟、可靠的ad hoc通信（广播模式）。除了极低延迟链路外，该技术还可适应高速移动性，适用于高速车载环境。将其用于汽车安全系统（碰撞检测和回避系统）的关键原因在于，该技术可在彼此通信距离达数秒的车辆之间提供低延迟的信息交换。

2004年，FCC进一步为DSRC定义了服务和许可规则。图8-1所示为DSRC频段规划。5.850~5.925GHz频段由7个10MHz频道（即Ch172~Ch184）和1个低频段保留的5MHz频段组成，以适应不可预见的未来发展（这一部分通常被称为保护）。Ch178（图8-1中所示）被认为是控制频道，而其余6个频道是服务频道。2006年，FCC通过将172专用于V2V安全通信、将Ch184频道用于公共安全用例来修改频段规划。Ch184允许更高功率的远程通信，使其适用于公共安全用途。除上述之外，频段规划允许Ch174~Ch176（5.865~5.885GHz）和Ch180~Ch182（5.895~5.915GHz）2个10MHz频道组合创建20MHz服务频道。

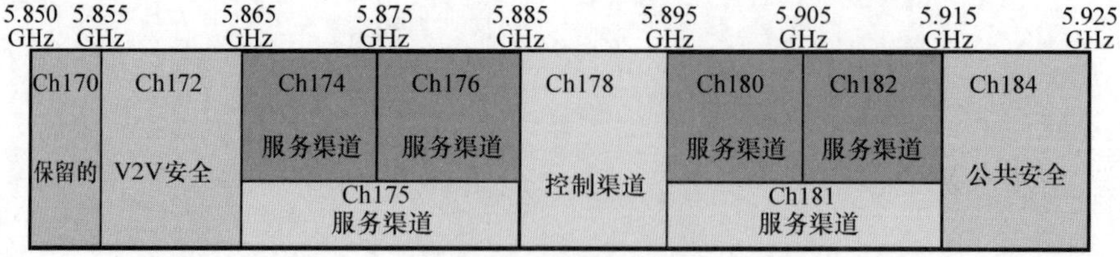

5.850GHz~5.855GHz	5.855~5.865GHz	5.865~5.875GHz	5.875~5.885GHz	5.885~5.895GHz	5.895~5.905GHz	5.905~5.915GHz	5.915~5.925GHz
Ch170 保留的	Ch172 V2V安全	Ch174 服务渠道	Ch176 服务渠道	Ch178 控制渠道	Ch180 服务渠道	Ch182 服务渠道	Ch184 公共安全
		Ch175 服务渠道			Ch181 服务渠道		

图8-1　DSRC频段规划

除了FCC频道分配，SAE技术委员会还建议将其他DSRC频道分配给各种安全和移动应用。用于安全和移动性传输的DSRC频道分配见表8-1。

表 8-1　用于安全和移动性传输的 DSRC 频道分配

频道	用途
Ch172	• V2V 安全通信（BSM） • I2V 交叉口安全 • I2V 道路安全（RSM）
Ch174	• I2V 安全性和移动性，以支持减少 Ch172 的拥堵
Ch176	• VRU 安全通信（PSM） • 安全管理下载
Ch178	• 控制通道 • Wave 服务广告 • 基于广播的 I2V 应用
Ch180	• 非基于 BSM 的安全性 • 移动应用程序
Ch182	• I2V 安全性和移动性 • 安全管理
Ch184	• 公共安全

　　Wi–Fi 行业越来越受大众青睐，2.4GHz 工业、科学和医疗（ISM）频段已经变得超载，对 5GHz 频段的使用需求越来越高。为响应这一需求，FCC 建议开放 5GHz 频谱以满足需求。在 5GHz 频段上发生的通信受 FCC 的 U–NII 规则控制，更具体地说，5.850~5.925GHz 的使用遵循 FCC 的 U–NII–4 规则。图 8-2 所示为 U–NII 5GHz 频段规划。

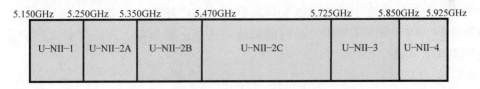

图 8-2　U–NII 5GHz 频段规划

8.2　用于无线局域网（WLAN）的抗干扰技术

　　多节点并发活动引起的干扰通常会影响到局域网的吞吐量，IEEE 802.11 MAC 协议利用不同的方法来维持最低的干扰并防止分组冲突，这些方法的目的是在给定的频道上实现"一次只有一个发送端"来避免并发性活动。以下章节将会评价两种相互竞争的避免干扰的方法。

8.2.1 无干扰信道评估

IEEE 802.11（Wi-Fi）实现了具有冲突避免功能的载波感知多路访问（CSMA/CA）。由于 CSMA/CA，802.11 兼容设备通常在发送数据帧之前进行监听媒体来检查其是否处在空闲状态。这种概念通常被称为"先听后讲"，Wi-Fi 载波监听可以执行两个功能：频道评估（CCA）和网络分配向量（NAV）。CCA 提供媒体当前状态的信息，即媒体当前正忙。NAV 显示在当前帧之后预测媒体未来将占用多少帧。为了探测媒体的当前状态，CCA 利用了载波监听（CS）和能量检测（ED）技术。

CS 具有接收端检测和解码传入 Wi-Fi 前导的能力。前同步码构成了节点意图发送分组并引入传输数据时的准则，它还用作同步网络中传输定时的信号，并且当被检测到时，该频道在由 PLCP 长度决定的持续时间内是忙碌的。ED 的功能表示当前频率范围内的能量值超过某个预定义的临界值（CCA 的临界值）。应该指出，CS 的设想是为了避免其他 802.11 站点的干扰，而 ED 具有避免其他非 802.11 设备以及与 802.11 兼容设备干扰的能力（使用超过 802.11 信号能量的合理临界值）。需要注意的是，网络中的所有节点应执行 CCA 机制，正如预期那样，不同的节点可能对网络有不同的理解。

8.2.2 动态频率选择

动态频率选择（DFS）机制允许在特定频谱上工作的无线电系统进行检测，并通过被认为是主要用途或任务关键的设备来避免干扰。DFS 通过选择空间上分离的频率来避免干扰（被证明不会干扰主要用户）。设备应该配备识别指定的主要用户和停止在空间接近频率上传输的手段和程序，这可能会对主要用户产生干扰。与 CCA 不同，DFS 下的主要用户的检测只能由网络主检测器实现，并且主检测器将通知关联的从属设备关于主用户的存在。

CCA 和 DFS 的一个主要区别是，CCA 要求站点推迟传输时间，称为退避，而 DFS 则要求站点腾出频率，并将操作移动到另一个频道或关闭操作。值得注意的是，CCA 检测到其他用户（不仅仅是许可用户），并根据检测进行操作，而 DFS 则是检测到指定的主要许可用户。

8.3 5.9GHz 频段共享方案

FCC 于 2013 年 2 月 20 号发布了关于未经许可的美国国家信息基础设施（U-NII）设备对 5.9GHz 专用短程通信（DSRC）频谱的可行性和潜在用途的建议规则制定通知（NPRM）。

FCC NPRM 提出了一项新的方案，将 5GHz 频谱中的 195MHz 分配给未经授权的设备，例如802.11ac标准兼容的Wi-Fi设备。除了这项频谱分配建议外，为推广未经许可装置的使用，NPRM建议对U-NII-1、U-NII-2及U-NII-2e频段做出新的更改，例如使U-NII-1可用于户外应用。图8-3所示为当前可用频道和提议的新频道。注意，能够在新频道上操作的未经授权的设备不限于802.11标准兼容设备。

FCC NPRM 引入的5GHz U-NII 频段名称对比见表8-2。

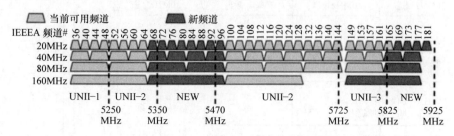

图8-3 当前可用频道和提议的新频道

表8-2 5GHz U-NII 频段名称对比

频率/GHz	原方案	新方案
5.15~5.25	U-NII-1	U-NII-1
5.25~5.35	U-NII-2	U-NII-2A
5.35~5.47		U-NII-2B
5.47~5.725	U-NII-2e	U-NII-2C
5.725~5.85	U-NII-3	U-NII-3
5.85~5.925	ITS	U-NII-4

根据FCC Docket ET 13-49，FCC正在研究共享5.85~5.925GHz频段解决方案的可行性，该解决方案将在DSRC与未经许可的设备之间共享，例如那些使用基于802.11的标准以及与此方法相关的影响。将DSRC频段使用的主要频谱划分给已授予的运输区，这种分配是偶然的。DSRC需要证明它可以与其他主要用户共存，例如军用雷达、卫星上行链路、室内工业、科学和医学频谱。

FCC提出的用于共享频段的主要设备使用基于IEEE 802.11ac的信号，并且将在U-NII-4频段中操作。考虑共存的DSRC和U-NII-4（802.11ac）无线电频道，如图8-4所示。需要注意的是，目前没有计划使用最初提出的181频道。

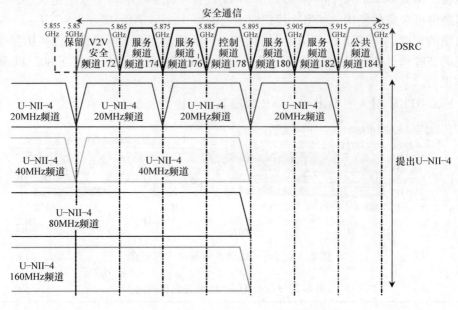

图 8-4　DSRC 和 U–NII–4 无线电频道

8.4　干扰类型

为了保证 DSRC 通信在汽车安全系统中的预期性能，必须研究同频道和跨频道干扰。应正确理解这两种干扰类型的潜在来源，以便建立共存和频段共用的标准。

8.4.1　同频干扰

在同一频率频道上运行的非许可 U–NII–4 设备（如 802.11ac 接入点，AP）和配备 DSRC 的车辆之间，同频道干扰会变得很重要。

这种干扰会严重降低汽车安全应用的性能，例如可以密集部署 AP 的市中心区域的交叉口移动辅助（IMA）。当发射机设备足够接近时，同一频段上的传输效果可能会互相干扰。值得注意，这种干扰与频谱的重叠部分有关，如图 8-5 所示。

8.4.2　交叉频道干扰

来自信号和传输的外来功率无法在空间上足够分离（这包括相邻频道干扰）是跨频道干扰的原因。这是从其他通道上的发射器发射功率的结果。该发射功率来自消除信号所需的不充分的发射机滤波和/或所使用的信号处理方法的非线性行为。图 8-6 所示为在光谱非重叠部分情况下的这种干扰。

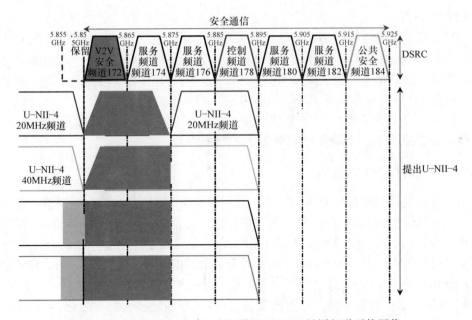

图 8-5 用于 DSRC V2V 安全频道的 5.9GHz 的同频道干扰图像

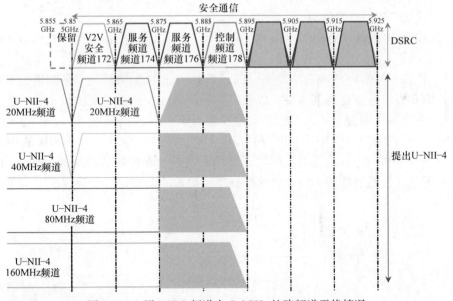

图 8-6 上层 DSRC 频道在 5.9GHz 的跨频道干扰情况

8.5 为 ITS 频段设计的抗干扰方法

引入两种抗干扰方法作为共享解决方案的候选方法：检测和避免（DAA）以

167

及重新频道化。

DAA 概念不需要改变 DSRC 的技术或操作，并且要求未经许可的设备通过检测 DSRC 频谱的较低 45MHz 中的 DSRC 前同步码来避免 DSRC 干扰。重新频道化方法要求与"生命安全"相关的 DSRC 活动移至 DSRC 频段的高 30MHz，并与非安全相关和未经许可的设备共享 DSRC 频段的较低 45MHz。

本节研究这两种干扰缓解建议的优缺点。一般而言，将审查 Wi–Fi（802.11ac）的发射对 ITS 频段 DSRC 的潜在性能影响。

8.5.1 检测和避免（DAA）

DAA 旨在共享现有的 DSRC 频道，而不向 DSRC 提出额外的强制要求。

该提议不需要更改 DSRC 技术及其操作。它要求 U–NII–4 非许可的设备通过检测 DSRC 频谱的较低 45MHz 中的 DSRC 前同步码来避免对 DSRC 的干扰。根据 DAA 提议，"在 5850~5925MHz ITS 频段运行的 NII–4 设备应能够检测 5855MHz 和 5905MHz 之间 10MHz 频道中的 ITS 传输"。一旦非许可设备检测到存在许可的 DSRC 使用，非许可设备就会延迟传输并空出频段以避免任何干扰。图 8-7 所示为存在和不存在 DSRC 通信时的这种技术。

DAA 方法能够实现以下功能：

1）检测 5850~5925MHz 的 DSRC。

2）检测 10MHz 带宽内的 802.11p 前导码（严格限制接收器可以检测 DSRC 的最低功率电平）。

3）检测 U–NII–4 频段中的 10 MHz DSRC 频道，如果任何一条频道处于忙碌状态，则兼容设备应推迟其活动，以免引起同频道或交叉频道干扰。

4）在比相关时隙更短的持续时间内实现高于 90% 的检测概率。

5）一旦检测到 10 MHz DSRC 前导码（802.11p），5825~5925MHz 的频段将被视为一段时间内兼容设备的忙碌状态。除此之外，在忙碌状态期间，DSRC 信道将被屏蔽，并且任何新的 DSRC 前导检测将从最近的 DSRC 信号检测进一步延长繁忙时间。

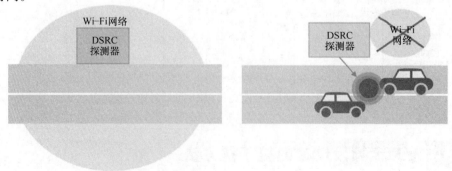

a) 不存在DSRC通信　　　　　　　b) 存在DSRC通信

图 8-7　不同情况下的 DAA 操作

该技术不会引入/添加交叉频道或同频道干扰，因为一旦检测到DSRC活动，兼容的DAA设备就会推迟它们的传输并空出频道。除了保护DSRC传输免受有害干扰之外，DAA还进一步保护DSRC免受UNII-3通信的兼容设备（实施此机制）在ITS频谱正下方的频率上进行传输。根据现有的DSRC规划（图8-1），在频道172中发生V2V生命安全通信时，UNII-3 Wi-Fi传输（图8-3中的当前可用频道）可能存在有害的跨频道干扰。DAA建议将空闲频段扩展至5.825GHz（即空出Wi-Fi频道165），如图8-8所示。

DAA要求修改802.11ac行为（可能会对硬件进行修改）以适应在整个较低的45MHz ITS频谱上检测10MHz频道上的DSRC前导码，以便在检测到DSRC信号后立即推迟Wi-Fi活动。

DAA设计采用CCA和DFS两种常规的抗干扰技术（前面已解释过）。设想DAA在10MHz带宽DSRC频道中实现CCA。请注意，一旦检测到DSRC信号，DAA就会声明频道正忙。另一方面，当检测到DSRC前导码时，兼容设备应停止使用频段并将传输推迟一段预定义的时间。换句话说，它将空出频谱，如图8-8所示。

图8-8　DAA提议延长空闲频段

8.5.2　重新频道化

该机制要求DSRC安全通信发生在频谱的非重叠部分（频谱的上30MHz），未许可的设备预计与DSRC共享较低的45MHz。该提案建议ITS/DSRC在频谱的重叠部分仅使用20MHz频道（5855~5895MHz频段的低40MHz）。与DAA不同，该提案未在10MHz频道上实施CCA，以检测DSRC引入的传输并确定其优先级。请注意，一旦检测到DSRC通信，DAA就需要对10MHz频道进行筛选并空出频段。图8-9所示为重新频道化下提出的新频段规划。

与DAA技术不同，与现有的U-NII-3场景（来自图8-3中当前可用频道的干扰）相比，重新频道化提议不解决具有DSRC传输的兼容设备的交叉频道干扰。重新频道化建议DSRC将安全相关流量从U-NII-3移开。但是，它将U-NII-4频道分配为更接近延迟敏感安全相关的DSRC通信频率。由于去除了其间的5MHz保留段，因此减少了与DSRC安全相关的流量的空间分离。图8-10所示为安全DSRC通信场景中的重新频道化分离。

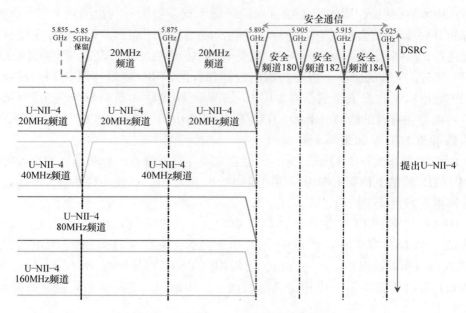

图 8-9 重新频道化下提出的新频段规划

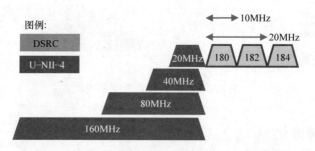

图 8-10 安全 DSRC 通信场景中的重新频道化分离

除了空间分离减少之外,重新频道化还将 DSRC 安全通信压缩到 3 个频道。注意,表 8-2 表示用于安全和移动性传输的 6 个 DSRC 频道分配。将 6 个通道 DSRC 流量压缩到 3 个通道会增加每个通道的流量。DSRC 流量的增加可能会引入新的同频道和跨频道干扰源。

共享频谱的关键方面之一是能够检测 DSRC 信号,以便能够为 DSRC 流量授予优先权。重新频道化建议使用 20MHz 频道,这使得 DSRC 检测更加困难。在这种情况下,DSRC 在 20MHz 频道上运行,并使用与 Wi-Fi 数据包类似的数据包结构。在这种情况下,DSRC 分组的区分将不像解码前导码那样简单和直接,而是需要进一步解码。一种可能的方法是通过解码接收到的分组的 MAC 部分来区分 DSRC 分组。为了解码 MAC,DSRC 信号必须更强,以便被检测和解码。注意,解码 MAC 报头需要高信噪比(SNR)。另一方面,拟议的 20MHz 重新划分计划中的噪声水平将高于 DSRC 默认的 10MHz 频道。

在所提出的重叠部分的重新绑定计划中,与检测 DSRC 信号相关联的另一个挑战是需要同时检测两个主要的 20MHz 带宽频道。图 8-9 中的两个 20MHz 提出的 DSRC 频道应该由符合 U‐NII‐4 的设备同时以完全灵敏度进行屏蔽,以避免同频道和跨频道干扰。请注意,一个通道上的传输可能会对另一个通道上的 DSRC 传输造成跨通道干扰。

虽然检测 DSRC 流量是确定优先级的关键因素,但如何在没有同频道干扰的情况下使用频谱的策略非常重要。DSRC 通过定义 8 个不同的用户优先级来使用 IEEE 802.11e 服务质量(QoS)机制,即 EDCA。

这些用户优先级映射了表 8-3 中显示的 4 种访问类别(AC)。

表征这些 AC 并最终定义频道访问协议的 4 个参数如下:

1) 竞争窗口最小值(CWmin)。
2) 竞争窗口最大值(CWmax)。
3) 仲裁帧间隙数(AIFSN)。
4) 传输机会(TXOP)限制。

表 8-3　SAE J2945/1 中定义的 DSRC EDCA 参数

用户优先级	AC	CWmin	CWmax	AIFSN	TXOP 限制 OFDM/CCKOFDM PHY
1, 2	AC_BK	15	1023	9	0
0, 3	AC_BE	15	1023	6	0
4, 5	AC_VI	15	1023	4	0
6, 7	AC_VO	3	7	2	0

非 DSRC U‐NII‐4 兼容设备(Wi‐Fi)在典型流量协议(AC_BE 类别)中使用与 DSRC 不同的参数集,见表 8-4。

表 8-4　用于最佳工作类别的 802.11ac 参数

参数	802.11ac 默认设置(AC_BE)
EDCA 参数	CWmin = 15 CWmax = 1023 AIFSN = 3

引理:DSRC 流量获得传输机会的预期等待时间高于 U‐NII‐4 Wi‐Fi。

证明:

$$E[wait\ time] = E[backoff\ time + Interf rame\_space]$$
$$= E[backoff\_counter * Slot\_time] + interf rame\_space$$
$$= Slot\_time * E[backoff] + interf rame\_space$$

DSRC 的时隙和帧间间隔高于 802.11ac Wi-Fi，并且假设在两种情况下，相同 CWmin 下的均匀退避分布均为 15（相同的预期值），我们可以得出结论，DSRC 流量获得传输机会的预期等待时间高于 802.11ac。

可以修改 EDCA 参数以优先处理 DSRC 流量。这可以通过为 U-NII-4 Wi-Fi 设备分配更长的平均等待时间来实现。

8.6 结论

本章研究了传统的无线局域网抗干扰技术——CCA 和 DFS。为了理解干扰情景，在 DSRC 安全通信的情况下，审查了同频道（当设备在相同频率上操作时）和跨频道（当设备在近频率上操作时）的源。重要的是研究了潜在的同频道和跨频道干扰对保证共存可行性的影响。

本章介绍并比较了 DAA 和重新频道化两种抗干扰方案的主要特点。根据比较，DAA 有望在保护 DSRC 安全通信方面发挥更多潜力。由于空间分离的减少，如通过重新频道化所提出的，将安全通信移动到上部频道（即频道 180、182、184）可能是有问题的。除了减少空间分离之外，由于将 6 个频道通信压缩到 3 个频道，上部频道上 DSRC 流量的增加可能对 DSRC 通信施加新的干扰源。

需要考虑的另一个关键方面是检测频谱重叠部分的 DSRC 流量。重要的是同时以完全灵敏度筛选重叠频道，以免对 DSRC 流量施加干扰电位。适当的检测机制是在重叠频率上对任何特定通信业务进行优先级排序的必要部分。如果目标是在重叠频率上优先考虑 DSRC 流量，则需要修改 EDCA 参数以适应这种优先级。

为了理解共存和频段共享解决方案的可行性，研究通信业务对彼此的影响非常重要。DSRC 旨在提供与安全相关的态势意识。ITS 社区确定了若干指标，作为车辆安全应用的关键性能指标（如避免碰撞）。频道忙碌率（CBR）、分组错误率（PER）和信息阶段（IA）被证明是这种安全相关应用的良好指标。CBR 表示频道检测到忙碌时间的百分比；PER 表示丢失数据包的速率；IA 表示从特定车辆接收信息的当前状态。重要的是要根据这些指标显示共享机制的性能，以便能够对共存和频段共享的可行性做出公正的判断。

8.7 参考文献

1. *Amendment of Parts 2 and 90 of the Commission's Rules to Allocate the 5.850-5.925 GHz Band to the Mobile Service for Dedicated Short Range Communications of Intelligent Transportation Services*, ET Docket No. 98-95, Report and Order, 14 FCC Rcd 18221 (1999).
2. FCC 03-324 Report and Order, Dec. 17, 2003.
3. *Amendment of the Commission's Rules Regarding Dedicated Short-Range Communication Services in the 5.850-5.925 GHz Band (5.9 GHz Band)*, WT Docket No. 01-90; *Amendment of Parts 2 and 90 of the Commission's Rules to Allocate the 5.850-5.925 GHz Band to the Mobile*

Service for Dedicated Short Range Communications of Intelligent Transportation Services, ET Docket No. 98-95, Report and Order, 19 FCC Rcd 2458 (2004) (DSRC Report and Order).
4. FCC 06-110 Memorandum Opinion and Order, July 20, 2006.
5. *Dedicated Short Range Communication (DSRC) Systems Engineering Process Guidance for SAE J2945/X Documents and Common Design Concepts*, Dec, 2017.
6. IEEE 802.11-15/0347r0, Final Report of DSRC Coexistence Tiger Team at 1 (Mar. 9, 2015) (Tiger Team Final Report), https://mentor.ieee.org/802.11/dcn/15/11-15-0347-00-0reg-final-report-of-dsrc-coexistence-tiger-team-clean.pdf.
7. Federal Communications Commission, *"In the Matter of Revision of Part 15 of the Commission's Rules to Permit Unlicensed National Information Infrastructure (U-NII) Devices in the 5 GHz Band,"* ET Docket No. 13-49, February 20, 2013.
8. Lansford, J.; Kenney, J.B.; Ecclesine, P., "Coexistence of unlicensed devices with DSRC systems in the 5.9 GHz ITS band," IEEE Vehicular Networking Conference (VNC), Boston, 2013, pp. 9–16, 16-18 Dec. 2013.
9. Tiger Team Final Report at 6-7. See also Cisco Systems Inc. Reply at 24-28; Letter from Mary L. Brown, Senior Director, Government Affairs, Cisco Systems, Inc. to Marlene H. Dorch, Secretary, FCC (Dec. 23, 2015).
10. Tiger Team Final Report at 7-8. See also Qualcomm Inc. Comments at 5-17 (Qualcomm Comments).
11. SAE International, *"Surface Vehicle Standard – On-Board System Requirements for V2V Safety Communications,"* J2945™/1, Issued 2016-03.

第9章
高效高保真的DSRC仿真

9.1 概述

网联车辆应用使用专用短程通信（DSRC）技术来传播安全关键信息或交通信息。主动安全应用可以说是最重要的网联车辆应用。鉴于安全应用程序的重要性，在部署之前必须对应用程序进行广泛的研究和测试。然而，DSRC网络和车辆流量的动态特性以及各种影响因素，使得它对所有可能的通信和业务场景进行现场测试的成本过高，并且在技术上不可行。特别是安全应用的性质和事件的罕见性，使得对于数百辆车辆进行大规模测试通常非常困难，甚至是不可能的。即使在所有通信可能性下对应用进行小规模测试，也可能是不可行的。鉴于现场试验的困难性，研究人员通常采用仿真方法来检查和验证安全应用的性能。仿真工作通常针对基于DSRC安全应用的三个不同方面：通信网络、车辆流量和移动以及安全算法。虽然安全算法通常可以在模拟器中精确实现，但通信网络和流量方面必须以较低保真度建模和模拟。因此，确保模拟工具足够精确和可靠是至关重要的。本章的重点是基于DSRC的通信网络的仿真。

除了无线介质的行为之外，无线通信网络的仿真还需要对协议栈的不同层进行建模。虽然大多数协议行为可以根据标准精确地实现，但是较低层的一些细节必须被抽象。无线介质的建模，即频道传播行为，也是一项具有挑战性的任务，并且通常不可能精确重建物理无线环境中发生的事情。因此，有许多方法可以对不同层和通道模型的行为进行建模和抽象。

最近关于模拟DSRC的一些工作集中在调整现有的流行网络模拟器，如ns-2和ns-3。陈某等人在文献[5,6]中解决了ns-2的简化物理层（PHY）和媒体访问控制（MAC）的缺点。在他们的工作中，作者以适当的方式分离PHY和MAC层功能，以便将网络组件的功能放置在它们各自的层中，从而提高ns-2仿真精度。

通过集成"NoiseMonitor"来跟踪收发器处的所有干扰，改进了ns-2中载波侦听的简单方法。文献[6]中的工作还引入了基于SINR的接收标准，该标准可以确定帧是否被成功接收。

在文献［7］中，作者解释了各种捕获场景，并使用802.11测试平台详细研究了物理层捕获效果的细节。基于该研究，文献［8，9］提出了在 QualNet 中 802.11 PHY 的一些修改。文献［12］开发了一个基于 ns-3 的详细 PHY 模型（PhySim-Wi-Fi），旨在将基于 DSRC 的车载通信结合到模拟器中。PhySim-Wi-Fi 不是使用仅由帧的长度字段定义的帧，而是通过将随机生成的等于长度字段大小的比特序列变换为符合 IEEE 的复杂时域样本来模拟帧的物理比特802.11标准。虽然 PhySim 通过考虑信号的按位处理来建立逼真的 Wi-Fi PHY 模型，但是对存储器容量和计算速度有更高的要求。

总体来说，无线网络的仿真需要建立开发节点和无线频道的模型。节点模型通常应考虑发射机和接收机的行为，而频道模型则描述每对节点之间的信号损失和变形。因此，我们将在本章中分别描述节点模型和频道模型。应该注意，节点模型的细节将取决于频道模型的详细程度（图9-1）。

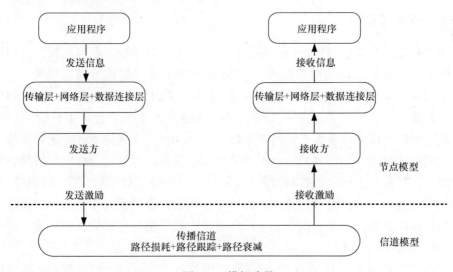

图 9-1　模拟步骤

9.1.1　无线信道

在传播行为建模方面有几种方法。在更简单的形式中，频道行为可以被认为是影响 PHY 帧的随机丢失模式。在更实际的形式中，功率（传播）损耗可以根据描述每对节点之间的环境的一些因素来建模和导出。例如，每对节点之间的距离以及物理环境（城市、郊区、高速公路等）的一般形式可用于导出将功率损耗与距离相关联的公式。此外还可以考虑其他因素，例如交通密度。在更精确的形式中，可以使用射线追踪方案，其尝试重建更精确形式的通道并考虑诸如建筑物、车辆等环境特征的几何形状，从而更精确地计算反射和多径效应。

频道建模的另一个方面是频道损失的影响。比较简单的方法是假设整个帧受到相同传播损耗的影响；而较为详细的方法将查看框架的较小部分，直至单个符号。如果假设频道属性在帧的生命期内保持不变，则后一种方法可能不是必需的，但是对于较长的帧，可能需要进行一些调整。

通常，模型考虑的细节越多，它的计算成本就越高。因此，诸如 ns-2、ns-3 和 OMNET 等许多流行的网络模拟器使用频道效应的帧级仿真。在大多数情况下，传播模型也被抽象为试图重建大规模频道丢失、阴影和衰落对整个帧的影响的公式。一些模拟器允许采用光线跟踪和传播损耗的更细粒度建模（如 OPNET）。然而，这种详细的传播模型的计算成本是非常昂贵的。

本章详细介绍了 ns-3（学术和行业研究人员广泛使用的开源模拟器）所采用的方法，并介绍了根据 DSRC 现场测试对 ns-3 进行的修正，以获得更高保真度的帧级别模拟器，从而保证计算效率。

9.1.2 节点模型

为了研究所有通信和应用层，需要对节点行为进行建模。在最高层，应用程序模块生成安全消息，并包含目标安全应用程序的实现，如前方碰撞警告（FCW）和交叉口移动辅助（IMA）等。它还包含通道拥塞的实现控制算法，如 J2945/1，通过根据频道条件反馈调度基本安全消息（BSM）的生成来适应来自应用层的频道负载。可以使用各种参数来调节频道拥塞，例如消息生成速率和发送功率等。应用层生成的消息被向下传递到较低层，最终通过通信频道发送。在应用层接收的消息可用于计算各种指标，例如频道繁忙百分比（CBP）、分组错误率（PER）以及感兴趣区域内的车辆密度等，这些指标可用作频道拥塞的反馈参数来控制算法，以及评估各种可扩展性方案。由于应用程序通常在现实世界中的软件中实现，因此可以根据规范对应用程序行为进行精确地建模。

节点行为建模更具挑战性的方面是应用程序底部的通信层（发送器和接收器）。然而，发射器和接收器行为通常可以以比频道模型更高的保真度建模。原因是大多数通信组件可以根据协议精确实现，也可以使用从测试中派生的数据进行抽象。对于协议栈的更高层尤其如此。通常，MAC 层及以上的行为是可以精确实现的；但是，可能需要抽象物理层行为。在 DSRC 的情况下，物理层最低部分的接收器和发送器行为必须被抽象为帧级行为，以允许将其与频道模型行为相匹配。如果使用位或符号级别的频道模型变化，则必须考虑节点模型的相同变化。尽管有一些工作使用过这种方法，但这并不是一种常见的方法。

在节点行为的帧级建模中，重点是物理层在帧边界处采取的特定操作。在帧边界处还会计算接收器解码概率、干扰和噪声影响，并且最后计算成功解码帧的概率。

可以通过考虑在帧内发生的特定接收器和解码事件来改进帧级建模，我们称之为接收器行为的"子帧建模"。利用子帧建模，将会改变接收器内的处理步骤和决策帧的不同部分。这对于 DSRC 收发器尤其重要，因为其会基于对各部分帧的成功解码而做出一些决定。子帧建模可以显著提高建模精度，同时只需很低的计算成本。在本章的后面部分，将讨论子帧建模的详细内容。

物理层节点行为的建模主要集中在对接收器行为的建模上，因为 PHY 发送器行为通常被假设为确定性的，并且不受频道行为变化的影响。因此，发射机模型通常更简单，并且在大多数模拟器中被建模为 DSRC 的简单增益值。然而，MAC 行为是不同的，发送器和接收器行为都需要相当复杂的 802.11 MAC 才能完全实现 DSRC。

9.1.3 流动性和环境模型

一对发送器和接收器之间环境的物理特性，是决定频道行为以及接收器性能的重要因素。节点之间的距离、视线的存在或缺失（LOS）以及可能遮挡的物体是根据节点和遮挡物体的位置确定的属性。对于 DSRC，节点本质上是移动的，并且当车辆移动时，每对车辆之间的频道将改变（与通信频道参数变化相比较为缓慢）。车辆轨迹可以从交通模拟器（SUMO 或 VISSIM）导入，或者从实际车辆移动轨迹的日志导入。这个方面的模拟通常与通信部分分开处理，本章不再详述。

9.2 节点模型

如上所述，DSRC 节点行为建模的复杂性很大程度在于对接收器行为进行建模，特别是在抽象帧或子帧处理方面。MAC 行为通常是可以精确实现的，尽管它受 PHY 事件抽象的影响。本节将详细讨论这一点。DSRC 的 PHY 发送器行为简单地建模为功率增益；DSRC 发射机的 MAC 行为也完全按照 802.11 协议的描述来实现。

为了理解 PHY 接收器的建模方式，我们注意到 DSRC 帧由几个部分组成，即前导码、PLCP 报头和有效载荷。有关 MAC 报头和部分的更多细节不用于子帧处理。接收器的具体操作是在这些帧的边界处进行的。因此，分组处理可以在离散事件模拟器（如 ns-3）中以高效的方式完成，并且如果是产生跨节点的调度事件则需要给接收器传递节点信息。无线环境中的每个接收器在接收到帧的这些部分时，独立地处理输入帧。ns-3 中的事件时间是通过考虑传输时间和传播延迟（使用发送器和接收器之间的距离计算）来计算的。

接收帧的每个部分时的具体操作将取决于接收部分是否可由接收器使用或可解码。为了确定接收成功，并且在没有比特级处理的情况下，接收器将不得不使用诸如接收信号强度（RSS）以及信号与干扰噪声比（SINR）之类的量。在大多数模型中，使用 SINR 的值以及一些误差或接收概率模型来确定帧的接收部分是否是可解码的。

在后面的小节中，我们将详细说明如何计算 SINR 以及如何处理帧解码。必须注意的是，此描述基于我们的 DSRC 模拟器，该模拟器是通过增强和纠正现有的 ns-3 模型而构建的。因此，大多数解释都专注于如何增强现有模型以支持 DSRC。

9.2.1 帧结构

根据 IEEE 802.11 标准，OFDM 系统中的 PLCP 协议数据单元（PPDU）有三个主要部分（图 9-2）：

1）PLCP 前导码：该字段在接收器端用于同步解调器。PLCP 前导码由 12 个符号组成，包含 10 个短符号和 2 个长符号，用于标记帧的开始。对于 10 MHz 频道间隔，前导码的持续时间为 32μs。

2）Signal：前导码后为 Signal 和 Data。Signal 是一个长符号，包含帧的 Length 和 RATE 信息，它是 PLCP 报头信息的一部分。

3）Data：Data 部分包含 PLCP 报头的 Service 字段，其余部分包含 Pad 和 Tail 位。

显然，基于图 9-2 所示的 PPDU 格式的 OFDM 帧有三个主要部分。因此，我们通过将总帧持续时间分为三部分来模拟 OFDM 帧：PLCP 前导码、PLCP 报头和帧有效载荷。相应事件的处理安排在每个部分的边界处。这里我们笼统地将 Signal 解码称为 PLCP 报头解码，因为这是显著影响我们模型中其余解码方式的部分。图 9-3 所示为 OFDM 帧的三个部分以及相关的动作事件。

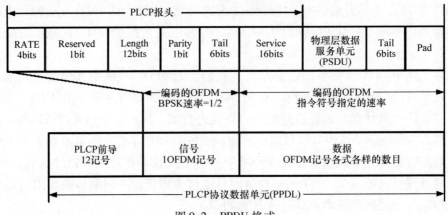

图 9-2　PPDU 格式

图 9-3　OFDM 帧的三个部分以及相关的动作事件

9.2.2　接收器帧处理模型

如图 9-4 所示，需要帧处理模型来维护干扰列表，以及定义接收器瞬时状态的状态机。高级接收流程图显示了如何根据当前 PHY 状态处理输入帧。在本节中，我们将详细介绍干扰模型、PHY 状态以及帧检测和解码步骤。

9.2.2.1　干扰模型

为了适应物理载波感知、能量检测以及模拟干扰对信号解码的影响，接收器模型通过维护当前在介质上的所有信号的列表来跟踪累积干扰。该列表通过添加可由接收功率 $RxPower$ 描述的输入信号以及刚刚到达接收器的信号的开始和结束时间来填充，假设 $RxPower$ 在帧寿命期间不变化。干扰列表通过简单地对当时有效的所有信号求和来帮助计算瞬时累积干扰。此外，对于单个信号，计算信号与干扰噪声比（SINR）是可能的，其经常用于检查接收概率并做出继续接收或帧捕获的决定。

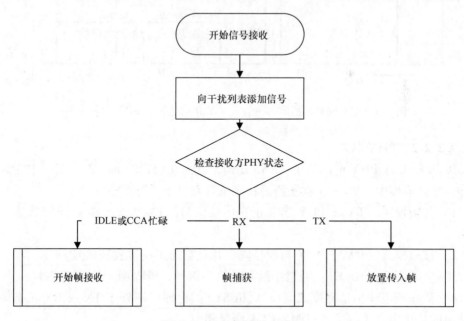

图 9-4　接收器帧处理模型

确定感兴趣信号的 SINR，需要各种帧检测和解码步骤。例如，在接收另一信号期间，新信号的到达需要进行 SINR 检查以决定是否应该捕获较新的帧。为了适应任何信号的 SINR 计算,需要一个子程序来返回与一个信号或一系列信号重叠的信号的干扰。在 SINR 计算期间,还要考虑噪声基底和噪声系数。噪声基底是系统中存在的所有不需要的背景噪声的量度。通常,热噪声被建模为 $N_t = KTB$,其中 K 是玻尔兹曼常数,T 是温度(K),B 是以 Hz 为单位的信号带宽(Hz)。噪声系数 NF 是对于给定带宽,由无线电信号链中的组件引起的 SNR 降级的量度。因此,总噪声基数由下式计算

$$noise\ floor = NFN_t$$

然后计算信号 i 的 SINR 值

$$SINR_i = \frac{RxPower_i}{noise\ floor + \sum_{j\ =\ signal\ overlaps\ with i} Rx\ Power_j}$$

$RxPower_i$ 和 $RxPower_j$ 的单位为瓦特(W)。图 9-5 所示为在不同时刻的感兴趣信号(RED 信号)的 SINR 计算示例。

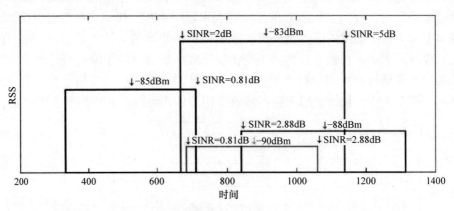

图 9-5　在不同时刻的感兴趣信号(RED 信号)的 SINR 计算示例

9.2.2.2　PHY 状态

IEEE 802.11 PHY 可以基于 YANS 建模,就像在流行的 ns-3 模拟器中完成的那样。在此模型中,Wi-Fi 收发器的状态机具有以下 4 种状态:

1)传输模式(TX):PHY 当前正在传输信号。TX 状态不能被任何其他事件中断。

2)接收模式(RX):PHY 与信号同步并且当前正在接收该信号。

3)空闲模式(IDLE):通道中没有检测到信号,PHY 处于空闲状态。

4)清除频道评估忙碌模式(CCA_BUSY):物理层不处于 TX 或 RX 状态,但介质中的总功率高于(非 OFDM)CCA 能量阈值。

PHY 状态(IDLE 或 CCA_BUSY)使用清除频道评估(CCA)功能确定,该功能在 IEEE 802.11 标准中定义。CCA 涉及两个相关功能:载波侦听和能量检测。载波侦听是指接收机在频道上检测和解码 OFDM 信号的能力。能量检测是指接收器

检测频道上非 OFDM 能量的能力。基于碰撞避免度量标准合作伙伴（Crash Avoidance Metrics Partnership，CAMP）在项目中所做的硬件测试，有效 OFDM 帧的开始需要大约 -94dBm 或更高的 RSS。当有效 OFDM 帧的前导码以 -94dBm 或更大的 RSS 开始时，CS/CCA 应指示繁忙的媒体，这意味着接收器已同步到 OFDM 帧。如果前导码和 PLCP 报头被成功接收（我们稍后将讨论如何确定这一点），则频道应该在帧的持续时间内保持忙碌，这可以基于 PLCP 报头的 Length 和 RATE 信息来计算。如果前导码未成功接收，则 CCA 功能回退到能量水平检测。在这种情况下，接收器应在频道总能量大于特定阈值的持续时间内保持 CCA 信号忙。从上面提到的硬件测试中发现，该阈值约为 -82dBm。必须注意的是，-94dBm 和 -82dBm 的值是针对特定硬件（Denso WAVE 安全单元和 Savari 车载单元）的，并且这些特定阈值可能会在其他或未来的设备上发生改变。尽管如此，对于所有 802.11 设备来说，这些值或多或少是相似的，因为其实际上与基础 802.11 标准设计有关。

9.2.2.3 帧检测和解码步骤

帧检测和解码从检测前导码开始。在成功进行前导码检测和同步之后，物理层与输入帧同步进入 RX 状态。通过在帧启动 32μs 之后调度事件来实现前导码检测步骤。该事件将观察到的 SINR 与前导码成功解码阈值（PSDT）进行比较。如果 SINR 小于 PSDT，则接收器不能成功解码前导码。因此，丢弃正在接收的当前帧，并且基于累积信号强度来决定 PHY 状态。如果总信号强度低于 CCA 能量检测阈值，则 PHY 进入空闲状态；否则，PHY 进入忙碌状态。如果测量的 SINR 足够高以使设备能够检测到前导码，则接收器进入下一阶段，即 PLCP 报头解码。

需要 PLCP 报头解码事件以确保接收器已正确解码 PLCP 报头。该检查安排在帧的 PLCP 报头的末尾。将观察到的 SINR 与 PLCP 报头解码阈值进行比较。如果 SINR 高于阈值，则认为头部被成功解码。如果报头解码失败，则中止正在进行的接收，并检查累积信号强度以决定 PHY 状态转换。与之前一样，如果总信号强度低于 CCA 能量检测阈值，则 PHY 进入空闲状态，否则进入忙碌状态。

图 9-6 和图 9-7 所示为当新帧到达并且接收器状态是 IDLE 或 CCA_BUSY 时，前导码检测和 PLCP 报头检查的调度。

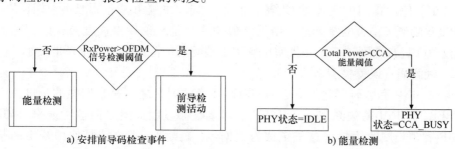

a) 安排前导码检查事件　　　　b) 能量检测

图 9-6　调度 PLCP 前导码检查事件和能量检测流程图

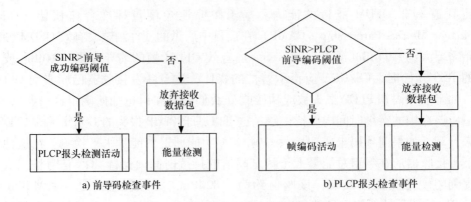

图 9-7　前导码和 PLCP 报头检查事件

帧解码事件是在成功解码 PLCP 报头之后调度的最后一步。在成功解码 PLCP 报头之后，接收器保持在 RX 模式并将在帧结束时调度另一事件以确定是否可以成功解码有效载荷部分。然而，在帧结束事件发生之前，可能由于干扰而发生其他事件，如下一小节中所述。

在帧结束事件处成功解码帧将取决于在帧接收期间发生的干扰量。通过计算遭受干扰的帧的每个数据块的 SINR 值，并基于预定的"误差模型"计算接收概率，以此来确定成功解码的概率。误差模型将接收概率指定为 SINR 的函数。对于不同的调制和编码方案，可以使用误码率（BER）与 SINR 的关系导出该函数；也可以使用理论公式或硬件测试来确定误差模型。我们在文献［22］中的工作便使用了前面提到的硬件测试来确定错误模型。

1. 阈值选择

PSDT 和 PLCP 报头解码阈值用于确定帧接收是否应分别在前导码和 PLCP 报头的末尾继续。基于帧的帧成功率来选择 3dB 的 PSDT，该帧的帧成功率在长度上正好等于以 6Mbit/s 传输的长度为 OFDM 信号的前导码时长。我们观察到，当 SINR 高于 3dB 时，会发生向成功帧接收的转变。PLCP 报头解码阈值使用相同的过程，其值选择为 2dB。然后根据现场数据的试验和模拟结果的比较（通过试验和误差）对这些值进行微调。必须注意，可以用使用误差模型和 SINR 值的概率方法来代替上述特定阈值。我们的观察表明结果非常相似，并且可能不需要增加前导码或 PLCP接收的概率检查的复杂性。结果类似的原因是理论误差模型公式的成功概率在绕阈值附近有急剧转变，并且使用概率模型而不是特定阈值的效果是最小的。

2. 帧解码：误差模型

除了 SINR 和解码器之外，影响帧解码概率的因素之一是数据帧的长度。实际上，BER 与 SINR 的关系仅取决于 SINR 和接收器参数；但数据包错误率（PER）是 BER 和帧长度的函数（这里统称为数据包）。虽然一般方法是使用基于调制和编码选择的理论方法来推导 PER，但结果通常与实际设备实现的结果有些不同。

我们在之前的一些研究中观察到了这一点。我们从前面提到的硬件测试中获得的误差模型（PER 与 SINR）如图 9-8 所示。该模型是针对具有 DSRC 6 Mbit/s 调制和编码选项的单帧大小（BSM 大小）获得的。该模型可用于不同帧大小的近似误差模型，如图 9-8 所示。

使用曲线拟合，获得模型的一般格式为

$$a \times \mathrm{erf}\left(\frac{x-b}{c}\right) + d$$

式中，$a = 0.4997$；$b = 3.557$；$c = 1.292$；$d = 0.5$。

3. 处理部分干扰

当使用如图 9-8 所示的经验模型时，出现的问题是部分干扰的问题。当两个帧只有一部分重叠时，一帧的不同数据块的 SINR 值将是不同的。使用 BER 计算任何帧大小的 PER 的理论误差模型可以通过单独确定接收概率来处理该问题。然而，这可能有些问题，因为纠错方案通常应用于整个帧而不是数据块。另一个问题是理论模型不是很准确。如果使用经验模型，则必须针对相当小的数据块重新计算 PER 的值，而从 PER 获得 BER，然后获得不同帧（块）大小的 PER 的方法也不是非常准确。因此，我们可以采用一种更简单的方法来确定帧的接收情况，即考虑最坏情况并且在其接收期间找到所接收帧的最小 SINR。这种保守的方法确保如果能够以接收过程中的最小 SINR 接收 BSM，则所有其他 SINR 值也将确保成功接收。

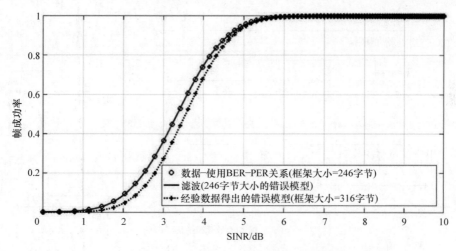

图 9-8　不同尺寸框架的经验误差模型

9.2.3　帧捕获特征

802.11 接收器的一个重要特性是帧捕获的可能性。帧捕获允许无线接收器在存在其他信号（干扰）的情况下锁定更强的信号，而不管其到达时间如何。当两个或更多个信号彼此重叠时就会发生这种情况。在接收器模型最简单的形式中，如果多个信号彼此干扰,则接收器不能解码任何信号,因为它们是乱码。但是在现实世界的无线设备中,接收器可以解码更强的信号,只要信号足够强以便成功解码。

在基于 DSRC 的安全通信中,很多情况下都会发生帧捕获,因为车载网络中固有的场景(隐藏节点冲突)可能导致多个信号重叠。DSRC 通过定期广播 BSM 使车辆交换信息。由于广播不使用 RTS/CTS 机制进行节点协调,节点不太了解其周围区域中的其他正在进行的传输。因此,隐藏的终端问题在车载网络中变得普遍。由于隐藏终端的存在,多个帧几乎可以同时到达接收器并且可以引导接收器捕获其中一个。虽然隐藏节点负责大多数捕获场景,但还有另一种情况,即两个信号可以重叠。如果两个站点的退避计数器同时达到零,则它们可以同时开始传输。

9.2.3.1 帧捕获方案

在前文中,我们已经解释了捕获效果及其发生时的情景。现在我们对这些场景进行分类,为了分类,我们假设只有两个帧处于冲突状态,第二个帧在第一帧接收期间到达。根据到达时间和信号强度,可以对物理层帧捕获进行分类(图 9-9):

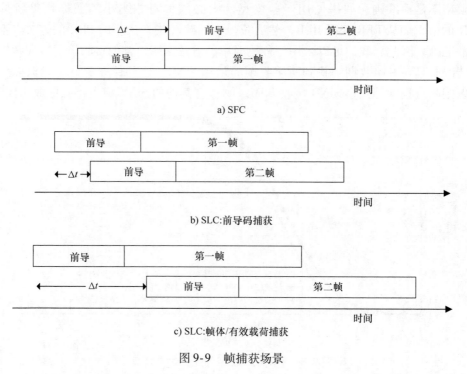

图 9-9 帧捕获场景

1)发送方首次捕获(SFC):较强帧的前导码检测是成功的,但有效载荷受到干扰。较弱信号的到达时间在这里并不重要,因为它是在接收器锁定到强信号之后到达的。

2)发送方上次捕获(SLC):在这个捕获中,第一帧(弱帧)被接收到,直到强帧到达。当第二帧到达时,第一帧出现乱码;接收器停止接收该帧并锁定到第二帧。根据到达时间,SLC 可以在两种情况下进一步分类:前导码捕获和帧体/有效载荷捕获。

9.2.3.2 帧捕获实现

根据帧的到达时间和当前 PHY 状态,接收器使用不同的阈值来捕获输入帧。

1) 前导码捕获:如果新信号在接收另一帧的前导码期间到达,则根据前导码成功捕获阈值(PSCT)检查输入信号的 SINR。如果 SINR 高于 PSCT,则接收器丢弃接收帧并同步新到达的帧。如果 SINR 低于 PSCT,则表明当前接收信号足够强,可以被解码,并且接收器继续接收。图 9-10 所示为前导码捕获场景。

2) 数据/有效载荷捕获:如果在接收帧的有效载荷期间有新信号的到达,则根据数据捕获阈值(DCT)检查 SINR。如果 SINR 高于 DCT,则接收器丢弃当前接收帧。如果 SINR 低于 DCT,则表明输入信号强度不足以使接收器锁定它,应该丢弃新到达的帧。图 9-11 所示为数据/有效载荷捕获场景。图 9-12 所示为帧捕获流程图。

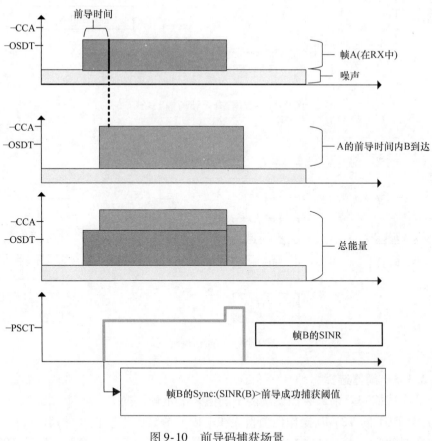

图 9-10 前导码捕获场景

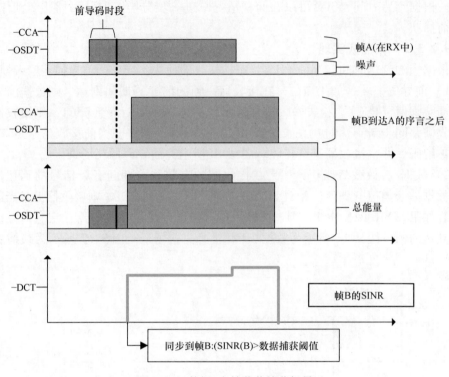

图 9-11　数据/有效载荷捕获场景

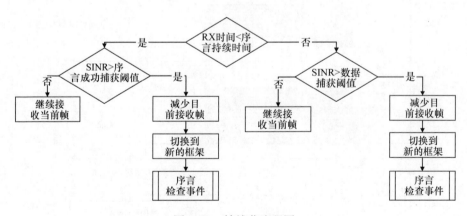

图 9-12　帧捕获流程图

9.2.3.3　阈值选择

为了实现捕获效果，我们使用两个阈值来决定帧切换。

1) 从 DCT 的 V2V 互操作性项目无线电硬件测试中得出 8dB 的阈值。在 OFDM 误码率模型的验证中，已经有类似的报道，即 7~8dB 的 SINR 值可以保证 100% 的帧成功率。

2) 对不同的 PSCT 进行仿真，以获得前导码成功捕获阈值（PSCT），而其他阈值保持固定。将测试结果与 V2V 互操作性项目现场测试进行比较来寻找匹配值，以找到匹配项。对于 PSCT 使用 7dB 的阈值，我们发现与现场结果的匹配是可接受的。

9.3 频道模型

考虑到可能使信号恶化的自然现象，在描述无线频道时通常考虑三个元素：大规模路径损耗，阴影或大规模衰落，以及小规模衰落（图 9-13）。大规模路径损耗描述了特定距离处的确定性信号衰减。在车辆通信中，当信号必须穿过阻碍发送器和接收器的大物体时，会发生阴影。车载网络本质上是动态的，因此，随着时间的推移，阴影会迅速变化。小规模衰落（有时仅称为衰落）捕获由于车辆运动（例如多径效应和多普勒频移等）引起的信号强度变化。所有这些模型一起工作并定义无线频道。

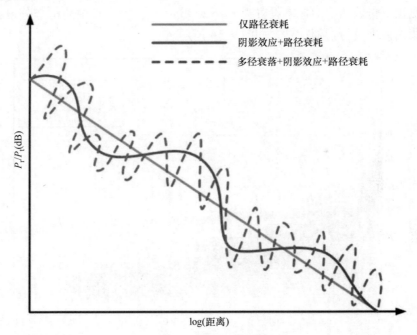

图 9-13 频道分量的影响

由于环境的物理复杂性和快速变化的动态特性，很难从理论上推导出适用于车辆环境的频道模型。因此，模型是基于经验数据和不同环境中进行的测量数据建成的。有许多方法可以从各个领域收集的经验数据中推导出一个模型。在较简单的形式中，接收帧的接收信号强度指示符（RSSI）可用于导出接收功率如何随发送器和接收器之间的距离而变化的模型。由于大规模和小规模衰落都模拟了信号水平的变化，如果基础经验数据没有足够的数据来分别得出每个数据，则它们有时会合并。

频道建模的主题超出了本章的范围。然而，频道模型组件是模拟器的重要元素，它们的使用和实现将在下一节中讨论。

频道模型组件

帧级仿真中的频道模型是描述帧的接收信号功率如何随环境特征而变化的数学关系。在最简单的形式中，发送器和接收器之间的距离被认为是最重要的因素，并且被用作描述环境的唯一参数，频道模型被简化为表示作为距离函数的传播损耗（功率损耗）的公式。例如，来自任意距离 d 的发送器的接收功率表示为

$$P_r(d) = P_t - L_{LS}(d) + g_{P,dB} \tag{9-1}$$

式中，P_t 是传输功率（dB）；$L_{LS}(d)$ 是距离 d 处的确定性大规模路径损耗（dB）；$g_{P,dB}$ 是随机小规模衰落（dB）。

图 9-14 所示为公路现场试验方案中所有车辆的 RSSI 测量值与距离 d 的关系。对于该测试，传输功率的速率设置为 $P_t = 20\text{dBm}$。式（9-1）中的每个分量都可以使用收集的数据进行近似计算，如图 9-14 所示。

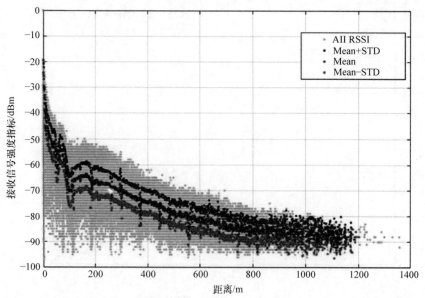

图 9-14　低交通量公路的 RSSI 测量值与距离的关系（所有车辆以 20dBm 的功率发射）

9.3.1　大规模路径损耗模型

频道损耗模型的第一个组成部分是大规模损耗。在大多数车辆环境中，信号没有被交通完全阻挡，存在一个双射线传播模型，用于模拟确定性的大规模路径损耗

分量。该模型最近被验证用于车辆网络并且考虑了由接收器处的单个地面反射射线引起的干扰,如图9-15所示。

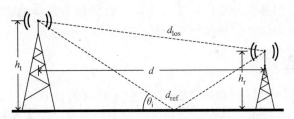

图9-15 用于大规模路径损耗的双射线干涉模型

基于双射线干涉模型,车辆网络无线频道中与距离相关的大规模路径损耗可以在文献[19]中找到。

$$L_{\text{LS}}(d;\alpha,\varepsilon_r) = 10\alpha\log\left(4\pi\frac{d}{\lambda}|1+\Lambda e^{i\phi}|^{-1}\right) \quad (9-2)$$

式中,α 是路径损耗指数;$\lambda = \dfrac{c}{f}$ 是对应于具有中心频率 f 的传输信号的信号波长,其以 c 的速度在环境中传播。

在式(9-2)中,反射系数 Λ 可以被描述为

$$\Lambda = \frac{\sin\theta - \sqrt{\varepsilon_r - \cos^2\theta}}{\sin\theta + \sqrt{\varepsilon_r - \cos^2\theta}} \quad (9-3)$$

式中,ε_r 是一个固定的、无单位的常数,它取决于反射介质;$\sin\theta = \dfrac{h_t + h_r}{d_{\text{ref}}}$,$\cos\theta = \dfrac{d}{d_{\text{ref}}}$,$d_{\text{ref}} = \sqrt{d^2 + (h_t + h_r)^2}$,$h_t$ 和 h_r 分别是发射器天线和接收器天线的高度,如图9-15所示。

此外,两条干涉线的相位差 ϕ 为

$$\phi = 2\pi\frac{d_{\text{los}} - d_{\text{ref}}}{\lambda} \quad (9-4)$$

式中,$d_{\text{los}} = \sqrt{d^2 + (h_t - h_r)^2}$,如图9-15所示。

双射线地面反射路径损耗模型有两个未知参数,可以根据收集的经验数据找到:路径损耗指数 α 和 ε_r。有兴趣的读者可以参考文献[25-27],了解这些参数是如何从经验数据中得出的。

9.3.2 衰落模型

以前的研究发现,无线频道的小规模衰落主要有 Nakagami-m 分布。该分布能够模拟各种小规模衰落场景,从强视距(LoS)和瑞森(Rician)分布式衰落($m>1$ 的较大值)到非 LoS 和瑞利(Rayleigh)分布式衰落(参数 m 的单位值)。

对于长距离（例如，超过菲涅耳距离），可以使用威布尔（Weibull）分布，因为它在文献中被广泛使用。正如前面提到的，阴影和小规模衰落效应有时会被组合并建模为一个因素，特别是当经验数据没有提供足够的细节来单独建模时。总体来说，衰落模型可以被视为描述信号强度变化和随机性的一种方式。

9.3.3 频道模型链

在对所有频道分量进行建模之后，它们可以被链接在一起以获得最终的 RxPower，如图 9-16 所示。在这里，通过将发射功率通过一系列频道模型分量和未显示的其他确定性因子（如天线增益）来计算接收信号强度。

图 9-16　频道模型链

9.4 接收器帧过程模型验证

验证为接收器开发的模型比传播模型简单得多。可以通过将模型生成的 RSS 值与现场测试的 RSS 值进行比较来验证传播模型。为了评估接收器模型，我们需要能够在现场和仿真中都可以测量的性能指标。两个可能的指标是：

1）频道忙碌率（CBR）：节点在预定义的时间段内感知到通信频道忙碌时间的一部分。在现场试验中，每 100ms 计算一次 CBR。

2）分组错误率（PER）：在预定义的时间窗口内，丢失数据包与传输的数据包总数的比率。针对每对发送器-接收器计算该度量。

由于这些指标是相对较高的水平，意味着它们是在 PHY 层之上测量的，因此 PHY 的所有内部机制以及传播模型都会影响它们。特别是，传播频道建模中的任何误差都将直接插入 PER 和 CBR 的测量中。因此，只有在有良好的且可接受的渠道模型可用时，才应使用这些指标。考虑到这一点，这些指标将提供一种验证所有内部 PHY 模型和机制（来自错误模型、子帧处理和阈值等）的综合效果的方法。为了尽可能地消除不确定性，一些内部机制、阈值和参数可以通过硬件测试得出，而其他内部机制、阈值和参数则通过反复试验进行调整（详细信息请参阅节点模型）。在本节中，我们将讨论验证和验证结果。

9.4.1 帧捕获实现的验证

为了验证帧捕获实现的正确性，我们建立了一个三节点仿真场景，如图 9-17 所示。

- 节点 A（移动节点）以 4m/s 的速度向节点 B（接收节点）移动。节点 A

既可以作为接收者又可以作为发送者。
- 节点 B 保持静止,并从 A 和 C 接收数据包。
- 节点 C 保持静止,并接收和发送数据包。

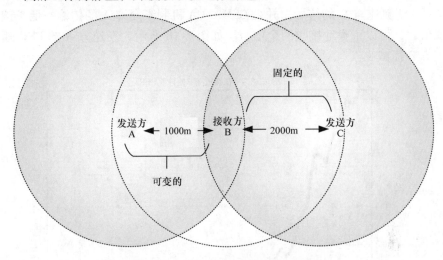

图 9-17　捕获效果验证的三节点场景

- 两个发送方最初都是以彼此隐藏的方式放置的。节点 A 总是比节点 B 更早开始传输。随着节点 A 靠近接收器 B,其信号变得更强。

在这个仿真设置中,为了简化分析,我们使用 Friis 传输损耗模型,而不是衰落模型。如前所述,我们可以编写如下 Friis 方程

$$\frac{P_t}{P_r} = \frac{G_t G_r \lambda^2}{(4\pi d)^2 L} \tag{9-5}$$

式中,P_r 和 P_t 分别是接收功率(W)和发射功率(W);G_r 和 G_t 是接收器和发射器天线增益;L 是无量纲系统损耗系数;λ 是波长;d 是接收器 – 发射器分离距离。

由式(9-5)可以得到

$$d = \frac{\lambda}{4\pi} \sqrt{\frac{P_t G_t G_r}{P_r L}} \tag{9-6}$$

式中,$\lambda = \frac{c}{f}$,其中 c 为光速(3×10^8 m/s),f 是频道频段。

对于 DSRC 频道,$\lambda = \frac{3 \times 10^8 \text{m/s}}{5.89 \text{GHz}} = 0.0509 \text{m}$。在该测试中,默认传输功率 P_t 设置为 20dBm,能量检测阈值设置为 – 94dBm。因此,将 P_r = – 94dBm 代入式(9-2)将计算出在该仿真设置中的发射器的范围 d,计算出的 d = 2032m。即节点 A 与节点 C 之间的距离为 2032m。

根据发送方 A 和发送方 C 的两个发送帧的定时关系,接收方 B 观察前导码或

有效载荷捕获效应。节点 C 首先开始发送，信号在 6.6μs 后达到 B。节点 A 在 6.6μs 后开始发送，以确保其信号在 C 信号之后到达接收器 B，从而触发捕获效应。当节点 A 向 C 移动时，A－C 间隔距离减小。当 A－C 间隔距离变为 2032m 时，A 可以听到来自 C 的信号，并且 CSMA/CA 机制不允许 A 的传输。低于该间隔距离阈值时，可以正确地接收两个信号。如图 9-18 所示，发送方 A 的 PER 随着靠近接收方 B 而减少。

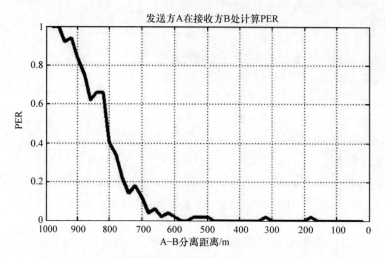

图 9-18　发送方与接收方的分离距离对 PER 的影响

9.4.2　总体接收器模型验证

为了验证整个 DSRC 接收器模型，我们模拟了 V2V 互操作性项目用于收集数据的相同 VANET 场景。从现场测试 GPS 数据中为车辆提取移动轨迹。10% 的车辆职能为记录器，并且均匀分布在其他车辆中。它们能够记录频道忙碌率（CBR）、GPS 数据以及各种传输（TX）和接收（RX）日志。ns–3 中的模拟设置见表 9-1。

表 9-1　ns–3 中的模拟设置

参　　数	值
模拟运行时间	250s
接收器噪声系数	6dB
OFDM 信号检测阈值（OSDT）	-94dBm
CCA 能量阈值	-82dBm
前导码成功解码阈值（PSDT）	3.0dB
PLCP 报头译码阈值	2.0dB
前导码成功捕获阈值（PSCT）	7.0dB
数据捕获阈值（DCT）	8.0dB

我们针对两种不同的配置执行了 ns-3 模拟：没有帧捕获的帧级 ns-3 和增强子帧级 ns-3（即具有捕获效果、前导码和报头解码特征的 ns-3）。

为了比较帧级和增强子帧级 ns-3 物理层实现的结果，我们研究了两个指标：频道忙碌率（CBR）和分组错误率（PER）。CBR 每 100ms 计算一次。要计算 PER，我们使用 RX 日志。我们采用带有 2s 窗口和 1s 子窗口的滑动窗口方法。记录器节点的 PER 值是根据节点 1（移动节点）计算的。在这里，我们使用 40m 的分离距离。

图 9-19 所示为车辆 1 的 1000m 范围内的所有车辆的 PER 值。从图中可以看出，来自较近车辆的消息被接收的可能性更高。随着发送方和接收方之间的距离增加，PER 预计会上升。随着一次添加一个子帧级别的动作事件和帧捕获特征，PER 曲线变得越来越类似于现场 PER。

CBR 是在每个行驶车辆上测量的另一个度量标准。每辆车记录它在 100ms 时间内检测到的频道忙碌的时间。

图 9-20 所示为所有移动节点的现场 CBR。图 9-21 所示为节点 1 的 CBR 曲线，包含现场测试的 CBR、帧级 ns-3 CBR 和增强子帧级 ns-3 CBR，并将它们相互比较。在车辆 1 处针对帧级 ns-3 和增强子帧级 ns-3 测量的 CBR 略高于现场结果，而来自增强子帧级 ns-3 的 CBR 显示出与现场测试更好的匹配结果。

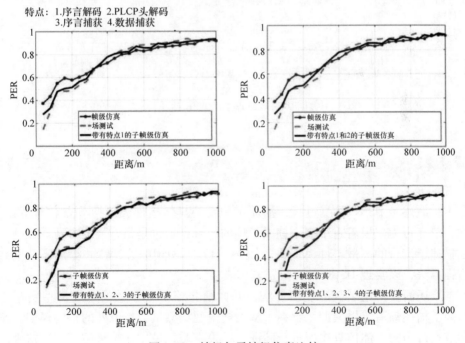

图 9-19　帧级与子帧级仿真比较

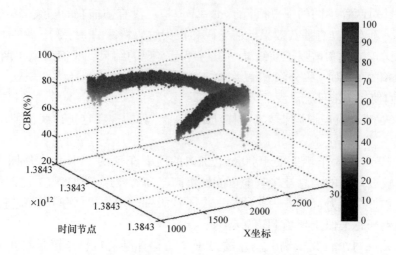

图 9-20　所有移动节点的现场 CBR（见彩插）

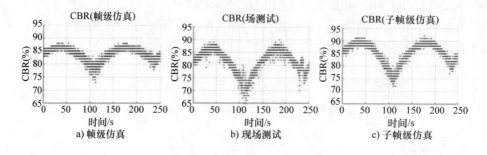

图 9-21　节点 1 的 CBR 曲线

9.5　结论

本章概述了 DSRC 仿真过程，描述了仿真的具体组件，包括节点和传播建模。其中，节点行为建模着重于基于帧或子帧的仿真，这也是最常用的方法。此外，本章还描述了流行的离散事件模拟器（如 ns-3）所使用的方法，并提出了一些修正和增强方法，以实现 DSRC 的更高仿真保真度。

本章还简要讨论了频道建模方法，并详细介绍了基于帧的频道模型实现的步骤。为了描述频道传播模型，解释了从大规模现场测试数据开发的特定模型。对频道和节点行为的整体仿真模型进行验证，结果表明该模型比帧级仿真器更精确。该模型用于多项研究，同时 ns-3 团队对模拟器的开发也做出了贡献。

9.6 参考文献

1. R. Sengupta, S. Rezaei, S. E. Shladover, J. A. Misener, S. Dickey, H. Krishnan, "Cooperative collision warning systems: concept definition and experimental implementation," Journal of Intelligent Transportation Systems, vol. 11, No. 3, pp. 143–155, 2007.
2. K. Dar, M. Bakhouya, J. Gaber, M. Wack and P. Lorenz, "Wireless communication technologies for ITS applications [topics in automotive networking]," IEEE Communications Magazine, 48(5), pp. 156–162, 2010.
3. Bai F., Krishnan H., "Reliability Analysis of DSRC Wireless Communication for Vehicle Safety Applications," 2006 IEEE Intelligent Transportation Systems Conference, Toronto, Ont., 2006, pp. 355–362.
4. Tahmasbi-Sarvestani A., Fallah Y.P., Kulathumani V., "Network-Aware Double-Layer Distance-Dependent Broadcast Protocol for VANETs," in Vehicular Technology, IEEE Transactions on, vol. 64, no. 12, pp. 5536–5546, Dec. 2015
5. Q. Chen, D. Jiang, V. Taliwal, and L. Delgrossi, "IEEE 802.11 based vehicular communication simulation design for NS2," in Mobile Computing and Networking, 2006, pp. 50–56.
6. Q. Chen, F. Schmidt-Eisenlohr, D. Jiang, M. Torrent-Moreno, L. Delgrossi, and H. Hartenstein, "Overhaul of Ieee 802.11 Modeling and Simulation in Ns-2," in Proceedings of the 10th ACM Symposium on Modeling, Analysis, and Simulation of Wireless and Mobile Systems, New York, NY, USA, 2007, pp. 159–168.
7. J. Lee, W. Kim, S.-J. Lee, D. Jo, J. Ryu, T. Kwon, and Y. Choi, "An Experimental Study on the Capture Effect in 802.11a Networks," in Proceedings of the Second ACM International Workshop on Wireless Network Testbeds, Experimental Evaluation and Characterization, New York, NY, USA, 2007, pp. 19–26.
8. J. Ryu, J. Lee, S.-J. Lee, and T. Kwon, "Revamping the IEEE 802.11a PHY Simulation Models," in Proceedings of the 11th International Symposium on Modeling, Analysis and Simulation of Wireless and Mobile Systems, New York, NY, USA, 2008, pp. 28–36.
9. J. Lee, J. Ryu, S.-J. Lee, and T. T. Kwon, "Improved modeling of IEEE 802.11a PHY through fine-grained measurements," Comput. Netw., vol. 54, no. 4, pp. 641–657, 2010.
10. "QualNet Network Simulator," http://www.scalable-networks.com/.
11. S. Papanastasiou, J. Mittag, E. Strom, and H. Hartenstein, "Bridging the gap between physical layer emulation and network simulation," in Proceedings of the 2010 WCNC, April 2010.
12. J. Mittag, S. Papanatasiou, H. Hartenstein, and E. Strom, "Enabling accurate cross-layerPHY/MAC/NET simulation studies of vehicular communication networks," Proc. IEEE Special Issue on Vehicular Communications, June 2011.
13. "ns-3 Network Simulator," http://www.nsnam.org/.
14. M. Lacage and T. R. Henderson, "Yet Another Network Simulator," in Proceeding from the 2006 Workshop on NS-2: the IP Network Simulator. Pisa, Italy: ACM, 2006, p. 12.
15. "IEEE Standard for Information technology–Telecommunications and information exchange between systems Local and metropolitan area networks–Specific requirements Part 11: Wireless LAN Medium Access Control (MAC) and Physical Layer (PHY) Specifications," IEEE Std 80211-2012 Revis. IEEE Std 80211-2007, pp. 1–2793, Mar. 2012.
16. Moradi-Pari, E.; Tahmasbi-Sarvestani, A.; Fallah, Y.P., "A hybrid systems approach to modeling real-Time situation-awareness component of networked crash avoidance systems," in Systems Journal, IEEE, vol. PP, no. 99, pp. 1–10.
17. Moradi-Pari, E.; Tahmasbi-Sarvestani, A.; Fallah, Y.P., "Modeling communication and estimation processes of automated crash avoidance systems," 2013 IEEE International Systems Conference (SysCon), Orlando, FL, 2013, pp. 681–687.
18. Guangyu Pei and Thomas R. Henderson, "Validation of OFDM error rate model in ns-3," Boeing Research Technology, pp. 1–15, 2010.
19. C. Sommer, S. Joerer, F. Dressler, "On the applicability of two-ray path loss models for vehicular network simulation," IEEE Vehicular Networking Conference (VNC), 2012.

20. L. Cheng, B.E. Henty, D.D. Stancil, F. Bai, and P. Mudalige, "Mobile vehicle-to-vehicle narrow-band channel measurement and characterization of the 5.9 GHz dedicated short range communication (DSRC) frequency band," IEEE Journal on Selected Areas in Communications, vol. 25, no. 8, pp. 1501–1516, October 2007.
21. J. Lu, G. Han, J. Wang, B. Li and W. Dou, "HCEM: A new class of bit-level hybrid channel error model," 2012 3rd IEEE International Conference on Network Infrastructure and Digital Content, Beijing, 2012, pp. 8–12.
22. S. M. O. Gani, A. Tahmasbi-Sarvestani, M. Fanaei and Y. P. Fallah, "High fidelity DSRC receiver model for ns-3 simulation using large-scale field data," 2016 IEEE Wireless Communications and Networking Conference, Doha, 2016, pp. 1–6.
23. SAE International, "Surface Vehicle Standard – On-Board System Requirements for V2V Safety Communications," J2945^{TM}/1, Issued 2016-03
24. "Dedicated Short Range Communications (DSRC) Message Set Dictionary, Std. J2735", Mar. 2016.
25. L. Cheng, B. E. Henty, D. D. Stancil, F. Bai and P. Mudalige, "Mobile Vehicle-to-Vehicle Narrow-Band Channel Measurement and Characterization of the 5.9 GHz Dedicated Short Range Communication (DSRC) Frequency Band," in *IEEE Journal on Selected Areas in Communications*, vol. 25, no. 8, pp. 1501–1516, Oct. 2007.
26. M. Boban, T. T. V. Vinhoza, M. Ferreira, J. Barros and O. K. Tonguz, "Impact of Vehicles as Obstacles in Vehicular Ad Hoc Networks," in *IEEE Journal on Selected Areas in Communications*, vol. 29, no. 1, pp. 15–28, January 2011.
27. H. Nourkhiz Mahjoub, A. Tahmasbi-Sarvestani, S. M. O. Gani, and Y. P. Fallah, "Composite α-μ Based DSRC Channel Model Using Large Data Set of RSSI Measurements," in IEEE Transactions on Intelligent Transportation Systems. doi: 10.1109/TITS.2018.2803628
28. D. W. Matolak and J. Frolik, "Worse-than-Rayleigh fading: Experimental results and theoretical models," Commun. Mag. IEEE, vol. 49, no. 4, pp. 140–146, Apr. 2011.
29. M. Amro, A. Landolsi, S. Zummo, M. Grieger, M. Danneberg and G. Fettweis, "Ray-tracing wireless channel modeling and verification in Coordinated Multi-Point systems," 2014 12th International Symposium on Modeling and Optimization in Mobile, Ad Hoc, and Wireless Networks (WiOpt), Hammamet, 2014, pp. 16–21.
30. CAMP VSC3 Consortium, "Interoperability Issues of Vehicle-to-Vehicle Based Safety Systems Project (V2V-Interoperability) Phase 1 Final Report," NHTSA Publication, 2014, (USDOT Docket ID: NHTSA-2014-0022-0029).

第10章
车联网在自动驾驶中的应用

10.1 系统模型

在本章中,我们将重点解决现代智能交通系统中的两个主要问题,即使用车载传感器(如摄像机和雷达等)和通过DSRC从相邻车辆接收的数据来定位和估计自身车辆前方的道路几何形状。在此上下文中,道路几何形状被定义为对自主车辆的当前车道中心的描述。

10.1.1 传感器设置

自主车辆配备有检测道路左右车道标记的摄像系统,并通过其相对于自主车辆的相对偏离量y_k^{off}和相对航向φ_k、在k时刻的初始曲率$c_{0,k}$、曲率变化率$c_{1,k}$和车道宽度w_k来提供对车道中心的描述。此外,在自主车辆上安装测距传感器以测量相对位置(x_k^i, y_k^i)和周围环境中不同物体(包括行人、骑自行车者和车辆等)的速度v_k^i。指数i是由测距传感器给予每个检测对象的唯一标识,以便将属于同一对象的点聚集、过滤和分类。在实践中,测距传感器可以是照相机、雷达和/或激光雷达,其中测量的准确性和涉及算法的复杂性因传感器类型的不同而不同。例如,一台摄像机(如Mobileye)的精度在45m处小于2.25m,在90m处小于9m;雷达(如德尔福ESR)的平均精度小于0.5m和0.5°;激光雷达(如Velodyne HDL–32E和HDL–64E)的射程精度小于2cm。在整个工作过程中,自主车辆配备了前视雷达,可检测到前方车辆的相对位置信息。

此外,自主车辆和少数远程车辆(RV)还配备有GPS接收器、速度和偏航率传感器以及DSRC收发器。GPS接收器以及速度和偏航率传感器在固定的全局坐标系中检测车辆的当前位置(x_k, y_k)、航向φ_k、速度v_k和偏航率ψ_k。DSRC收发器使车辆能够与附近的其他装备车辆交换他们自己的状态信息(例如,通过SAE DSRC BSM)。通常,每个配备DSRC的车辆需要在每个时隙T_s(通常为100ms)广播其当前位置信息(例如纬度、经度、速度、航向和路径历史等)。请注意,位置信息的准确性很大程度上取决于环境和GPS接收器质量。也就是说,GPS接收器通常在开阔的环境中可以提供更精确的读数,因为与遭受严重信号传播条件的城市环境相比,可获得更多卫星。在下文中,配备有DSRC收发器的主要车辆被称为装备远程车辆（ERV），而没有车载 DSRC 收发器的车辆被称为非装备远程车辆（NRV）。

图 10-1 所示为具有自主车辆和多个远程车辆的典型场景。在这种情况下，自主车辆接收由附近的 ERV 通过 DSRC 链路（即图 10-1 中的红色虚线）发送的 BSM 消息，其中包含它们的位置信息。在接收到这些消息时，自主车辆提取位置信息并使用给予每个车辆的唯一标识符（例如，MAC 地址）跟踪每个 ERV 的位置。

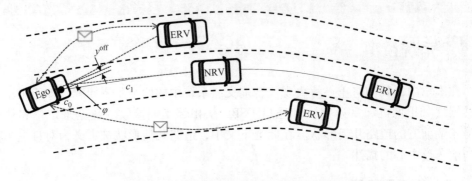

图 10-1　三车道道路的基本情景（见彩插）
注：蓝色虚线代表雷达信号，红色虚线代表 DSRC 链路；
黑色虚线表示车道标记，黑色实线表示自主车辆车道的中心。

此外，自主车辆使用车载雷达来检测附近的 RV，并测量它们的相对距离和角度（即图 10-1 中的蓝色虚线）。雷达系统还创建唯一标识符，以使用其跟踪属于同一 RV 的距离测量值。值得一提的是，雷达为每个检测到的 RV 提供的唯一标识符不一定是用于跟踪所接收的 BSM 消息的相同唯一标识符，因为两个系统都是独立操作的。

还要注意，自主车辆不一定会接收雷达检测到的所有车辆的 BSM 消息，这可能是由于传播条件差或车辆是 NRV 造成的。例如，在图 10-1 中，尽管在自主车辆前方的中间车道上的车辆是 NRV 并且不与自主车辆通信，但雷达检测到了该车辆；而在自主车辆前方的右车道上的 ERV，虽然连接到自主车辆，但是没有被雷达检测到；此外，雷达传感器检测到在自主车辆前方的左车道上的 ERV，并且同时经由 DSRC 连接到自主车辆。因此，雷达传感器检测到的 RV 数量不一定与 DSRC 收发器检测到的 RV 数量相同。在下文中，我们使用 $\mathscr{D} = \{ERV_1, ERV_2, \cdots, ERV_M\}$ 来表示其自主车辆处的 DSRC 收发器接收 BSM 消息的 ERV 集合，其中 ERV_i 是给予从相同 ERV 接收的 DSRC 消息的唯一标识符。此外，我们使用 $\mathscr{R} = \{RV_1, RV_2, \cdots, RV_K\}$ 来表示由自主车辆上的雷达传感器检测到的 RV 集合，其中 RV_j 是给予每个检测到的 RV 的唯一标识符，其可以是 ERV 或 NRV。

图 10-1 还示出了车道标记测量值，即自主车辆车道中心的初始曲率 c_0 和曲率变化率 c_1，以及自主车辆相对于其车道中心的相对偏移量 y^{off} 和相对航向 φ。

10.1.2 状态向量表示方法

首先,我们定义包含自主车辆状态、道路几何形状和 RV 的全局状态向量 s_k。向量 s_k 有四个主要部分,表示为

$$s_k = \begin{bmatrix} x_k^e \\ x_k^r \\ x_k^d \\ r_k \end{bmatrix} \tag{10-1}$$

式中,x_k^e 是自主车辆的状态向量;x_k^r 是由雷达传感器检测到的 K 辆 RV 的状态向量;x_k^d 是通过 DSRC 与自主车辆通信的 M 辆 ERV 的状态;r_k 是道路的状态向量。

1. 自主车辆

自主车辆状态向量表示为

$$x_k^e = \begin{bmatrix} x_k \\ y_k \\ v_k \\ \varphi_k \\ \psi_k \end{bmatrix} \tag{10-2}$$

式中,x_k 和 y_k 是自主车辆在全球笛卡儿坐标系中的位置(m);v_k 是车辆速度(m/s);φ_k 是航向(rad);ψ_k 是偏航率(rad/s)。

2. 远程车辆

包含被雷达传感器检测到的 RV 状态向量的向量 x_k^r 表示为

$$x_k^r = \begin{bmatrix} x_k^{r,1} \\ x_k^{r,2} \\ \vdots \\ x_k^{r,K} \end{bmatrix}, \quad x_k^{r,i} = \begin{bmatrix} x_k^{r,i} \\ y_k^{r,i} \\ \dot{x}_k^{r,i} \\ \dot{y}_k^{r,i} \end{bmatrix} \tag{10-3}$$

式中,K 是检测到的 RV 的总数;$x_k^{r,i}$ 是第 i 个 RV 的状态向量。同样,包含被 DSRC 收发器检测到的 ERV 状态向量的向量 x_k^d 表示为

$$x_k^d = \begin{bmatrix} x_k^{d,1} \\ x_k^{d,2} \\ \vdots \\ x_k^{d,M} \end{bmatrix}, \quad x_k^{d,i} = \begin{bmatrix} x_k^{d,i} \\ y_k^{d,i} \\ v_k^{d,i} \\ \varphi_k^{d,i} \\ \psi_k^{d,i} \end{bmatrix} \tag{10-4}$$

式中，M 是检测到的 ERV 的总数；$\boldsymbol{x}_k^{d,i}$ 是第 i 个 ERV 的状态向量。

3. 道路几何参数

如前所述，定义自主车辆行驶车道的中心线为道路线。我们使用基于回旋曲线的模型来描述自主车辆前方的道路几何形状。道路被分成 N 段，首尾相连，如图 10-2 所示，其中第 n 段的长度为 l^n。每个段的几何形状由其曲率描述。我们假设第 n 段的曲率 $c^n(s)$ 随着沿道路的距离 s（即弧长）呈线性变化，即

$$c^n(s) = c_0^n + c_1^n s, s \in [0, l^n] \quad (10\text{-}5)$$

式中，c_0^n 和 c_1^n 分别是第 n 段的初始曲率和曲率变化率。

通过了解自主车辆相对于第 1 段第 1 点的位置，在任意 k 时刻的道路几何结构可以用以下道路状态向量来描述。

$$\boldsymbol{r}_k = \begin{bmatrix} y_k^{\text{off}} \\ \varphi_k \\ c_{0,k} \\ c_{1,k}^1 \\ \vdots \\ c_{1,k}^N \end{bmatrix} \quad (10\text{-}6)$$

式中，y_k^{off} 是自主车辆与其车道中心之间的横向偏移量；φ_k 是道路起点（即第 1 段）相对于自主车辆的航向；$c_{0,k}$ 是在时间 k 从自主车辆位置处开始的第 1 段道路的初始曲率，该表示假设道路在两个连续段之间是连续的，如图 10-2 所示。

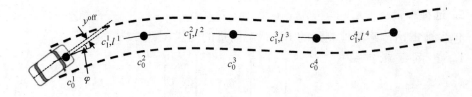

图 10-2 $N=4$ 段的道路模型

注：图中黑点表示每个段的两端，虚线表示车道标记。参数 c_0^n、c_1^n 和 l^n 分别是初始曲率、曲率变化率和第 n 段的长度。参数 y^{off} 和 φ 是自主车辆的横向偏移量和相对航向。

因此，每条路段可以在沿着道路距离 s 处的笛卡儿坐标系 $[x^n(s), y^n(s)]$ 中表示为

$$x^n(s) = x_0^n + \int_0^s \cos[\varphi^n(t)]\mathrm{d}t$$

$$y^n(s) = y_0^n + \int_0^s \sin[\varphi^n(t)]\mathrm{d}t \quad (10\text{-}7)$$

式中，(x_0^n, y_0^n) 是第 n 段的起始点；$\varphi^n(s)$ 是第 n 段的航向，该航向可通过对式

(10-5) 中的曲率积分得出，见式（9-8）。

$$\varphi^n(s) = \varphi_0^n + c_0^n s + \frac{1}{2} c_1^n s^2 \qquad (10\text{-}8)$$

式中，φ_0^n 是第 n 段的初始航向。

尽管式（10-7）中的积分一般没有封闭形式的解，但文献［7，8］中提出了许多近似值。这里，我们用一个二阶泰勒级数展开式来表示 $s = \frac{l^n}{2}$。因此，笛卡儿坐标系中的第 n 段可近似表示为

$$\begin{aligned} x^n(s) &= x_0^n + A_1^n s + A_2^n s^2 + A_3^n s^3 \\ y^n(s) &= y_0^n + B_1^n s + B_2^n s^2 + B_3^n s^3 \end{aligned} \qquad (10\text{-}9)$$

令 $C = \cos\left[\varphi^n\left(\frac{l^n}{2}\right)\right], S = \sin\left[\varphi^n\left(\frac{l^n}{2}\right)\right], K = c\left(\frac{l^n}{2}\right)$，可得出系数 A_i^n 和 B_i^n 为

$$A_1^n = C + \frac{1}{2} KS\, l^n - \frac{1}{8} (l^n)^2 (c_1 S + K^2 C)$$

$$A_2^n = -\frac{1}{2} KS + \frac{1}{4} l^n (c_1 S + K^2 C)$$

$$A_3^n = -\frac{1}{6} l^n (c_1 S + K^2 C)$$

$$B_1^n = S - \frac{1}{2} KC\, l^n + \frac{1}{8} (l^n)^2 (c_1 C - K^2 S)$$

$$B_2^n = \frac{1}{2} KC - \frac{1}{4} l^n (c_1 C - K^2 S)$$

$$B_3^n = \frac{1}{6} l^n (c_1 C - K^2 S)$$

10.1.3 向量表示法

自主车辆配备 GPS 接收器、速度和偏航率传感器、雷达、车道标记摄像头和 DSRC 收发器等。

1. GPS 接收器、速度和偏航率传感器

GPS 接收器、速度和偏航率传感器提供与自主车辆当前状态相关的测量值。我们将自主车辆测量向量定义为

$$z_k^e = \begin{bmatrix} \bar{x}_k \\ \bar{y}_k \\ \bar{v}_k \\ \bar{\varphi}_k \\ \bar{\psi}_k \end{bmatrix} \qquad (10\text{-}10)$$

2. 摄像机传感器

摄像机系统提供与自主车辆车道中心几何形状相关的测量。因此，我们将摄像机测量向量定义为

$$z_k^c = \begin{bmatrix} \overline{y}_k^{\text{off}} \\ \overline{\varphi}_k \\ \overline{c}_{0,k} \\ \overline{c}_{1,k} \\ \overline{\omega}_k \end{bmatrix} \tag{10-11}$$

式中，$\overline{\omega}_k$ 是在时间 k 处的车道宽度。

3. 雷达传感器

对于由车载雷达传感器检测到的领先车辆，每个 RV 的位置均在连接到自主车辆的局部笛卡儿坐标系中测量，并由以下测量向量表示

$$z_k^{r,i} = \begin{bmatrix} \overline{x}_k^{r,i} \\ \overline{y}_k^{r,i} \end{bmatrix} \tag{10-12}$$

4. DSRC 收发器

每个配备 DSRC 的车辆都会定期播放 BSM 消息，并提供有关车辆位置、速度和航向等的实时信息。来自 ERV 的更新由以下测量向量表示

$$z_k^{d,i} = \begin{bmatrix} \overline{x}_k^{d,i} \\ \overline{y}_k^{d,i} \\ \overline{v}_k^{d,i} \\ \overline{\varphi}_k^{d,i} \\ \overline{\psi}_k^{d,i} \end{bmatrix} \tag{10-13}$$

10.1.4 坐标系

在这项工作中，我们采用两个坐标系：固定的全局笛卡儿坐标系和附属于自主车辆的局部笛卡儿坐标系。也就是说，知道自主车辆在全局坐标系中的位置和方向后，我们可以使用坐标变换矩阵 T 来变换两个坐标系之间的任何向量，该矩阵 T 表示为

$$T = \begin{bmatrix} \cos(\varphi_k) & -\sin(\varphi_k) \\ \sin(\varphi_k) & \cos(\varphi_k) \end{bmatrix} \tag{10-14}$$

10.2 协同定位和映射融合算法

在本节中,我们将介绍为"系统模型"一节中描述的系统提出的数据融合设计的设计架构。针对不同的传感器,我们提供了过程更新模型和测量更新模型。在接下来的两个小节中,我们将详细讨论图 10-3 所示的协同定位与映射框架的两个主要子系统,即协同定位子系统和协同映射子系统。

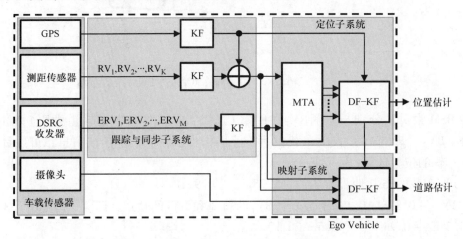

图 10-3　协同定位与映射体系结构设计

10.2.1　协同定位子系统

该子系统的主要思想是利用关于 ERV 位置的可用信息来改善自主车辆的位置信息。换句话说,除了自主车辆上的车载 GPS 接收器报告的位置信息之外,知道附近 ERV 的全球位置(来自 BSM 消息)及其相对位置(来自雷达传感器)使得自主车辆能够获得对自己位置的额外估算。然后可以将这些位置的多个估计(其具有不同的空间误差水平)完全融合,以提高自主车辆的定位精度。

作为说明,图 10-4 所示为具有 3 个 RV 的示例,其中 2 个是 ERV 并且由雷达检测到,另一个是 NRV 并且由车载雷达检测到。

在笛卡儿坐标系 $\mathbb{R}^2$ 中,该场景中的所有车辆的真实位置(即没有测量误差)如下。自主车辆处于 (0m, 0m),ERV_1 处于 (60m, 30m),ERV_2 处于 (75m, -30m),而 NRV 处于 (65m, 5m)。车载 GPS 接收器可以测量自主车辆的位置 (1.25m, -0.9m),包括空间误差。对于与自主车辆通信的 2 个 ERV,可以通过 BSM 消息报告它们的位置为 (63.75m, 30.3m) 和 (75.35m, -29.8m)。此外,雷达探测到 3 辆车;从自主车辆的航向测量,RV_1 在 (70.5m, 26.1°),RV_2 在 (66.1m, 4.1°),RV_3 在 (80.2m, -22.17°)。注意,车辆 ERV_1 和 ERV_2(通过接

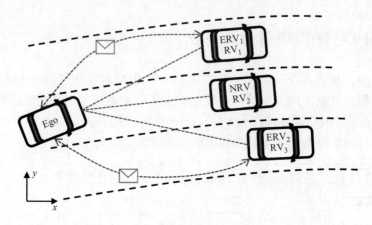

图 10-4 说明示例（见彩插）

收的 BSM 索引）分别与车辆 RV_1 和 RV_3（通过雷达系统接收的轨道索引）相同。此外，RV_2（即 NRV）仅由车载雷达传感器报告。因此，基于该信息，可以针对自主车辆的位置计算以下估计值：

1）车载 GPS 接收器报告的（1.25m，-0.9m）。

2）（-0.81m，0.19m）匹配 ERV_1 的轨道和 RV_1 的轨道，即 [(63.75m, 30.3m) - (1.25m, -0.9m)] - (70.5m, 26.1°)。

3）（0.27m，1.4m）匹配 ERV_2 的轨道和 RV_3 的轨道，即 [(75.35m, -29.8m) - (1.25m, -0.9m)] - (80.2m, -22.17°)。

现在不再仅使用（1.25m，-0.9m）作为自主车辆位置的估计值，自主车辆可以将三个估计值融合在一起，以减少车载 GPS 测量中存在的不确定性。例如，如果自主车辆采用所有估计的简单平均值，则新位置估计将是（0.24m，0.23m）。由于知道自主车辆的真实位置是（0m，0m），新获得的位置估计具有 $\sqrt{0.24^2 + 0.23^2} = 0.33m$ 的空间误差，比车载 GPS 接收器报告的位置信息准确度高 78%（接收器的空间误差为 $\sqrt{1.25^2 + 0.9^2} = 1.54m$）。注意，以上只是对所提出系统的概述的示例，以及对协作定位潜力的说明。我们的融合技术基于卡尔曼滤波器（KF），并将在下文进行描述。

如前面的例子中所解释的，每个自主车辆从以下来源获得其自主位置的多个估计值：①来自车载 GPS 接收器的估计；②使用 DSRC 消息接收的附近 ERV 的全球定位以及由车载雷达测量的这些 ERV 的相对位置的其他估计。自主车辆融合这些估计值以减少其位置估计的不确定性（即空间误差），并提高其定位精度。

然而，上述系统存在三个主要挑战：①跟踪和同步；②多传感器多目标轨迹关联（MTA）；③数据融合（DF）。所提出的协作定位子系统如图 10-3 所示，将在以下小节中详细介绍。

10.2.1.1 跟踪与同步

我们在自身车辆上使用基于 KF 的方法来跟踪领先车辆的位置,包括来自 DSRC 收发器的 ERV 轨迹和来自雷达系统的 RV 轨迹。如图 10-3 所示,系统跟踪 M 个 ERV 和 K 个雷达检测的 RV,其中数字 M 和 K 随时间变化。如果发送 BSM 消息的 ERV 的数量太高使 KF 不堪重负,则系统基于与自主车辆的接近程度对 DSRC 消息进行优先级排序。此外,系统定义了寿命阈值,该阈值用于确定是否可以认为 ERV 不存在,并且如果从该 ERV 接收的最近消息早于定义的阈值,则不应再跟踪该 ERV。自主车辆还使用基于 KF 的方法来跟踪和过滤自己的位置。

实际上,DSRC 消息在不同时间到达自主车辆并且可能不同步。为了同步所有的位置信息,我们使用开环 KF 来预测自主车辆和跟踪的 RV 在任何给定时刻的位置。请注意,所有数据同步和位置预测都使用附加到每个测量的时间戳,并由雷达更新触发。这是因为雷达更新的速率可以远高于 DSRC 收发器和 GPS 接收器的更新速率。例如,与典型的 10Hz GPS 接收器相比,雷达(例如 Delphi ESR)的测量更新率可高达 20Hz。

10.2.1.2 多传感器多目标轨迹关联(MTA)

该步骤是对来自两个独立源(雷达系统和 DSRC 收发系统)的数据执行轨迹到轨迹关联。通常,每个系统检测一组不同的 RV(即目标)$\mathscr{R}$ 和 $\mathscr{D}$,其中这两组的大小不一定相同(即 $M \neq K$)。主要的挑战是获得这两组之间的交集,它代表了车载雷达探测到的一组 ERV。我们通过将 DSRC 收发器检测到的 ERV 列表与雷达传感器检测到的 RV 列表相匹配来实现这一点。

在我们的解决方案中,提出了基于最小马氏距离和卡方检验的多传感器多目标轨迹关联(MTA)。令 $x_k^{d,i} \in \mathbb{R}^2$ 表示第 i 个 $\mathrm{ERV} \in \mathscr{D}$ 的位置,$x_k^{r,j} \in \mathbb{R}^2$ 表示在时刻 k 的第 j 个 $RV \in \mathscr{R}$ 的位置。

首先在时间 k 计算来自两组 $\mathscr{D}$ 和 $\mathscr{R}$ 的每两个 RV 之间的距离,即

$$D_k(\mathrm{ERV}_i, \mathrm{RV}_j) = \frac{1}{W}\sum_{t=0}^{W-1} d_{k-t}(\mathrm{ERV}_i, \mathrm{RV}_j), \mathrm{ERV}_i \in \mathscr{D}, \mathrm{RV}_j \in \mathscr{R} \quad (10\text{-}15)$$

式中,W 是历史窗口的大小。

$$d_k(\mathrm{ERV}_i, \mathrm{RV}_j) = \ln|P_k| + (x_k^{d,i} - x_k^{r,j})^{\mathrm{T}} P_k^{-1}(x_k^{d,i} - x_k^{r,j})$$

$$P_k = P_k^{d,i} + P_k^{r,j} \quad (10\text{-}16)$$

式中,$P_k^{d,i}$ 和 $P_k^{r,j}$ 是时间 k 处状态估计的误差协方差矩阵。

请注意,式(10-15)中的距离取决于距最近 W 更新的距离,这有助于平滑轨迹匹配决策。

下一步是使用以 $D_k(\mathrm{ERV}_i, \mathrm{RV}_j)$ 为输入项的 $M \times K$ 矩阵来查找从 $\mathscr{R}$ 到 $\mathscr{D}$ 中每条轨迹的最近邻(即距离最小的轨迹),然后删除相应的行和列。重复这个过程,直到两组中的一组是空的。此步骤获得的匹配数等于 $\min\{M, K\}$。但是,假设 $M \leq K$,该方法存在一个缺点,即使两条轨迹不一定来自同一个 RV,$\mathscr{D}$ 中的所有轨

迹都将具有与 $\mathscr{R}$ 相对应的最近邻。因此，我们添加了第三个步骤作为有效确认域。也就是说，我们使用卡方统计检验，只有当距离统计值大于预先设定的阈值 $\chi^2_{2W}(\alpha)$ 时，才接受匹配。换句话说，当且仅当满足式（10-17）时，我们可以接受两个轨迹之间的匹配。

$$\frac{1}{W}\sum_{t=0}^{W-1}(\boldsymbol{x}^{d,i}_{k-t} - \boldsymbol{x}^{r,j}_{k-t})^T \boldsymbol{P}^{-1}_{k-t}(\boldsymbol{x}^{d,i}_{k-t} - \boldsymbol{x}^{r,j}_{k-t}) \leq \chi^2_{2W}(\alpha) \tag{10-17}$$

其中（$1-\alpha$）是置信区域。注意，有效确认域测试后获得的匹配数小于或等于 $\min\{M,K\}$，算法一总结了整个过程。

算法：具有有效确认域测试的多目标多传感器关联

1. 从 $\mathscr{D} = \{\text{ERV}_1, \text{ERV}_2, \cdots, \text{ERV}_M\}$ 的 DSRC 信息中提取并储存位置信息，并从 $\mathscr{R} = \{\text{RV}_1, \text{RV}_2, \cdots, \text{RV}_K\}$ 的 GPS 接收器和雷达系统中提取并储存位置信息。

2. 使用式（10-15）为 $i = 1, 2, \cdots, M$ 和 $j = 1, 2, \cdots, K$ 创建 $M \times K$ 矩阵 $\boldsymbol{D}_k = \{D_k(\text{ERV}_i, \text{RV}_j)\}$。

3. **for** $i^* = 1$ **to** M

   find $j^* = \min_j D_k(\text{ERV}_{i^*}, \text{RV}_j)$

   if condition (10-17) is true

   match track ERV_{i^*} to track RV_{j^*}

   delete row i^* and column j^* from matrix D_k

   end

end

10.2.1.3 数据融合（DF）

所提出的系统设计的最后阶段是将自主车辆位置的不同估计组合成一个解决方案。在这项工作中，我们使用更高维度的 KF，如图 10-3 所示。数据融合 KF（DF-KF）的输入是：①通过车载 GPS 接收器获得的自主车辆的位置信息；②自主车辆的位置估计，该位置估计源自附近 ERV 的位置，该 ERV 由车载雷达检测并且同时与自主车辆通信（即 MTA 的匹配输出）。请注意，DF-KF 的输入数量小于或等于 $1+\min\{M,K\}$，其中所有输入都与雷达更新同步。在最坏的情况下，DF-KF 只有一个来自车载 GPS 接收器的输入，这可能发生于以下情况之一：

1）雷达没有检测到 ERV。

2）DSRC 收发器不接收 BSM 消息。

3）在雷达检测到的 RV 和与自主车辆通信的 ERV 之间没有获得匹配。

这些情况等同于自主车辆仅使用其车载 GPS 接收器来获得对自身当前位置的估计，该情况将作为比较准则，以评估所提出的协同定位算法的性能。

10.2.2 协同映射子系统

在式（10-6）中定义了道路状态向量后，我们推导了道路的动态模型来描述自主车辆沿道路行驶时 r_k 的变化，并从不同的车载传感器中获得新的测量值。我们将 r_k 中的前三个参数（即 y_k^{off}、φ_k、$c_{0,k}$）称为当前位置参数，因为它们描述了自主车辆当前位置的道路。r_k 中的剩余道路状态空间参数（即 $c_{1,k}^1, \cdots, c_{1,k}^N$）被称为曲率变化率参数，因为它们描述了自主车辆前面 N 个路段的曲率变化率，所提出的协同映射子系统如图 10-3 所示。

10.2.2.1 过程模型

利用自主车辆状态，可以将道路状态空间的当前位置参数的导数写为

$$\dot{y}^{\text{off}} = v_k \sin(\varphi_k) \tag{10-18}$$

$$\dot{\varphi} = v_k c_{0,k} - \psi_k \tag{10-19}$$

$$\dot{c}_0 = v_k c_{1,k}^1 \tag{10-20}$$

式中，v_k、φ_k 和 ψ_k 是自主车辆的速度、相对航向和偏航率。

注意，式（10-18）和式（10-19）描绘在图 10-2 中，式（10-20）基于以下假设：c_1 是每个分段的常数。

然后，通过采样和添加过程噪声参数，得出离散时间运动方程为

$$y_{k+1}^{\text{off}} \approx y_k^{\text{off}} + v_k T \varphi_k + \frac{1}{2} v_k^2 T^2 c_{0,k} + \frac{1}{6} v_k^3 T^3 c_{1,k}^1 - \frac{1}{2} v_k T \psi_k + \omega_k^y \tag{10-21}$$

$$\varphi_{k+1} = \varphi_k + v_k T c_{0,k} + \frac{1}{2} v_k^2 T^2 c_{1,k}^1 - T \psi_k + \omega_k^{\varphi} \tag{10-22}$$

$$c_{0,k+1} = c_{0,k} + v_k T c_{1,k}^1 + \omega_k^{c_0} \tag{10-23}$$

式中，T 是采样时间；ω_k^y、ω_k^{φ}、$\omega_k^{c_0}$ 是高斯过程噪声参数，平均值为 0。

当自主车辆移动时，我们从第一段的长度（即 l^1）中减去在 T 中行进的距离。因此，曲率变化率的动态模型可以写为

$$\dot{c}_1 = 0, n = 1,2,\cdots,N \tag{10-24}$$

离散时间运动方程为

$$c_{1,k+1}^n = c_{1,k}^n + \omega_k^{c_1}, n = 1,2,\cdots,N \tag{10-25}$$

式中，$\omega_k^{c_1}$ 是平均值为零的高斯过程噪声参数。

注意，式（10-24）是根据假设 c_1 是每个路段的常数得出的。

当自主车辆驶过第一路段后，该段被移除，一个新的路段在道路的末端被创建，并且附加在最后一个路段之后，因此有

$$c_{1,k+1}^n = c_{1,k}^{n+1} + \omega_k^{c_1}, \quad n = 1,2,\cdots,N-1 \tag{10-26}$$

$$c_{1,k+1}^N = \omega_k^{c_1} \tag{10-27}$$

10.2.2.2 测量模型

提出测量模型是为了描述从不同传感器获得的测量值是如何更新图 10-3 所示

的协同映射子系统的 DF-KF 中的道路状态向量 r_k。

1. GPS、速度和偏航率传感器

对于式（10-10）中定义的自主车辆测量向量，相应的测量更新方程为

$$z_k^e = x_k^e + w_k^e \qquad (10\text{-}28)$$

式中，x_k^e 是式（10-2）中给出的自主车辆状态向量；w_k^e 是具有 5×5 协方差矩阵 R^e 的零均值高斯测量噪声。

同样的模型也用于跟踪 ERV。

2. 摄像机传感器

在这项工作中，我们不直接使用摄像机测量，因为多项式系数空间不适合传感器融合。相反，我们将式（10-9）中的道路多项式在文献 [6, 7] 中的 4 个点上进行采样。这 4 个点从 0 到相机测量的最大范围内均匀分布。因此，测量更新方程是

$$h^c(z_k^c) = h^c(r_k) + w_k^c \qquad (10\text{-}29)$$

式中，h^c 是测量更新函数；w_k^c 是具有 8×8 协方差矩阵 R^c 的零均值高斯测量噪声。

3. 雷达传感器

为了使用式（10-12）中定义的雷达测量值更新道路估计值，我们首先使用其位置估计值估计前方车辆 i 和道路估计 r_k 之间的横向偏移量 $y_k^{\text{off},i}$，我们假设 $y_k^{\text{off},i}$ 在帧与帧之间几乎恒定，并且与雷达数据时间帧相比，它在更大的时间尺度上变化。我们使用测量 $\overline{y}_k^i$ 更新道路状态模型，其中 $\overline{x}_k^i$ 和 $y_k^{\text{off},i}$ 作为输入，可以得到

$$\overline{y}_k^{r,i} = h^r(r_k, \overline{x}_k^{r,i}, y_k^{\text{off},i}) + \omega_k^{r,i} \qquad (10\text{-}30)$$

式中，$\omega_k^{r,i}$ 是方差为 R^r 和 h^r 的零均值高斯测量噪声，是雷达的测量更新函数，包括以下步骤：

1）以 $y_k^{\text{off},i}$（m）的横向距离提升道路状态 r_k。

2）在式（10-9）中使用 $x(s)$ 的等式，求解 s^*，使 $x(s^*) = \overline{x}_k^{r,i}$。

3）使用式（10-9）中 $y(s)$ 的方程，并给出 s^*，返回 $y(s^*)$。

第一步中道路的平行移动是道路参数的非线性变换，分两步执行。首先，使用文献 [8]，我们将每个段单独移位 $y_k^{\text{off},i}$，并将第 n 个移位段的参数计算为

$$\tilde{l}^n = l^n - y_k^{\text{off},i} \Delta \varphi_k^n \qquad (10\text{-}31)$$

$$\tilde{c}_{0,k}^n = \frac{\Delta \varphi_k^n}{\tilde{l}^n} + \frac{1}{2}\left(\frac{1}{\frac{1}{c_{0,k}^n} + y_k^{\text{off},i}} - \frac{1}{\frac{1}{c_{0,k}^n + c_{1,k}^n l^n} + y_k^{\text{off},i}} \right) \qquad (10\text{-}32)$$

$$\tilde{c}_{2,k}^n = \frac{\Delta \varphi^n}{\tilde{l}^n} - \frac{1}{2}\left(\frac{1}{\frac{1}{c_{0,k}^n} + y_k^{\text{off},i}} - \frac{1}{\frac{1}{c_{0,k}^n + c_{1,k}^n l^n} + y_k^{\text{off},i}} \right) \qquad (10\text{-}33)$$

$$\Delta \varphi_k^n = c_{0,k}^n l^n + \frac{1}{2} c_{1,k}^n (l^n)^2 \qquad (10\text{-}34)$$

式中，$\tilde{c}_{2,k}^n$ 是第 n 个移位段末端的曲率。

然后我们通过平均路段接头处的曲率来获得移位道路的参数，同时确保其连续性，可以提到

$$\hat{\varphi}_k = \varphi_k \tag{10-35}$$

$$\hat{c}_{0,k} = \tilde{c}_{0,k}^1 \tag{10-36}$$

$$\hat{c}_{1,k}^n = \frac{1}{\tilde{l}^n}(\tilde{c}_{2,k}^n - \tilde{c}_{0,k}^n) = \frac{1}{\tilde{l}^n}\left(\frac{1}{\frac{1}{c_{0,k}^n + c_{1,k}^n l^n} + y_k^{\mathrm{off},i}} - \frac{1}{\frac{1}{c_{0,k}^n} + y_k^{\mathrm{off},i}}\right) \tag{10-37}$$

4. DSRC 收发器

对于 DSRC 更新，使用自主车辆的当前位置和航向以及式（10-14），将 ERV 的位置和航向转换为连接到自主车辆的局部笛卡儿坐标系后，用于更新道路估计。我们假设只要 ERV 不改变车道，那么领先 ERV 的道路航向等于该 ERV 的当前航向。因此，我们使用式（10-4）（如文献 [6，7] 所示）中的领先 ERV 的航向信息进行测量更新。

$$\tilde{\boldsymbol{\phi}}_k^{\mathrm{d}} = h^{\mathrm{d}}[s(\boldsymbol{r}_k, \tilde{\boldsymbol{x}}_k^{\mathrm{d}}, \tilde{\boldsymbol{y}}_k^{\mathrm{d}})] + \boldsymbol{w}_k^{\mathrm{d}} \tag{10-38}$$

式中，$\tilde{\boldsymbol{x}}_k^{\mathrm{d}}$ 和 $\tilde{\boldsymbol{y}}_k^{\mathrm{d}}$ 是领先 ERV 的坐标；$\tilde{\boldsymbol{\phi}}_k^{\mathrm{d}}$ 是领先 ERV 的航向。

$$\tilde{\boldsymbol{x}}_k^{\mathrm{d}} = \begin{bmatrix} \tilde{x}_k^{\mathrm{d},1} \\ \tilde{x}_k^{\mathrm{d},2} \\ \vdots \\ \tilde{x}_k^{\mathrm{d},M} \end{bmatrix}, \tilde{\boldsymbol{y}}_k^{\mathrm{d}} = \begin{bmatrix} \tilde{y}_k^{\mathrm{d},1} \\ \tilde{y}_k^{\mathrm{d},2} \\ \vdots \\ \tilde{y}_k^{\mathrm{d},M} \end{bmatrix}, \tilde{\boldsymbol{\phi}}_k^{\mathrm{d}} = \begin{bmatrix} \tilde{\phi}_k^{\mathrm{d},1} \\ \tilde{\phi}_k^{\mathrm{d},2} \\ \vdots \\ \tilde{\phi}_k^{\mathrm{d},M} \end{bmatrix} \tag{10-39}$$

其中，波浪号表示使用式（10-14）转换后的位置和 ERV 的航向；函数 h^{d} 是使用式（10-8）以弧长 $s(\boldsymbol{r}_k, \tilde{\boldsymbol{x}}_k^{\mathrm{d}}, \tilde{\boldsymbol{y}}_k^{\mathrm{d}})$ 返回的道路航向；$\boldsymbol{w}_k^{\mathrm{d}}$ 是具有 $M \times M$ 协方差矩阵 $\boldsymbol{R}^{\mathrm{d}}$ 的零均值高斯测量噪声；$s(\boldsymbol{r}_k, \tilde{x}_k^{\mathrm{d},i}, \tilde{y}_k^{\mathrm{d},i})$ 是将弧长返回到最近的函数，并指向位于 $(\tilde{x}_k^{\mathrm{d},i}, \tilde{y}_k^{\mathrm{d},i})$ 的 ERV 的道路上的点。

$$\{n, s(\boldsymbol{r}_k, \tilde{x}_k^{\mathrm{d},i}, \tilde{y}_k^{\mathrm{d},i})\} = \mathrm{argmin}_{n,s} \sqrt{[x^n(s) - \tilde{x}_k^{\mathrm{d},i}]^2 + [y^n(s) - \tilde{y}_k^{\mathrm{d},i}]^2} \tag{10-40}$$

式中，$x^n(s)$ 和 $y^n(s)$ 可通过式（10-9）从道路状态向量 $\boldsymbol{r}_k$ 中获得。

10.3 试验设置

10.3.1 测试车辆、设备和数据收集

对于这个试验，我们使用了雷克萨斯 GS450h，它配备了以下设备作为自主车辆：

1) 一个提供纬度、经度、速度和航向测量的厘米级 GPS，以及测量横摆率、

横向和纵向加速度的随附惯性传感器系统。

2）一个前向摄像头，用于报告车道标记几何图形，如式（10-11）所示。

3）一个用于检测 RV 的前向毫米波雷达，如式（10-12）所示。

为了模拟远程车辆，我们使用自主车辆的全局位置测量的时移版本生成多个虚拟雷达检测车辆以及 ERV。此外，为了模拟生产级 GPS 接收器，我们将噪声添加到从雷克萨斯 GS450h 车辆收集的厘米级 GPS 数据中。与文献［13］类似，所有车辆的附加噪声根据一阶自回归（AR）模型生成。也就是说，$k+1$ 时刻生成的噪声为

$$w_{k+1} = \beta_1 w_k + \beta_2 n_k \tag{10-41}$$

式中，β_1 和 β_2 是加权参数；n_k 是零均值高斯噪声向量，其协方差矩阵对应于每个车辆。

10.3.2 测试路线和参考道路几何结构

测试路线由位于密歇根州安娜堡市南部的 I-94 路段组成，它位于 Zeeb 路和密歇根大道之间。自主车辆在图 10-5 所示的路径上行进，同时保持相同的车道直到驶离高速公路。另外，测试路线曲率的概率分布如图 10-6 所示。

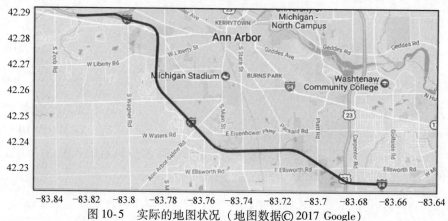

图 10-5 实际的地图状况（地图数据ⓒ 2017 Google）

根据摄像机测量结果，在保持绝对偏移量的同时，在车道中心手动驾驶自主车辆，标准偏差为 20cm，偏差为 16cm。除公路进出口区域外，距车道中心的绝对偏移量不超过 50cm。出于这些原因，我们使用自主车辆的路径来计算参考道路几何结构，将在下一小节介绍。在大多数 ADAS 应用中，道路形状在向前看几百米时，不需要超过 50cm 的精度。然而，要将道路估计值与地图完全保持一致，则需要车辆相对于车道的相对航向具有较高的精度。

10.3.3 道路真值估算

尽管文献中的许多研究直接将估计的曲率与地面实际曲率作为评估度量进行比

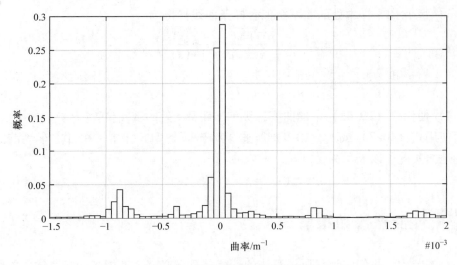

图 10-6 测试路线曲率概率分布

较,但很难直接解释这种比较,因为物理意义并不直观明显。例如,在自动驾驶系统上遵循 $10^{-4}\mathrm{m}^{-1}$ 曲率与 $2\times10^{-4}\mathrm{m}^{-1}$ 曲率的效果取决于误差发生的距离。继续这个例子,遵循 $10^{-4}\mathrm{m}^{-1}$ 相对 $2\times10^{-4}\mathrm{m}^{-1}$ 的恒定曲率来看,在行进 100m 之后仅导致 50cm 的距离误差。后一种的比较即导致在确定的超前距离上以米为单位测量的误差,可能比直接比较曲率值更有意义。

为了形式化表达该度量的计算,给定通过沿道路 s 的路径偏移参数化的曲率估计 $c(s)$,可以将航向 $\varphi(s)$ 计算为

$$\varphi(s) = \int_0^s c(t)\mathrm{d}t \tag{10-42}$$

然后,可以使用式(10-7)中的精确积分形式表达式计算沿着参数化路径的路径偏移量 s 处的位置 $[x(s), y(s)]$,或等效地使用式(10-9)中的近似闭合形式表达式计算。

我们使用从自主车辆获得的厘米级 GPS 数据,通过以下过程估计参考道路状况的地面实况:

1)使用原点在第一个记录的 GPS 坐标处的横轴墨卡托投影来变换 GPS 数据。进行该投影使得球面坐标(即纬度和经度)可以在欧几里得空间中表示,即全局笛卡儿坐标 (x, y),从而可以估计曲率。

2)然后使用平滑样条拟合平滑 GPS 驱动的曲率,使得来自 GPS 数据的所有点距样条估计不超过 20cm。注意,由于 GPS 数据以高速率采样并且高速公路曲率适中,因此 GPS 位置中的小幅度噪声(大约几厘米),可能导致曲率大的偏差。此外,由于采用了离散化方法,将这种噪声曲率进行积分并不能产生准确的航向变化。

3）每个 GPS 样本处的曲率由拟合样条曲线导出为

$$c(s) = \frac{\dot{x}(s)\ddot{y}(s) - \dot{y}(s)\ddot{x}(s)}{\{[\dot{x}(s)]^2 + [\dot{y}(s)]^2\}^{3/2}} \tag{10-43}$$

式中，$(\dot{\cdot}) = \dfrac{\mathrm{d}(\cdot)}{\mathrm{d}s}$；$(\ddot{\cdot}) = \dfrac{\mathrm{d}^2(\cdot)}{\mathrm{d}s^2}$。

4）使用式（10-43）中的曲率计算前方距离 s 处的真实位置 $[x(s), y(s)]$，如前面使用式（10-7）或式（10-9）所述。对于每个 GPS 样本，在自主车辆前面产生的地面实况可以表示为

$$\boldsymbol{r}_k^{\mathrm{t}}(s) = [x^{\mathrm{t}}(s), y^{\mathrm{t}}(s)] \tag{10-44}$$

10.4 性能评价和结果

在本节中，我们将评估所提算法的性能并且定义三个性能指标来评估位置估计和道路几何估计的误差性能。然后，我们将提供不同场景和系统参数的结果。

10.4.1 性能指数和参数

对于定位精度，我们使用均方根误差（RMSE）和 RMSE 减少（reduction）来评估所提出系统的性能。RMSE 定义为自主车辆的真实位置和估计位置之间偏差的平方的平均值。在时间段 K 上观察到的 RMSE 表示为

$$\mathrm{RMSE} = \sqrt{\frac{1}{K}\sum_{k=0}^{K-1}\|\boldsymbol{x}_k^{\mathrm{e}} - \boldsymbol{x}_k^{\mathrm{t}}\|^2} \tag{10-45}$$

式中，$\boldsymbol{x}_k^{\mathrm{t}}$ 是时间 k 处自主车辆的真实位置。

此外，与车辆之间没有合作的基本情况相比，RMSE 减少表示通过使用所提出的协作定位方法获得的 RMSE 的减少。它表示为

$$\mathrm{RMSE\ reduction} = \frac{\mathrm{RMSE}(\text{无合作}) - \mathrm{RMSE}(\text{有合作})}{\mathrm{RMSE}(\text{无合作})} \times 100 \tag{10-46}$$

对于道路几何估计精度，我们使用在自主车辆前方不同距离处的 RMSE 评估性能。该度量表示在观察周期 K 内真实形状与估计的道路形状之间的偏差的平方平均值的根。因此

$$\mathrm{RMSE}(s) = \sqrt{\frac{1}{K}\sum_{k=0}^{K-1}\|\boldsymbol{r}_k(s) - \boldsymbol{r}_k^{\mathrm{t}}(s)\|^2} \tag{10-47}$$

式中，$\boldsymbol{r}_k(s)$ 是前视距离 s 处转换为笛卡儿坐标系的估计道路几何结构，可使用式（10-7）或式（10-9）计算得出；可以根据"道路真值估算"一节式（10-44）中的说明获得 $\boldsymbol{r}_k^{\mathrm{t}}(s)$ 的值。

我们还根据自主车辆前方不同距离的 RMSE 小于车道宽度的一半的概率评估了道路几何估计的性能。

主要的仿真拓扑结构包括自主车辆和位于自主车辆前方 2s 和 5.5s 处的两个 ERV，其中，自主车辆的车载雷达传感器可以检测到 2s 处的 ERV。我们使用 UKF 来实现非线性过程和测量模型。过程噪声的标准偏差假定为 $\sigma_{\omega_k^y} = 0.4\mathrm{m}$，$\sigma_{\omega_k^\varphi} = 0.5°$，$\sigma_{\omega_k^{c0}} = 10^{-5}\mathrm{m}^{-1}$，$\sigma_{\omega_k^{c1}} = 2\times 10^{-6}\mathrm{m}^{-2}$。对于摄像机测量，测量噪声参数假设如下

$$\boldsymbol{R}^c = \begin{bmatrix} \sigma_x^2 & & & & & & & \\ & \sigma_y^2(s_1) & & & & & & \\ & & \sigma_x^2 & & & & & \\ & & & \sigma_y^2(s_2) & & & & \\ & & & & \sigma_x^2 & & & \\ & & & & & \sigma_y^2(s_3) & & \\ & & & & & & \sigma_x^2 & \\ & & & & & & & \sigma_y^2(s_4) \end{bmatrix}$$

式中，$\sigma_x = 0.01\mathrm{m}$；$\sigma_y(s) = 0.0354 + s/100$；$s_1$、$s_2$、$s_3$ 和 s_4 是从 0 到摄像机最大范围内均匀分布的前视距离。

对于雷达测量，$\boldsymbol{R}^r = 0.25\mathrm{m}$。对于所有车辆上的 GPS 接收器（即，自主车辆和 RV）噪声通过"试验设置"一节中描述的 AR 模型进行关联和生成，由式 (10-13) 可得，加权参数 $\beta_1 = 0.9$ 和 $\beta_2 = 0.436$。另外，$\sigma_{\bar{x}_k} = 2.5\mathrm{m}$，$\sigma_{\bar{y}_k} = 2.5\mathrm{m}$ 和 $\sigma_{\bar{\phi}_k} = 0.5°$。使用第一个摄像头测量值初始化道路状态向量。除非另有说明，道路几何结构分为五个路段，其中每个路段的长度为 50m，车道宽度为 3.5m，DSRC 更新率为 10Hz，置信区设置为 $1 - \alpha = 0.99$，历史窗口大小为 $W = 4$，寿命阈值为 1s。

10.4.2 结论

对于协同映射，我们评估以下三个系统在自主车辆上的道路几何估计的准确性：

1) 摄像机系统：自主车辆仅配备摄像机传感器。
2) 摄像机 - 雷达系统：自主车辆配备了摄像机和雷达传感器。
3) 摄像机 - 雷达 - DSRC 系统：自主车辆配备了摄像头、雷达和 DSRC 收发器。这是执行协同映射的场景。

图 10-7 中的结果是直观的，与摄像机系统相比，摄像机 - 雷达系统提供了更好的性能。还可以看出，在摄像机 - 雷达 - DSRC 系统中，使用从 ERV 接收到的 BSM 数据，可以显著提高道路估计精度。例如，摄像机系统在 200m 处的误差为 6.22m，将摄像机和雷达传感器结合在一起可将误差降低至 4.31m。另一方面，摄像机 - 雷达 - DSRC 系统在 200m 处的 RMSE 为 89cm，远小于车道宽度的一半。因

为 DSRC BSM 提供了更多关于 ERV（即航向）的信息，进而揭示了更多关于这些 ERV 的道路几何结构的信息，并且可以在更远的距离处更新道路，而无论是摄像机还是雷达都无法在自主车辆上看到。

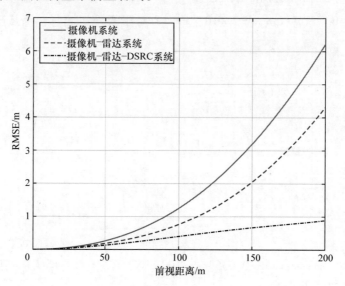

图 10-7　RMSE 与前视距离的关系

请注意，摄像机-雷达系统代表了道路几何估计的最新进展，我们的结果表明，通过使用 V2V 链路与其他 ERV 的数据，可以将 200m 处的 RMSE 减少 80%，或同等地将道路估计精度提高 3.8 倍。

为了显示所提出的协同映射方案的重要性，图 10-8 所示为道路估计中误差小于车道宽度一半的概率。可以看出，在自主车辆前方 200m 处，采用摄像机-雷达系统时，RMSE 小于车道宽度一半的概率为 37.4%，而使用所提出的摄像机-雷达-DSRC 系统时，该概率为 96%。此外，在 97% 的概率下，所提出的摄像机-雷达-DSRC 方案可用于估计自主车辆前方 190m 处的道路几何结构。另一方面，摄像机-雷达系统最多可用于 102m。因此，基于 DSRC 的系统明显优于现有技术的摄像机-雷达融合系统，并大大减少了道路几何估计误差超过车道宽度一半的时间比例。

值得一提的是，利用从接收到的 BSMS 和车载雷达传感器获取的 ERV 在 2s 的位置信息，使自主车辆的位置估计精度提高了 21.4%。即采用协同定位时，位置估计的 RMSE 下降到 68.4cm，而不采用协同定位时，RMSE 的值为 87cm。为了验证邻近 ERV 数目对所提出的协同定位算法 RMSE 性能的影响，图 10-9 和图 10-10 所示为当使用协同定位时，自主车辆位置估计的 RMSE 和相应误差减少的情况。

在这种情况下，ERV 在 60m 范围内行驶，这是雷达传感器的检测范围。可以看出，当解决方案中没有涉及附近服务器的信息时（即当服务器数量为 0 时），所

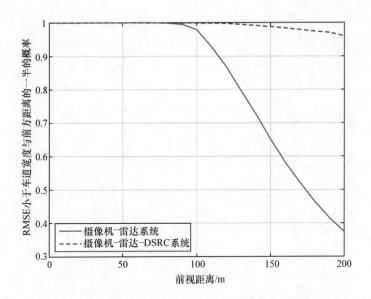

图 10-8　不同前视距离下 RMSE 小于车道宽度一半的概率

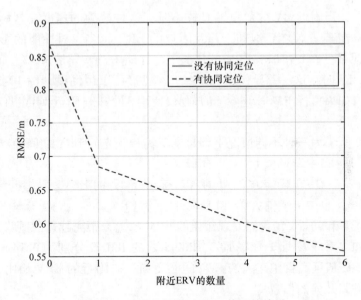

图 10-9　RMSE 与附近 ERV 数量的关系

提出的算法优于这种情况。另外，拥有更多配备 DSRC 的 RV 有助于减少空间误差并提高定位精度。

例如，与两辆 ERV 协作使得 RMSE 降至 65.7cm，而车辆之间没有协作时 RMSE 为 87cm，这意味着 RMSE 降低了 24.4%。此外，与没有协作的情况相比，与附近五个 ERV 协作可以提供 33.6% 的性能提升和更准确的位置估计。

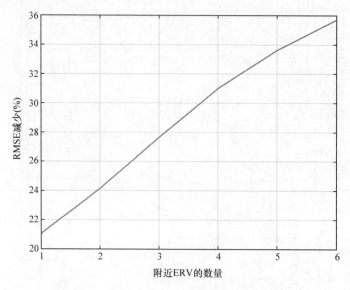

图 10-10　RMSE 减少与附近 ERV 数量的关系

还要注意，当附近 RV 的数量相对较小时，这种改善的速度在开始时会很高。然而，改善率在某一点之后饱和，并且附近的 ERV 越多，对性能的影响就越小。例如，当附近存在 2 个和 3 个 ERV 的情况下，性能增益差异是 3.3%。而附近存在 5 个和 6 个 ERV 时，这一差异仅为 2.1%。该观察可以帮助设计图 10-3 中提出的系统。例如，如果目标 RMSE 是 65cm，则仅使用 3 个来自附近 ERV 的定位信息就足够了。

图 10-11 所示为三种不同情况下，自主车辆和领先的 ERV 之间距离的影响：

1）情景 1：自主车辆前方 2s 处的 ERV。

2）情景 2：自主车辆前方 2s 处的 NRV 和 5.5s 处的 ERV。

3）情景 3：自主车辆前方 2s 和 5s 处的两个 ERV。

对比场景 1 和场景 2，我们发现领先的 ERV 越远，距离越远的道路几何估计误差越小。例如，对于场景 1 和场景 2，200m 处的 RMSE 分别为 3.14m 和 1.12m。这是由于 DSRC 从远离自主车辆的 ERV 进行更新，与附近的 ERV 相比，它可以显示更多关于道路几何的信息。

也就是说，在场景 2 中，距离 5.5s 的 ERV 最有可能位于道路估计的最后一段（假设高速公路速度约为 30m/s），从该 ERV 收到的每个 BSM 都会更新到最后一段的所有路段。另一方面，在场景 1 中，2s 处的 RV 最可能位于道路估计的第一段或第二段，从该车辆接收到的 BSM 仅包含这些初始段的信息。

反之亦然。因此，领先的 ERV 越接近自主车辆，在较短距离处的道路几何估计误差越小。例如，对于场景 1 和场景 2，100m 处的 RMSE 分别为 45cm 和 64cm。这是因为在场景 2 中，由于从前方 2s 处的 ERV 接收 BSM，自主车辆具有关于前几

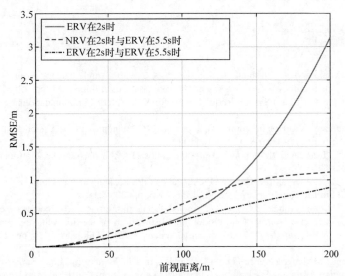

图 10-11　自主车辆与 ERV 之间的距离对不同前视距离下 RMSE 的影响

个部分的更多信息。在场景 3 中，由于在 2s 和 5.5s 之外有两个 ERV，因此性能总是优于场景 1 和场景 2。例如，在这种情况下，RMSE 在 100m 处为 40cm，在 200m 处为 89cm。

最后，图 10-12 所示为协同定位对道路几何估计精度的影响。在这种情况下，只有一个 ERV 比自主车辆提前 2s 行驶。可以看出，由于采用协同定位改进了自主定位车辆的位置估计，道路几何估计的 RMSE 在 200m 处提高了 7%。虽然改进并不十分显著，但它是通过仅使用从一个 ERV 收到的 BSM 以及所提议的协同定位和映射框架而实现的。

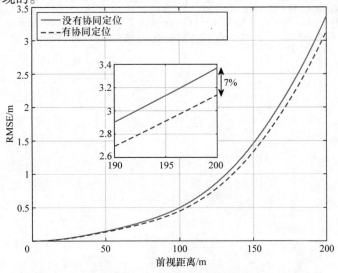

图 10-12　协同定位对不同前视距离下 RMSE 的影响

10.5 参考文献

1. G. P. Stein, O. Mano and A. Shashua, "Vision-based ACC with a single camera: Bounds on range and range rate accuracy," *IEEE Intelligent Vehicles Symposium*, June 2003, pp. 120–125.
2. SAE International, "On-Board System Requirements for V2V Safety Communications," SAE J2945/1, 2016.
3. J. Kenney, "Dedicated short-range communications (DSRC) standards in the United States," *Proc. IEEE*, vol. 99, no. 7, pp. 116–1182, July 2011.
4. SAE Std J2735, "Dedicated short range communications (DSRC) message set dictionary," November 2009.
5. M. Modsching, R. Kramer, and K. Hagen, "Field trial on GPS accuracy in a medium size city: The influence of built-up," in Proc. *3rd WPNC*, Mar. 2006, pp. 209–218.
6. M. Fatemi, L. Hammarstrand, L. Svensson, and A. F. Garcia-Fernandez, "Road geometry estimation using a precise clothoid road model and observations of moving vehicles," Proc. of *17th Intl. IEEE Conf. Intelligent Transportation Systems (ITSC)*, Qingdao, 2014, pp. 238–244.
7. L. Hammarstrand, M. Fatemi, A. F. Garcia-Fernandez, and L. Svensson, "Long-range road geometry estimation using moving vehicles and roadside observations," in*IEEE Trans. Intelligent Transportation Systems,* vol. 17, no. 8, pp. 2144–2158, 2016.
8. C. Gackstatter, S. Thomas, and G. Klinker, "Fusion of clothoid segments for a more accurate and updated prediction of the road geometry," in Proc. of *13th Intl. IEEE Conf. Intelligent Transportation Systems (ITSC)*, Funchal, 2010, pp. 1691–1696.
9. A. H. Sakr and G. Bansal, "Cooperative localization via DSRC and multi-sensor multi-target track association," Proc. of *19th Intl. IEEE Conf. Intelligent Transportation Systems (ITSC)*, Rio de Janeiro, 2016, pp. 66–71.
10. Y. Bar-Shalom, X. Li and T. Kirubarajan, "Estimation with applications to tracking and navigation: Algorithms and software for information extraction," Wiley, 2001.
11. A. Houenou, P. Bonnifait, and V. Cherfaoui, "A Track-to-track association method for automotive perception systems," *IEEE Intelligent Vehicle Symposium*, June 2012, pp. 704–710.
12. Q. Chen, T. Roth, T. Yuan, J. Breu, F. Kuhnt, M. Zollner, M. Bogdanovic, C. Weiss, J. Hillenbrand, and A. Gern, "DSRC and radar object matching for cooperative driver assistance systems," *IEEE Intelligent Vehicle Symposium*, June 2015, pp. 1348–1354.
13. S. Rezaei, R. Sengupta, H. Krishnan, X. Guan, "Adaptive communication scheme for cooperative active safety system," Proc. of *15th World Congress on Intelligent Transport Systems and ITS America's,* Dec. 2008.